꿈의 박물관

꿈의 박물관

이종선 지음

학연문화사

서 언;

우리는 왜
박물관에 가나

박물관은 어렵고 거북한 곳이다. 선뜻 가보기가 쉽지 않다는 말이다. 우리 나라 박물관에 가서 관람하면 내용을 잘 알지는 못하지만 그래도 어느 정도는 머리에 들어온다. 그러나 낯선 외국의 박물관은 영 어색하다. 왜 그럴까? 외국 의 문화나 역사를 우리 것보다는 별로 접하지 않아 잘 모르기 때문이다. 그러니 외국에 여행을 가서도 박물관 정문 앞에서 인증용 사진만 찍고 돌아서는 경우 가 허다하며, 바쁘다고 문 앞에서 그냥 돌아가는 경우도 자주 보인다.

민요나 유행가는 듣기에 쉽고 편하다. 그에 비해 클래식 음악은 영 어렵고 어색하다. 자주 듣지 않아서 잘 모르기 때문이다. 날 때부터 클래식 음악을 좋 아하는 경우는 극히 드물다. 그러나 자주 듣고 이해하려고 노력하다 보면 그다 지 귀에 거슬리지는 않는다. 알고 듣는 것과 모르고 듣는 것은 천양지차가 있 다. 처음 접하는 박물관을 무작정 가보라는 말은 공부하지 않고 클래식 음악을 좋아하라는 말과 크게 다르지 않을 것이다. 박물관이 어렵고 어색하지 않으려면 무엇보다도 자주 가야 한다. 가서 보고 모르는 부분을 공부하고 찾아봐야 한다. 박물관에 왜 그런 물건들이 있는지 조사해야 한다. 그러다 보면 어느 날부터 박물관이 어렵게 느껴지지 않고 가보고 싶은 장소가 될 수 있다. 미술관(공식 분류, 미술 박물관)도 마찬가지이다.

한강의 기적으로 일컬어지는 경제발전이 우리를 힘이 있는 나라로 만들었고, 우리나라도 어느덧 선진국과 어깨를 견줄 정도로 도약했다. 그런데도 아직 선진국의 생활과 문화 수준에는 미치지 못하는 높다란 장벽이 존재한다.

박물관은 선진국과 후진국을 나누는 '바로미터'이다. 우리나라도 어느새 1천 개가 넘는 박물관이 세워졌다. 그러나 이웃 일본은 우리보다 훨씬 많다. 선진국이라 일컫는 여러 나라에는 가는 곳마다 박물관이 넘친다. 무엇이 그들에게 그렇게 많은 박물관을 짓도록 했을까?

관광도시 파리에는 볼거리가 널렸다. 꼭 봐야 할 대표적인 장소는 에펠탑, 루브르 박물관, 퐁피두 센터 등등 손꼽기가 버거울 정도로 많다. 그중에서도 박물관이 대표적인 관광 대상으로 손꼽히는 건 비단 어제오늘의 일이 아니다. 에펠탑은 건립 당시에도 그렇고 요즘도 파리와 어울리지 않는 괴이한 철제 구조물로 사람들의 입에 오르내리지만, 여전히 인파가 몰린다. 루브르 박물관은 프랑스 시민 혁명의 산물이지만 시민과는 동떨어진 궁전을 박물관으로 사용하고 있다. 퐁피두 센터(도판 1)는 주변 건물들과는 전혀 어울리지 않는 거부감을 주는 기계적인 외관 때문에 설계 당시부터 말이 많았다. 자존심 높은 파리지앵들이 낯선 외국 건축가의 설계 공모 작품을 당선작으로 뽑아서 더 유명해졌다.

박물관을 구성하는 핵심 요소로 소장품, 건축, 전시 등을 필수로 꼽는다.

그중에서도 소장품과 건축은 박물관을 대표하는 간판과도 같은 속성이다. 간혹 소장품이 없는 특이한 박물관도 있기는 하지만, 박물관이라면 어떤 작품을 보유하고 있는가가 그 박물관의 인지도에 결정적인 요소가 된다. 대영 박물관의 이집트 유물, 독일 박물관의 소아시아 유물 등은 입수한 경로에 대해 말이 많았는데도 해당 박물관의 얼굴이 되었다. 유명한 투탕카멘 마스크나 네페르티티 흉상, 레오나르도 다빈치의 모나리자, 진시황릉의 병마용, 고흐의 해바라기, 모네의 수련 연작, 피카소의 게르니카 등의 유물이나 작품들을 보기 위해 사람들은 일부러 그러한 유물 또는 작품을 소장한 박물관을 찾아가고 있다.

박물관은 이러한 유물들을 가장 안전한 상태로 보관하거나 특별전의 형태

[도판 1] 주변과 어울리지 않지만 파리의 명소가 된 퐁피두 센터 ⓒShutterstock

로 선보이고 있다. 또한 박물관은 유물들을 더욱 돋보이게 하려고 최고로 훌륭한 건축물을 만들려고 한다. 박물관 건축은 단순하게 유물을 보관하는 소장처일 뿐 아니라 이를 뛰어넘어 예술적인 건축, 시대를 앞서가는 건축 설계를 드러내는 각축장이 되는 경우가 많다. 뉴욕의 랜드마크인 구겐하임 미술관은 특이한 달팽이 모양의 건물로 유명해졌고, 루브르 박물관의 간판, 글라스 피라미드는 박물관 입구 공간을 활성화하고 디자인상으로 궁궐과 현대 건축물의 조화를 보여주는 대표적인 설계로 주목받아 왔다. 박물관이라면 적어도 두 가지 요소, 즉 '대표적인 유물'이나 '뛰어난 건축'으로 특성화되어야 경쟁력이 생긴다.

목차

서 언; 우리는 왜 박물관에 가나···4

제 1부 박물관의 이해

1. 들어가기; 꿈의 박물관·· 12
　　꿈의 박물관; 꿈은 미래다 ···12
2. 박물관의 역사 ·· 54
　　한국 박물관의 역사 ··58
3. 박물관과 수집; 대표성과 방향성 ·· 63
　　수집부터가 꿈이다···63
　　　　(1) 외국 박물관의 명품 수집 ··81
　　　　(2) 국내박물관의 수집 ·· 129
4. 박물관과 건축; 예술성과 기능성 ···147
　　박물관 건축은 꿈을 담는 그릇 ·· 147
　　　　(1) 외국박물관 건축의 사례 ·· 170
　　　　(2) 국내박물관 건축의 사례 ·· 222

5. 박물관과 전시; 기술성과 유인책 ································237
    (1) 전시 내용 ································ 239
    (2) 박물관 전시의 특성 ································ 244
    (3) 외국박물관의 전시 사례 ································ 266
    (4) 특별한 전시 사례 ································ 272
6. 박물관과 교육 ································289
    (1) 박물관 교육 사례 ································ 301

제2부 한국의 박물관

1. 한국 박물관의 현실 ································312
2. 한국 박물관의 문제 ································321
3. 한국 박물관의 미래전략 ································333
    내가 걸어온 박물관 외길인생 ································ 340

미주 ································346
참고 문헌 ································350
도판 목록 ································352

제**1**부

박물관의 이해

1

들어가기;
꿈의 박물관

꿈의 박물관; 꿈은 미래다

박물관은 인류의 꿈, '꿈의 궁전'이자 '문화의 꿈같은 보물 창고'이다. 꿈이라면 과연 어떤 꿈일까? 누가 꾸는 꿈일까? 개인일까, 사회일까, 인류 전체일까?

인류의 오늘과 내일은 인류가 살아온 과거사에서 잉태되고 집적되어 발전하는 것이다. 때문에, 과거의 인류가 어떤 생활을 했는지는 우리에게 많은 상상을 자아내게 한다. 관련 자료도 꽤 남아있다. 우리는 인류가 먹고 입고 자고 했던 일상생활을 박물관에 소장된 유물들을 보고 알았고, 또 그것들을 통해서 과거 역사를 추측하고 읽어낼 수 있다. 즉 우리가 누리는 오늘의 생활문화는 과거에서부터 오랫동안 축적·생성·연장되었으며, 따라서 인류의 미래 또한 어느 정도의 예측이 가능하다. 이는 우리가 그러한 면면들을 박물관에서 생생하게 보아왔고 또 볼 수 있기 때문이다. 그렇다면 오늘날 우리 한국인에게 박물관은 어떠한 존재인가? 사람들은 '박물관'이라 하면 이미 한물간 것들, 사람들에게 잊혀 퀴퀴하게 먼지가 쌓이는 곳이라는 등 왜곡되고 정체된 이미지로 인식하고 있다. 과연 그럴까?

근래에 들어 그러한 인식은 크게 달라지고 있다. 이제 박물관은 고리타분한 옛 고물들의 보관 창고가 아니다. 박물관은 지나간 것, 잊힌 것들의 무덤이 아니다. 간혹 어떤 사람들은 쓸모없거나 낡은 것들을 보고 "박물관에 보내야 한다!"라고 말한다. 시대에 뒤떨어졌거나 용도를 다한 것들을 비판하는 의미의 지적이지만, 그 말에는 다분히 부정적인 의미가 내포되어 있다. 박물관을 시대에 뒤떨어진 퇴행적 존재 내지는 부정적인 요소로 인식하는 것이다. 이는 대단히 잘못된 판단이자 무지한 편견이다. 박물관 유물 중에 오래된 것들이 많이 있기는 하지만, 그것들은 당시의 시대상을 알려주는 증거물들이지 시대에 뒤떨어진 것은 절대 아니다. 현재 사용하고 있는 물건들도 하루만 지나도 바로 과거의 유물이 되는 것이다.

우리나라에서는 생필품도 50년이 지나면 문화재가 된다. 그 물건들이 박물관에 들어가더라도 시대에 뒤떨어졌다고 말하지는 않는다. 시대에 뒤떨어졌다는 말은 어디까지나 현재와는 어울리지 않는다는 비아냥 섞인 표현일 뿐이다. 그런 점을 극복하고 미래에 희망을 주기 위해서 우리는 박물관에 꿈(Dream-fantasy)을 담아야 한다.

꿈은 이상이다. 꿈은 미래를 위한 설계이다. 오늘의 우리가 과연 '우리의 박물관'에 '꿈'을 담고 있는가...

선진국의 손꼽히는 박물관들은 문자 그대로 꿈의 보금자리이다. 만약 박물관이 꿈이 어려 있는 곳이라면, 왜 우리가 박물관에 가기를 꺼리겠는가. 꿈을 심어주기 위하여, 우리는 우리의 역사와 예술을 박물관이란 그릇에 정성을 다해 제대로 담아야 한다.

그렇다면 우리 한국인에게 박물관은 어떤 의미일까. 해외여행을 가려 하면 누구나 박물관을 떠올리고 박물관을 찾는다. 무엇이 그렇게 사람들을 박물관으로 이끄는가. 박물관에는 우리가 몰랐던 역사와 예술이 있고, 해당 국가의 자존심이 담긴 각종 문화재나 시청각 자료가 풍부해서 사람들은 너나 할 것 없이 박물관을 찾아 나선다. 선진국에선 박물관 방문 및 관람이 일상생활이다. 그렇다면 우리의 경우는 어떠한가. 아쉽게도 그냥 박물관 정문에 서서 인증 샷만 찍고 돌아서는 일이 허다하다. "그 안에 뭐 볼 게 있나. 입장료만 아깝지."라고 말하면서 발길을 돌리는 경우를 자주 보게 된다. 그러면서도 박물관까지는 다녀왔다는 사실을 자랑처럼 내세운다. 방문 증명사진을 찍기 위해 박물관을 가는 것이다. 인증 샷이 목적이다. 박물관의 역사가 오래되고, 박물관에서 각종 행사를 여는 것을 최고의 자랑으로 아는 서구 사회에서 그런 경우는 거의 찾아보기 어렵다. 선진국 사람들은 인증사진을 찍기 위해 가는 게 아니라 무언가를 보고 즐기기 위해 간다.

사람들은 왜 박물관에 가는가. 박물관-미술관에는 인류의 역사를 보여주는 수많은 유물이 전시되어 있으며, 뛰어난 작가들의 면면을 볼 수 있는 각종 전시회가 열리기 때문이다. 요즘에는 음악회나 결혼식, 연극 공연을 비롯한 사교·외교 행사들이 박물관에서 정중하게 치러지고 있다. 사교계에서는 박물관 행사에 초대되는 경우를 최고의 영예로 치는 인식이 자리 잡고 있다. 박물관 정문에서 관광 인증 샷을 찍고 발길을 돌리는 경우는 선진국 어디에서도 찾아볼

[도판 2] 스웨덴 국민의 꿈, ABBA 박물관 ⓒShutterstock

수 없다. 그래도 우리가 선진국에 들어갔다고 할 수 있겠는가? 먹고 살기 힘들었던 과거 어느 시절에는 우리가 문화 예술에 관심을 가질 겨를이 없어서 그랬다 처도, 이제는 사정이 크게 달라졌다. 박물관에서 지식과 정보를 찾고 예술적 감각을 익히는 게 상식화되었다. 이제 박물관은 단순한 보물 창고가 아니라, 해당 국가나 인류의 역사와 예술을 이해하는 '꿈의 통로'가 되었다. 마음이 삭막한 사람이 아니라면, 자주 박물관을 찾아 유물들을 통해 과거를 읽고 박물관 레스토랑에서 꿈을 아로새기는 때가 되어가고 있다.

스웨덴에 가면 스웨덴 국민에게 많은 사랑을 받는 아바 박물관(ABBA The Museum, 도판 2)이 있다. 아바 박물관은 우리가 흔히 생각하는 개념의 박물관이라기보다는 일종의 음악 기념관과 같은 성격을 띠고 있다. 주지하듯이 아바(ABBA)는 유명한 록그룹이다. 아바 박물관의 주제는 ABBA 멤버들이 내놓은 음악이다. 물론 멤버들 개개인에 대한 프로필이나 화려한 의상들도 있지만, 기본적으로 그들이 만든 음악을 통해 스웨덴 국민이 꾸는 '꿈'을 다룬다. ABBA 하면 스웨덴, 스웨덴 하면 ABBA를 자연스레 떠올리지 않을 수 없다. 꿈은 문화적 여유를 낳고 여유는 인간을 풍성하게 한다. 박물관을 통해서 우리는 '인류의 꿈'을 키워야 한다. 한국 하면 어떤 박물관이 떠오르는가. 국립박물관인가 독립기념관인가 한글박물관인가 이중섭미술관인가, 아니 아직 세워지진 않았지만, K-pop 박물관인가. 정말 우리의 꿈을 키워주는 박물관이 있기는 한 것인가.

영국의 대영 박물관(British Museum), 프랑스의 루브르 박물관(Musée du Louvre), 미국의 스미스소니언 박물관(Smithsonian Institution), 네덜란드의 반 고흐 미술관(Van Gogh Museum) 등등 유수의 박물관들과 비교해 볼 때, 한국의 박물관은 어느 정도인가. 어떤 점이 다르고 무엇이 특별한가. 우리는 경제를 빠르게 발전시켰다는 자부심이 있지만, 박물관도 그에 맞춰 수준이 발전하였는지 되돌아보고 반성하지 않을 수 없다. 수집된 유물의 총량으로 보아도 유럽과 미국의 대표적인 박물관에는 미치지 못한다. 건축으로 손꼽아 자랑할 만한 박물관도 거의 없다. 더 들어가 전시시설이나 박물관 활동 측면에서도 우리가 선두주자라고 하기는 어렵다. 왜일까? 우리는 우리의 박물관을 어떤 존재로 키우고 있는지 사뭇 궁금하지 않을 수 없다. 그저 그런 정도의 박물관이라면 한국을 상징하기에는 역부족이다. 박물관 건축 측면에서 본다면, 우리의 국립중앙박물관은 평균 점수를 약간 웃도는 정도의 수준이다. 건축으로 우리의 국립중앙박물관과 미국의 스미스소니언 박물관과 비교했을 때, 어떤 생각이 들까 참으로 궁금하다. 박물관 건축이 시대를 앞질러 가는 예술품이라는 측면에서 우리의 박물관들에 대해 아쉬움이 매우 크다.

박물관은 어떤 곳인가?

국제박물관회의헌장(International Committee of Museums, ICOM 憲章)에는 박물관을 "예술·역사·미술·과학·기술에 관한 수집품 및 식물원·동물원·수족관 등 문화적 가치가 있는 자료·표본 등을 각종의 방법으로 보존하고 연구하여, 일반

대중의 교육과 오락을 위하여 공개 전시함을 목적으로 이룩된 항구적 공공시설"이라고 정의하고 있다. 박물관은 형태·내용·기능 등이 매우 다양하지만, 해당 사회의 물질적 측면을 보존하고 설명한다는 공통된 목적이 있다. 또한 박물관은 도서관과 관련이 있기도 하지만, 도서관과는 달리 인간과 인간 환경의 양상에 관해 실체적인 증거를 가지며, 박물관의 유물들은 대체로 독특하고 연구의 자료가 된다.

박물관은 여러 가지 목적으로 설립되면서 발전해왔다. BC 3세기 후반 알렉산드리아에 설립된 도서관은 물질적 유산을 보존하고 설명하기 위한 기관이라기보다는, 오히려 오늘날 보는 대학의 원형이었다. 박물관은 영어로 'Museum'이라고 하는데, 이 단어는 고대 그리스의 'Museion'(뮤제이온)에서 유래하였으며, '뮤즈 아홉 여신의 자리'라는 뜻으로 철학원 또는 사색의 장소를 의미한다. 라틴어의 파생 형태인 'museum'은 로마 시대에는 주로 철학을 논의하는 장소로 사용되었다. 르네상스 시대에 본격적으로 'Museum'이라고 부르기 시작했다, 17세기 무렵에는 진기한 수집품들을 묘사하는 데에 사용되었고, 18세기에는 일반에 공개되는 공공 소유의 수집품들을 보존·전시하기 위해 설립되는 기관으로 알려져 왔다. 19, 20세기에 들어서 박물관은 일반인에게 공개되는 문화적 물품을 소장하는 건물과 기관을 지칭하는 데에 쓰였다. 이후에는 건물 자체에 중점을 두는 경향이 줄었고, 옥외 박물관도 생겨났다. 오늘날에 와서 박물관은 더욱 다양하게 발전하고 있다.

넓은 의미의 박물관은 미술관이나 과학관뿐만 아니라 기술관 기록 보존소나 사적 보존 지역까지 모두 포함된다. 좁은 의미의 박물관은 소장품 자체를 직접 관찰 및 연구하여 의미가 전달된다는 점에서 다른 곳과는 다르지만, 최근 박물관의 확대에 따라 기존의 박물관만으로는 포용하기 어려운 많은 문제가 생겨나고 있으며, 대안으로 이런 모두를 묶어서 포괄적으로 '뮤지엄'이란 원어를 옮겨 사용하자는 최종호의 제안이 있었다.

우리나라에서 근대적 의미의 박물관에 관한 첫 기록은 1876년 김기수(金綺秀)가 사행(使行)을 기록한 《수신사일기修信使日記》 등에서 찾아볼 수 있다. 일기 丙子 5월 壬寅(1876년 5월 12일)에 따르면 "오시(11~13시)를 지나 원료관(遠遼館) 연회를 마치고 돌아왔다. 돌아오는 길에 미야모토 고이치(宮本小一)가 남은 시간에 초대하여 박물관을 구경하였다(過午罷宴而歸, 歸路宮本小一, 款余賞博物館)"라는 기록이 있다. 또 《일동기유日東記游》 제2권을 보면, "박물원(博物院)은 규모가 크고, 옥내외 전시시설 등을 개설하여 고물기품(古物奇品), 기이한 토속품, 살아 있는 동·식물, 표본, 박제 등등 다양한 진열을 하고, 물품에 반드시 설명표찰을 붙여 대중을 교화하고 식산흥업을 장려하고자 하였다."라고 언급되어 있다. 박물관이란 용어가 처음 우리나라 신문에 소개된 것은 한성순보(漢城旬報) 제2호(1883년 11월 10일) 유럽 소개 외신기사에서 찾아 볼 수 있다.

오늘날 우리나라에서 박물관이란 용어는 고고 역사 민속 미술사 분야에서 제한적인 의미로 사용되고 있기 때문에, 미술관, 동·식물원, 수족관, 과학관, 천체관, 자연보전지역, 살아 있는 유산, 디지털 콘텐츠 활동 등과 관련된 기관들은 자신들이 박물관 범주에 포함되는지에 관해 의구심을 갖고 있다. 상기한 관련 기관은 아이콤(ICOM, 국제박물관협의회)이 인정하는 뮤지엄(Museum)이다. 고고-역사-민속-미술사 분야의 박물관들과 상기한 관련 기관들이 갈등 대신에 화합하기 위해서는 '뮤지엄'이라는 이름 아래 함께 뭉쳐야 시너지 효과를 얻을 수 있다. 박물관과 미술관, 동·식물원, 수족관, 과학관, 천체관, 자연보전지역, 살아 있는 유산, 디지털 콘텐츠 활동 등과 관련된 기관들을 포괄할 수 있는 '뮤지엄'을 학술용어로 채택하여 사용할 것을 최종호는 주장한다.[1] 또한 박람회와 전람회 등을 포괄할 수 있는 엑스포(expo)를 학술용어로 채택하여 사용할 것도 권고한다. 그는 뮤지엄과 엑스포를 학술용어로 채택하여 사용함으로써, 뮤지엄과 엑스포 공동체가 외연을 확장하거나 공동체 내부의 네트워킹을 강화하고, 지속 가능한 성장과 조화로운 포용을 추구하는 데에 크게 도움이 될 것으로 확신하고 있다. 이 문제의 핵심은 박물관 용어의 개념 확장이다. 박물관이 제한적인 의미를 지니므로 뮤지엄이라는 넓은 개념을 사용하자는 주장이다. 문제는 박물관 대신 영어인 뮤지엄을 그대로 사용하자는 데에 있다. 영어가 무분별하게 사용되어 이에 문제를 제기하며 한국어로 표기하자는 움직임이 일고 있는데, 뮤지엄을 사용하자는 주장은 이에 역행한다. 또한 보편적 정서로 볼 때, 박물관이란 용어도 지금은 그다지 제한적으로만 사용되고 있지는 않다. 그러므로 영어 단어 '뮤지엄'을 발음 그대로 쓰기보다는 박물관의 확대된 개념을 포괄할 수 있는 신조어를 논의하는 편이 바람직할 것이다.[2]

앞에서 간략하게 언급한 내용을 더 자세히 다루자면, 박물관을 의미하는 영어의 뮤지엄(Museum), 프랑스어의 뮤제(Musée), 독일어의 무제움(Museum) 등은 모두 고대 그리스 뮤즈(Muse) 여신에게 바치는 신전의 보물 창고인 뮤제이온(Museion)에서 유래한다. 뮤제이온은 세계 최초의 박물관 형태로, 오늘날의 박물관 기능을 가지게 된 것은 BC 3세기경 이집트의 수도 알렉산드리아에 있었던 뮤제이온에서 비롯되었다. 당시 이곳에서는 각종의 수집품과 도서를 이용하여 문학·철학·미술의 진흥을 꾀하였다. 로마 시대에 들어와서는 가정용 소(小) 박물관들이 많이 나타나기 시작하였다. 중세에는 각 사원(寺院)이 박물관 구실을 하는 동시에, 귀족이나 부호가 독점하던 수집품들이 일부에게나마 공개되었다.

근세에 들어서는 인도 항로의 개통, 신대륙의 발견, 문예 부흥 등으로 세계를 보는 시야가 넓어지게 됨에 따라 각종 자료를 수집하고 전시하는 근대적인 박물관의 기능이 활성화되기 시작하였다. 근세에 수집된 방대한 물품들은 대학이나 공공박물관 등에 들어가 큰 박물관이나 대학박물관을 구성하는 기초가 되었다. 산업 혁명 등의 영향으로 도시가 발전하면서 박물관은 더 많이 설립되었다. 1845년에는 영국 의회에서 박물관령(博物館令)이 공포됨으로써, 박물관은 공공 기관이며 교육 기관이라는 사실을 강조하고, 전국의 박물관이 공공의 비용으로 건설되고 유지되게 되었다. 만국 박람회(萬國博覽會)가 개최되면서 박물관의 발전은 점점 더 박차를 가하게 되었다. 그 뒤 박물관의 기능이 중시되고, 제1·2차 세계 대전을 겪으면서 박물관은 급진적으로 증가하는 추세를 나타내기에 이르렀다.

서양의 박물관과 비교해보면, 우리나라 고대 사회에서 초기 형태의 박물관 시설로 인정될만한 것들이 기록과 유적에서 보인다. 1908년에는 순종이 창경궁 안에 제실박물관(帝室博物館, 일제 강점기에 이왕가박물관(李王家博物館)으로 개칭, 도판 3)과 식물원·동물원을 발족시켰다. 박물관에는 삼국 시대 이래 미술품이 수집·전시되고 1909년 이를 일반에 공개하였다. 1915년 경복궁 내에 총독부박물관이 준공·개관되었고, 그 뒤 경주(1926)·부여(1939)·공주(1940) 등지에 박물관 분관이 설립되었다. 1927년에는 서울 왜성대(倭城臺, 지금의 예장동)의 총독부 청사를 이용하여 과학관이 개관되었다. 해방된 1945년에는 총독부박물관이 국립박물관으로 개편되면서, 경주·부여·공주 분관들은 국립박물관의 분관이 되었고 과학관은 국립과학박물관으로 개칭되었다.

1946년 이왕가미술관은 덕수궁미술관으로 명칭이 변경되었다. 1969년에 국립박물관이 덕수궁미술관을 통합하여 개편했다. 1966년 경복궁 수정전(修政殿)에서 개관된 민속관을 전신으로 1975년 개관한 국립민속박물관은 1979년 문화재관리국에서 국립중앙박물관 소속으로 개편되었다. 여러 차례 이전을 거듭했던 국립박물관은 2003년 용산 가족공원에 새로이 세워졌다. 1990년 12월 31일 기준으로 유물 현황을 살펴보면, 국립중앙박물관에 11만 8,357점, 7개 지방박물관과 1개 국립민속박물관에 7만 8,773점이 소장되어 있다.

국립박물관 외에도 공립(시·도·군립)이나 사립 또는 대학 부설 종합박물관 및 여러 특수박물관·준박물관 시설이 급증했다. 그런 가운데 한국에서 박물관의 발전은 역사·민속·미술 분야에 치중되어 있다는 특징을 보인다. 대다수의 선진국에 필수적으로 있는 국립자연사박물관, 국립민족학박물관, 국립근대

[도판 3] 우리나라 최초의 박물관인 창경궁(양화당) 제실박물관 ⓒe뮤지엄

미술관 등이 없어서 설립할 필요성이 강하게 제기되고 있다. 박물관 관계법령으로는 1984년에 박물관법이, 다음 해에는 박물관법시행령이 제정·공포되었다. 등록 요건과 설립 규제를 완화하고 지원 제도를 강화해야 한다는 필요에 따라, 1991년 11월에 '박물관 및 미술관 진흥법'이 제정되었다. 이 법은 1992년 6월 1일부터 시행되었는데, 이 법에 따르면 박물관은 "인류·역사·고고·민속·예술·동물·식물·광물·과학·기술·산업 등에 관한 자료를 수집·보존·전시하고, 이들을 조사·연구하여 문화·예술·학문의 발전과 일반 공중의 문화교육에 이바지하는 것을 목적으로 하는 시설"로 정의된다.

박물관의 활동과 역할

박물관 설립의 첫 단계는 특정한 물건 수집하기이다. 수집의 행위는 역사적으로 고대의 수집, 중세 귀족들의 수집, 현대의 전문적인 수집 등으로 나누어 볼 수 있다. 그리스·로마 제국의 사원에 보관된 공납품은 미술품과 자연물, 희귀한 이색 물품들이었다. 중세 유럽에서는 수집하는 행위가 고관들이나 교회의 특권이기도 했다. 르네상스 시대에는 새롭게 신흥 거부들과 은행가들이 등장하면서 예술을 지원했으며 골동품을 대량 수집했다. 대표적으로 15세기 피렌체의 메디치가(家)의 수집품이 유명하다. 15~16세기에는 왕들의 수집이 성행했다. 오스트리아의 막시밀리안 1세, 프랑스의 프랑수아 1세, 영국의 헨리 8세 등이 대표적이다. 1523년 그리마니 형제(Marino Grimani, Giovanni Grimani)는 수집품을 베네치아 공화국에 기증했는데, 개인 수집품이 공공에 수용된 첫 사례이다. 옥스퍼드 대학 애슈몰린 박물관(Ashmolean Museum of Art and Archaeology)은 소장품을 공공에 이용토록 한 최초의 박물관이다. 18세기 유럽에서는 외래품에 관심이 커지면서, 유럽 양대 박물관인 런던의 대영 박물관(1759)과 파리의 루브르 박물관(1793)이 차례로 개관되었다. 그중 대영 박물관은 정부가 수집품의 보존·관리에 책임을 지고 설립하였다. 미술품에 중점을 두었던 루브르 박물관은 프랑스 왕실 소장품을 1750년부터 일반에게 공개했다.

18세기 말, 유럽 외의 다른 지방에도 박물관이 설립되기 시작했다. 19세기 초 남미에 박물관이 세워졌고, 캐나다의 노바스코샤(1822), 남아프리카의 케이프타운(1825), 호주 시드니(1827)에도 박물관이 개관되었다. 러시아 에르미타시(Ermitazh, 에르미타주) 미술관은 궁정박물관으로 세워진 뒤, 니콜라이 1세가 일반에게 공개했다. 런던에는 장식 미술을 위한 빅토리아 앨버트 박물관과 과학박물관이 생겼는데, 출발은 1851년 최초의 국제 박람회에서 얻은 것들이었다. 미국 정부는 스미스소니언 박물관을 설립하기 위하여 1846년에 특별법을 제정했고, 1858년에는 국립박물관이 스미스소니언 계획의 일부로 개관되었다. 19세기 후반 들어 유럽에서는 박물관 설립이 더욱 활발해졌다. 영국에서만 무려 100여 개, 독일에는 50여 개 박물관이 새로이 설립되었다. 1872년 일본에서 자원 개발을 위한 박물관이 개관되었는데, 이것이 현 도쿄 국립박물관과 국립과학박물관의 전신이다. 중국에서는 1905년 최초의 현대식 박물관인 남통박물원(南通博物苑)이 장쑤성(江蘇省)에 개관되었고, 태국에서는 1874년 방콕 궁전에 설립된 진열관이 60년 후 태국 국립박물관이 되었다. 아프리카에서는 20세기 초 짐바브웨(1901)·우간다(1908)·케냐(1909) 등지에 국립박물관이 설립되었다.

산업화를 거치면서 새로운 형태의 박물관이 출현했다. 네덜란드 아른헴(Arnhem)에 있는 옥외박물관(1912, 도판 4)이 대표적이며, 실내로 한정되던 박물관의 개념에 변화를 일으켰다. 이어 새로운 모습의 과학박물관도 나타났는데, 런던 과학박물관(1857)과 뮌헨 독일박물관(1925)은 세계적인 명성을 얻었다. 일반적인 박물관들이 유럽 각지를 비롯하여 인도, 호주, 남·북미에서도 생겼다. 이때

[도판 4] 네덜란드 아른헴의 옥외박물관(Openluchtmuseum) ⓒShutterstock

박물관의 역할은 해당 지역의 자연사와 인류 역사나 전통 등을 충실히 반영하는 일이었다. 특정 대상을 위한 박물관도 있는데, 대표적인 예로 어린이 박물관을 들 수 있다. 미술관은 관람자와 직접 마주치는 소장품과 관계가 있다. 소장품으로 그림, 조각, 장식 미술 등이 있는데, 19세기 이후 많은 박물관이 산업 미술품을 보유하게 되었다. 원시 미술품의 수집은 최근에 와서 시작되었으며, 20세기 현대 미술에 깊은 영향을 미치기도 했다.

역사박물관은 수집품을 주로 연대순으로 전시한다. 민족지(民族誌)의 관점에서 자료를 전시하는 특수한 박물관도 있다. 이런 박물관은 아프리카와 오세아니아의 신생 민족국가에 흔하다. 다른 형태의 문화/역사박물관도 있으며 전통 보전과 관계있는 박물관이 많다. 역사적으로 유명한 개인들의 집들도 박물관으로 보존되는데, 미국 버지니아에 있는 조지 워싱턴의 집이 대표적이다. 캔버라에 있는 오스트레일리아 전쟁기념관(도판 5)과 런던에 있는 제국전쟁박물관(도판 6)과 같이 특정 사건을 기념하는 박물관도 있다. 해양 박물관은 20세기에 특히 발달한 박물관이다. 과학 박물관은 자연 과학과 응용 과학 부문을 다루는데, 자연사박물관이나 과학·기술사박물관처럼 수집품을 다루는 과학 박물관도 있다. 애슈몰린 박물관, 대영 박물관, 파리 국립자연사박물관 등 일찍 설립된 박물관 중에는 자연 과학의 표본들을 소장하고 있는 경우도 많다. 19세기에 자연 과학이 발전함에 따라, 이런 박물관들은 더욱 번성했고 그 수도 많아졌다. 최근에는 자연 과학박물관들이 자연 보호 및 환경 문제에 관심을 가지게 되었다.

유네스코는 1946년 발족한 이후, 세계 각국의 문화재를 보호하기 위한 입

[도판 5] 오스트레일리아 전쟁기념관 ⓒShutterstock

[도판 6] 런던 제국전쟁박물관 ⓒShutterstock

법 활동과 주요 유적지 보호 운동을 시작했다. 문화재 보호에 관한 활동은 국제 수준에서 쉽게 찾아볼 수 있고, 그 역사 또한 1162년 로마 원로원이 트라야누스 원기둥(Trajan's Column)을 기념물로 보호할 것을 포고한 시기부터 이어져 오래되었다. 오늘날에는 역사나 자연 유물에 관한 법령이 널리 퍼져 있다. 박물관을 관리하는 기구는 나라마다 다르다. 프랑스, 러시아 등지의 박물관은 국가가 관리하지만, 영국·캐나다·미국 등은 소수의 박물관만 정부가 지원하고 대부분은 다른 기관들이 지원한다. 프랑스에서는 1945년 중앙정부가 박물관 관리를 실행했다. 그와는 대조적으로 영국의 박물관은 상당한 자치권을 가지고 있다. 박물관들은 대부분 관리하는 특정 형태의 기관이 있다. 우리나라도 예외는 아니다.

박물관 관장은 정책을 공식화하고 시행하며, 박물관의 업무 진행에 대한 책임을 진다. 박물관은 여러 기능들을 수행하는 전문인들이 운영한다. 전문 수집가, 수집품에 대한 정보 과학자, 보존 기술자 등이 있고, 대외봉사 관계자들도 다수를 차지한다.

제2차 세계 대전 후 대학에 박물관 학과가 생기기 시작하면서 박물관의 재정을 관리하는 방식이 달라졌다. 기존에는 공적 예산이 박물관 운영의 주요 원천이었으나, 지출에 제약이 생기면서 재정의 다변화가 이루어졌다. 오늘날 산업화한 나라의 박물관은 자금의 증액, 후원자 찾기, 상거래 활동에 더욱 치중하게 되었다. 많은 박물관이 재정상의 이유로 입장료를 받지만, 몇몇 나라에서는 박물관에 무료로 입장하는 전통이 있다.

박물관은 기존의 수집품을 소장하고 확장하기 위해 수집을 계속해왔다. 수집은 전문가의 의견이나 박물관의 판단에 좌우되지만, 수집 방향이 명시되는 경우가 많아졌다. 모든 박물관은 취득한 물건에 대한 합법성을 보증할 책임을 지게 되었다. 1976년 미주 여러 나라에서 역사·예술적 유산을 보호하는 '산살바도르 협정'을 채택했으며, 유럽에서 고고학 유산에 관해 열린 1969년 협상도 비슷한 목적에서 체결되었다.

박물관의 소장품은 시간이 지남에 따라 화학적 변화가 생긴다. 환경은 변화를 가속하기 때문에 소장품을 보존하기 위해 박물관의 온도·광도·습도 등 다양한 요인들을 체계적으로 관리할 필요가 생겼다. 대영 박물관에는 소장품의 재료를 분석하고 연대를 측정하며 감정하는 독립연구소가 있다. 오타와 보존연구소는 캐나다 각지에 있는 수집품을 점검하기 위해 이동 실험실을 활용한다. 많은 박물관은 방문객이 이용하는 시설 외에 연구원을 위한 공간을 두고 있다.

박물관의 문화적 역할이 증가함에 따라 관련 업무도 매우 다양해지고 있다. 국제 전시회가 주요 박물관에서 열리고, 국내 전시회들도 점점 많아졌다. 박물관과 학교 사이에 업무상 제휴가 이루어지기도 하며, 많은 박물관이 사회를 대상으로 봉사활동을 하고 있다. 박물관은 예술·역사·과학 등의 이슈에 대해 보편적인 사실을 가르치고, 표본으로 잘 꾸며진 특실이 박물관 안에 마련되고 있다.

특정 과목의 교육은 박물관의 교육 담당 직원이 맡거나, 박물관 직원의 조언과 가르침을 받는 학교 선생님들이 담당하기도 한다. 고고학과 지질학 같은 교과목은 박물관의 수집품을 이용하지 않으면 수업이 어렵다. 또한 현대인들은 여가 시간이 늘어남에 따라 의미 있는 사회적 활동을 찾으려 하는데, 박물관은 이를 위한 중요한 수단이 되고 있다. 그에 따라 많은 박물관이 강의, 교육 과정, 실물 교습, 여행 등 성인을 위한 프로그램을 마련하고 있다. 박물관의 간행물은 전문가와 일반인에게 정보를 제공하기 위한 중요한 매체가 되고 있다. 박물관 대다수가 감정을 의뢰한 유물들에 관해 조언하기도 한다. 여러 박물관은 후원 기관이 있으며, 주요 단체들은 기금을 모금하는 활동을 활발하게 한다.

좋은 박물관의 요건

만약 박물관이 없었더라면 우리는 인류의 과거에 대해 얼마나 알 수 있었을까? 게다가 문자의 발명마저 없었다면, 우리가 우리의 과거에 대해서 어느 정도 지식을 가질 수 있었을까? 인류를 인류답게 만든 결정적인 계기는 언어의 사용에 이어 문자의 발명으로 기록물을 남긴 데에서 비롯되었다고 할 수 있다. 더하여 박물관이란 형태의 보관처가 생겨 과거에 남겨진 물질들이 보관 및 전시되면서부터, 인류는 과거사·자연·지질·어류 등등 평소에는 접할 수 없는 많은 내용을 알 수 있게 되었다. 박물관에는 인류의 '꿈'을 이룰 수 있는 많은 재료가 차곡차곡 쌓여왔다. 박물관이 어떤 방향으로 나아가야 하는지 여러 방안이 있을 수 있겠지만, 좋은 박물관에는 몇 가지 공통점이 있다. 만약 어떤 박물관이 제대로 된 '수집품'과 '건축'을 갖추고, 체계적인 '전시'를 통해 일반에게 공개하는 박물관이라면 그 박물관은 '좋은 박물관'이라 할 수 있다. 수집품은 해당 박물관의 얼굴이다. 수집품의 내용이 충실하고 알차게 구성되어 있다면 박물관을 하기에 알맞은 수집 활동으로 인정받을 수 있다. 국가나 지자체 혹은 특수재단이 운영하는 박물관과는 별개로, 개인이 운영하는 박물관의 경우 수집품의 내용이 어떤지가 매우 중요하다. 취미나 특수활동에서 시작한 개인의 수집이 박물관을 열 정도가 되려면 학술적·예술적인 바탕이 충분하게 마련되어야 한다. 어느 정도 수집품이 준비되었다면 이를 담고 풀어낼 공간이 필요한데, 박물관을 건축할 계획을 수립할 때 이 문제를 잘 풀어야 한다. 좋은 박물관이라면 훌륭한 수집품과 함께 시대를 앞서가는 기능적이면서 예술적인 건축을 지향한다. 많은 건축가가 박물관 건축을 탐내는 이유는 건축적인 미감과 예술성 및 기능을 소화할 수 있는 공간으로 박물관 건축을 최고로 꼽고 있기 때문이다.

그렇다면 좋은 박물관은 우리에게 왜 필요한가? 수집품을 임의로 처분하거나 상업적인 목적으로 사고판다면, 그곳은 일반 골동품점과 다를 게 없다. 개인이 취미로 수집을 시작했다 하더라도, 수집했던 물건을 팔아서 금전적 이득을 취했다면, 박물관을 세우기엔 맞지 않는 행동을 한 셈이다. 유네스코 헌장에도 나와 있듯이, 박물관은 유물을 매개로 상업 활동을 해서는 안 된다. 간혹 그 경계를 넘나드는 개인 수집가들이 있는데 위험천만한 판단이다. 골동품점과 차별화하려면 상업적 목적을 가져서는 안 된다.

최근 박물관은 수집이나 전시 등의 고유한 활동 외에도 여러 가지 활동들을 기획하고 실행한다. 소장된 수집품을 안전하게 보존 및 관리하기 위해서는 유물 보존 활동을 한다. 초기에는 해당 박물관의 수집품 처리에 머물렀지만, 이제는 다른 기관이나 개인 수집가의 유물들을 과학적으로 처리하기에 이르렀다. 박물관 교육도 비중 있게 다루는 새로운 활동이다. 박물관 교육은 제도권에서 지켜온 정규 교육과는 다른 사회 교육의 일종이다. 박물관은 전시만으로는 부족하다고 느끼는 지적 활동을 돕기 위한 일종의 사회 공헌 활동으로 사회 교육 활동을 시작했다. 박물관 교육의 특징은 해당 박물관의 특성을 살려서 소장품을 중심으로 전시 안내나 전문적인 해설을 곁들인 행사를 하면서 더욱 강화하는 추세를 보인다. 최근에는 교양 강좌나 단기 학교 같은 형태로 운영되는 경우도 늘어나고 있다. 교육적 목적을 지향하는 형태는 더욱 발전하여 어린이 박물관처럼 교육을 목적으로 한 새로운 박물관으로 대두되기도 한다. 박물관에서 하는 많은 행사는 사회공헌을 목적으로 하지만, 박물관 공연장에서 가벼운 음악회나 공연 등을 실연(實演)하기도 하고, 심지어 패션쇼나 정치적인 회담 등을 개최하는 장소로도 박물관이 활용된다. 이는 무엇보다도 박물관이라는 장소의 특성에 바탕을 두고 있는데, 많은 인원을 수용할 수 있는 시설과 장소 그리고 명성이라는 특성에 근거하고 있다.

박물관은 국력의 각축장

박물관(미술관 포함)은 어떤 한 나라의 문화 수준을 가늠하는 척도라 해도 과언이 아니다. 세계 3대 박물관으로 불리는 루브르 박물관, 대영 박물관, 예르미타시 미술관은 프랑스, 영국, 러시아 사회의 현 수준을 고스란히 보여준다. 이외에도 프랑스 오르세 미술관(Musée d'Orsay), 미국 메트로폴리탄 박물관(Metropolitan Museum of Art), 구겐하임 미술관(Solomon R. Guggenheim Museum), 대만의 고궁박물원(國立故宮博物院) 등 세계적으로 명성을 다투는 박물관은 얼마든지 있다. 우리나라의 경우 국립중앙박물관, 국립현대미술관 등이 한국을 대표하는 박물관으로 자리하고 있다.

보통 박물관은 매입이나 기증 등을 통해 예술품을 소장한다. 그러나 과거 식민지를 거느렸던 제국들은 정상적 절차가 아닌 약탈을 통해 예술품을 수집한 경우가 많았다. 루브르 박물관은 나폴레옹이 수많은 원정 중에 약탈해온 작품들이 기반이 됐다. 대영 박물관은 식민지를 경영하면서 세계 최대로 인류문화 자료를 수집해 놓은 박물관으로 유명하다. 그래서 기부와 식민지 약탈로 이뤄진 '인류문화 박물관'으로 불리기도 한다. 한국의 박물관은 기증과 매입을 통해 예술품을 소장해 왔다. 국내 3대 사설박물관으로 불리는 간송미술관, 리움미술관, 호림박물관 등은 재단과 개인이 수집한 국보와 보물들을 관리하고 있다. 국립기관도 예술품을 소장하는 경로는 같다.

니콜라스 페니 런던 국립미술관장은 "우리 미술관은 구매, 대여, 국가 기증을 통해 새로운 작품을 들여와 소장품의 규모가 확대되고 있다."라며 "우리는 국가가 보유한 미술 작품을 미래 세대를 위해 보전·관리하고, 일반인들에게 무료 관람하도록 한 초창기 목표를 존중한다."라고 밝혔다. 또 미술관은 기본 구입예산뿐 아니라 문화유산복권기금, 예술기금, 독지가들의 후원 등 같은 다양한 방법으로 재원 마련에 힘쓰고 있다. 우리에게는 350점의 국보와 2,293점의 보물(2021년 기준, 문화재청 발표)을 안전하게 후대에 전승할 의무가 있다. 그러나 전승하면서 보관에만 얽매인다면, 국보와 보물에 서린 정신을 함께 공유하자는 국보 지정의 의미는 퇴색될 수밖에 없다는 게 국민의 일반 정서이다. 공유되지 않는 국보는 가보 정도로 전락한다. 가치를 따질 수 없을 만큼 고귀한 정신을 재산 가치만을 부여한 골동품으로 떨어트린다는 것이다. 그것들이 진정한 국보와 보물이 되려면, 온 국민이 누릴 수 있는 '공유'의 개념이 도입돼야 한다는 지적이 많다. 따라서 공동체의 선을 우선하는 공유의 정신이 있어야 기증이 가능하다. "그렇지 않다면 국보는 번호로 지정된 유물에 불과하며, 국가보조금을 타내는 수단으로 전락하고 만다."라고 뜻있는 전문가들은 충고한다. 국보와 보물은 기본적으로 미(美), 즉 아름다움을 지녔다. 가보가 몇몇 개인에게만 허락된 특수한 아름다움이라면, 국보·보물은 공동체에 열린 보편적 아름다움을 지녔다. 국보와 보물이 보편적 아름다움을 획득하려면, 공유의 정신과 기증이 우선돼야 함은 주지의 사실이다.**3**

　낙후된 지역을 재개발하면서 박물관-미술관을 짓거나 리모델링하여, 수많

[도판 7] 모리 미술관이 있는 모리빌딩 전경 ⓒShutterstock

은 관광객을 끌어들이는 게 최근의 추세이다. 구겐하임 재단은 이런 방식으로 스페인의 쇠락해가는 산업도시 빌바오를 문화 관광 도시로 탈바꿈하게 했다. 탁월한 문화전략이었다. 물론 여기에는 토마스 크렌스(Thomas Krens) 관장을 중심으로 한 구겐하임 측의 경영 능력이나 홍보 전략과 함께, '프랭크 게리(Frank Ghery)'라는 건축가의 유명세도 크게 작용했다. 구겐하임 빌바오 미술관의 건립에 든 비용이 대략 1억 5천만 달러라고 알려져 있는데, 그렇다면 수천억 원이 투입된 우리 국립중앙박물관의 경우 어떠했는지, 그와 같은 소위 '빌바오 효과'를 낼 수는 있는지 궁금하다. 수만 관중이 운집했던 개관 직후의 흥분이 어느 정도 가라앉은 지금, 이미 관람객이 상당히 줄어들고 있다는 보도를 봐선 그러한 효과를 기대하기는 어려울 것 같다. 우리가 그런 효과를 거두지 못하는 이유는 무엇일까? 국민성 때문일까, 문화 지수가 낮아서일까?

몇 년 전 도쿄에 있는 모리 미술관(도판 7)을 찾아가 보았다. 건물의 1, 2층이 안전지대라는 상식을 비웃기라도 하듯이, 50층이 넘는 초고층 건물의 최상층부에 전시관을 내고, 그 안에서 IT 기술을 적극적으로 활용한 '다빈치 코드'라는 흥미로운 전시를 열고 있었다. 그들이 내세운 캐치프레이즈는 '하늘에서 제일 가까운 미술관'이다. 미술관이 있는 최상층에서 주로 전시 위주의 이벤트가 열리고, 아래층에는 다양한 취향의 레스토랑과 카페들이 꽉 들어차 있어서, 여기가 정말 미술관을 하려고 만든 곳인지 아니면, 레스토랑을 주로 하고 맛뵈기로 미술관을 갖다 붙인 것인지 헷갈릴 정도로 전시와 레저, 엔터테인먼트가 뒤범벅되어 있었다. 미술관장은 자기 스스로 미술을 다루는 전문가 관장이라기보다는 사업 매니저라고 소개하기도 하였다. 이는 무엇을 뜻하는가? 중요한 사실은 미술관은 특히 사람이 모이는 곳이어야 하고, 더 나아가 사람을 모으는 적극적인 역할을 하도록 계획되어야 한다는 사실을 일깨우고 있다. 그에 비한다면,

우리의 박물관 건립은 너무나 안이하게 추진되어왔다. 국립중앙박물관은 용산 시민공원이라는 뛰어난 입지 조건을 갖고 있음에도 불구하고 답보하는 상태에 머물러 있고, 세계적인 기업 삼성이 리움미술관을 부촌이 밀집한 부지 안에 건립한 점은 아쉬움으로 남는다.

박물관장은 아무나 하나

국립현대미술관의 경우를 예로 들어보기로 하자. 이경성, 김윤수, 배순훈, 정형민 등 역대 관장들 모두가 재임하는 동안 난제를 남기고 그냥 떠났다. 관장들은 미술사, 미술평론, 미학을 전공했거나 심지어 기업 CEO까지 관장으로 선임이 되었으나 많은 문제를 초래하였다. 물론 어려움이 상당 부분 있을 수 있다. 미술 선진국에서 우리와 같은 시스템은 없다. 정부가 관장을 선임하고 공무원이 업무를 진행하는 경직된 방식이 우리의 자화상이다. 관장이 되는 순간부터 미술 전문가라기보다는 행정 공무원으로 입장과 위상이 달라진다. 임기도 짧을 뿐 아니라 권한도 제한적이다. 그런 점은 국립중앙박물관장 문제에 대해서도 마찬가지이다. 국립기관은 기증이나 기부 마케팅 등에서 유연하지 못하다. 전시 수준은 대체로 기대 이하이며 연구 또한 한계가 분명하다. 미술관의 자립도는 3~5% 전후로 거의 정부 예산에 의존하는 형편이다. 만약 관장의 권한이 강화되고 이사회의 지원기능이 활성화된다면 얘기는 크게 달라질 수 있다. 미술관의 자율권이 확대되고 자체 인사와 사업기획이 확보되어야 한다. 여기에 더하여 업무의 전문성과 운영체계를 제대로 확립하면 훨씬 효율적인 시스템을 갖게 된다.

재정은 투자 예산이 크게 증액되어야 하며, 독립이 절대 보장되어야 한다. 자립도 역시 5~10년 정도를 두고 서서히 높여나가는 형태가 필요하다. 우리는 구겐하임의 예를 본보기로 삼아야 한다. 구겐하임의 관장을 보면, 현대에 필요로 하는 관장의 위상을 어느 정도 알 수 있다. 선진국의 관장들이 대개 그렇듯이 구겐하임 미술관에서 1988년부터 2008년까지 20년 동안 근무한 토마스 크렌스 관장은 유능한 미술경영자이며, 구겐하임 재단의 강력한 뒷받침으로 미술관을 확장 발전시켰다. 그에 비한다면 임기 3년 안팎인 우리나라의 박물관-미술관 관장은 아무나 해도 되는 자리인 것 같다. 이런 현상은 직급이 차관급으로 격상된 국립중앙박물관 관장도 마찬가지이다. 3년 임기라면 목표로 하는 사업 예산도 제대로 책정해보지 못하고, 전임자가 세워 둔 정책을 땜질하는 수준에서 임기는 끝나고 만다. 외부에서 연줄을 타고 자리를 차지하여 3년을 급급히 지내다 떠난 관장들이 한둘 아니다. 계약직 임기 3년의 한계이다.

　　박물관장이라 하면 어떤 이미지가 떠오르는가. 또 박물관장은 어떤 역할을 하는 자리인가. 그래서 박물관장은 누가 해야 어울리는가.

　　선진국의 경우, 테이트 갤러리나 MoMA의 장기 재직 관장 사례 외에도 메트로폴리탄 미술관의 필립 드 몬테벨로(Philippe de Montebello) 관장이 1977년부터 2008년까지 무려 31년 동안 재직하였다. 워커 아트 센터(Walker Art Center)의 캐시 할브라이시(Kathy Halbreich) 관장도 1991년에서 2007년까지 16년간을 역임하였다. 임기가 긴 만큼 당연히 이들의 업적 또한 화려하고 눈부시다. 1988년부터 줄곧 한자리를 지켰던 영국 테이트(Tate Modern Museum)의 니콜라스 세로타(Nicholas Serota) 관장은 두 가지 대형 과제를 성공적으로 수행했다. 그는 1993년에 테이트 세인트 아이브스(Tate St Ives)를 개관했고, 2000년에 화력발전소를 리모델링한 '테이트 모던'을 개관하면서 출중한 능력을 유감없이 발휘하였다. 최장수 관장인 필립 드 몬테벨로 관장의 업적은 특히 컬렉션 기증 유도라는 측면에서 빛난다. 하인츠 베르구르엔(Heinz Bergruen) 컬렉션의 파울 클레 작품을 일

괄 인수하였고, 잭&벨린스키 컬렉션의 대규모 작품들, 애넌버그 컬렉션의 인상주의 작품 등등 많은 기증을 유도하여, 메트로폴리탄 미술관의 컬렉션을 크게 강화하였다. 2006년에는 이탈리아와 그리스·로마 컬렉션의 소유권 분쟁을 종료시키면서 국가 간에 봉착되어온 난제를 해결하기도 하였다. 또 한국관을 설립하고 중국관 등을 확장하고 '아메리칸 윙 프로젝트'를 실현하여 오늘날의 메트로폴리탄 박물관을 일궈냈다.

우리도 한때 관장의 임기가 길었던 적은 있었다. 여당 김재원(1909-1990, 교육학박사)은 함흥 태생으로 1920-30년대에 독일과 벨기에에서 유학했다. 1945년부터 1970년까지 25년간 국립박물관장을 역임한 최장수 관장이었다. 그는 미군정으로부터 박물관을 인수하고 경주 부여 공주 개성 등지에 지방분관체제를 마련하는 등 초창기 국립박물관 운영의 틀을 세워 오늘의 국립박물관이 있도록 하였다. 6.25전쟁 당시 박물관 소장품을 부산 등지에 소개시켜 피해를 줄였고 한국문화재 해외전시 경주 호우총 발굴 등의 업적을 세웠다.

우리나라는 관장은 물론이고 전문 분야의 인재 대접과 양성이 너무나도 소홀하다. 관장은 그저 행정이나 하고 결재도장을 찍는 존재 정도로 취급한다. 세로타, 몬테벨로 관장이 그냥 배출되는 것은 결코 아니다. 수백 년이 넘는 문화적 토양이 쌓이는 동안 외국도 많은 실수와 실험을 거듭해왔다. 그렇지만, 외국의 미술계와 정부에서도 그만큼 전문가에게 지원과 신뢰를 보내주었기 때문에 지금의 성과가 가능했다. 우리도 전문가들 의견이 충분히 반영된 효율적인 인선 과정을 마련해야 하고, 우리나라 전문 분야의 일만이라도 맡기고, 신뢰하고 기다려주는 간단한 일부터 시작해야 할 때이다. 우리도 바뀌지 않으면 안 된다.[4]

박물관의 미래

"박물관이 살아 있다". 이는 단순히 영화 제목으로 그치는 것만은 아니다. 과거와는 달리, 현대 사회에서 박물관의 비중은 갈수록 커지고 다양해지고 있다. 과거 유물들을 쌓아 놓기만 하던 박물관의 모습은 이제는 흘러간 옛 얘기가 되었다. 박물관의 의미가 오늘날 시대의 트렌드에 맞게 크게 변화하고 있기 때문이다. 과거 박물관이 '신(神)에게 바치는 수집품의 수장(收藏) 기능'에서 시작되었다면, 현대의 박물관은 '다양한 교육과 체험 프로그램을 갖춘 평생 학습장'의 역할까지 담당하면서 역할이 크게 확대되고 있다. 박물관에서 유물을 수집하고 보존하는 목적은 단순히 유물의 존속 문제에서 끝나지 않는다. 해당 유물들은 미래의 가치를 견인하고 재창조하는 공공재라 해도 과언이 아니다. 유물이 비록 개인의 창작물로 태어나지만, 박물관을 통해 세대와 세대가 거듭되면서 '공공의 가치'를 발현하게 되기 때문이다. "과거를 통해 미래를 본다."라는 말은 박물관이 가지고 있는 가치를 한마디로 요약한다. 하지만 불과 몇 년 전의 것들도 '먼 과거'가 돼버릴 만큼 변화의 속도가 갈수록 빨라지는 지금도 여전히 박물관의 역할은 유효할까?

오늘날 박물관은 전성기를 맞고 있다. 2014년 기준으로, 세계 202개국에 있는 박물관 수는 무려 5만 5,000개가 넘는다. 이들 박물관을 찾는 연간 방문자 수는 2016년 기준, 8억 5,000만 명으로 전 세계 주요 스포츠 리그와 테마파크 입장객 수를 합한 것보다도 더 많은 숫자이다.[5] 박물관이 양적인 면에서 괄목할만한 성장세를 유지하고 있기는 하지만, 박물관 관계자들은 '박물관의 미래'를 심각하게 고민하고 있다. 오늘날 상업화되는 박물관과 박물관의 사회적 책임 사이에는 간극이 뚜렷하게 발생하고 있다. 미술사학자 클레어 비숍(Claire Bishop) 뉴욕시립대 교수는 저서 『래디컬 뮤지엄』(Radical Museology: Or What's

Contemporary in Museums of Contemporary Art?, 2014)을 통해 "규모를 키우고 접근성을 높이는 박물관계의 경향은 박물관이 '엘리트 문화의 전당'이라는 19세기 모델에서 '레저 및 엔터테인먼트 공간'으로 변모하고 있음을 보여준다."라고 했다. 요즘처럼 상업화되고 사유화되는 박물관은 필연적으로 '공공장소'로서의 공공적 기능에 소홀할 수밖에 없게 된다. 이는 박물관의 사회적 역할에 심각한 우려를 부르는 문제가 아닐 수 없다. 기업 혁신 컨설턴트인 야스퍼 비써(Jasper Visser)는 비평집 〈박물관의 미래〉(The Museum of the Future, 2009)를 통해 "라디오와 텔레비전이 5천만 명의 고객을 확보하는 데 각각 38년, 13년이 걸렸으나, 페이스북은 이를 단 2년 만에 해냈고, 이 과정을 지켜본 박물관들이 '디지털'을 외치는 것은 당연하다."라고 강조했다. 때문에, 앞으로 박물관이 큰 변화를 거치게 될 것이라는 점에는 이론의 여지가 있을 수 없다. 또 그는 "미래의 박물관은 장소와 내용에 구속받지 않는 다이나믹한 모습으로 거듭나게 될 것"이라며 "네덜란드 암스테르담의 거리 미술관 (Street Art Museum, Amsterdam)이 보여주고 있는 것 등을 보고, '저것이 박물관 맞아?'라고 할 박물관이 더욱 많아질 것"이라고 예측했다.

메흐틸트 뢰슬러(Mechtild Rössler) 유네스코 세계 유산 센터장 역시 "미래 박물관의 키워드는 한마디로 '변화'"라며 지적 재산권의 디지털화나 정보 통신 기술의 활용, 최신 기술을 활용한 문화 예술 작품 재생산 등의 모든 분야에서 유네스코가 적극적으로 변화의 목소리를 내게 될 것이라고 했다. 미국문화재보존협회(American Institute for Conservation of Historic and Artistic Works)도 2013년 펴낸 보고서에서 "박물관 종사자들은 우리가 다루고 보존하는 대상과 환경과의 상호 작용뿐 아니라, 그 과정에서 사용되고 생성되어 폐기되는 모든 물질에 관해서도 관심을 가져야 한다."라고 지적하며, 박물관의 연구, 전시 및 운영 등과 지구

생태계 사이에서 적절한 균형을 찾을 필요가 있다고 했다. 우리의 현주소를 곰곰이 짚어 보고 미래에 닥쳐올 변화에 적극적으로 대응해야 할 시점이다.[6]

우리는 어디쯤 와 있는가?

번듯한 건물을 보여주자고 박물관을 짓는 것만이 능사는 아니다. 박물관은 과연 무엇을 보여줄 것인가, 어떤 역사를 기억하게 하고 어떤 문화를 지향할 것인가에 관해 소통하는 공적인 노력이 요구된다. 이를 위해서는 치밀하게 공들인 준비가 필요하다. 많은 경우 문화를 앞세우지만, 대다수의 박물관 건립이나 확충은 일단 건물부터 짓고 보자는 '건설 사업'에 방점이 찍히는 것 같다. 피에르 부르디외는 "지식과 교양·고급문화를 향유할 수 있는 사회적 배경을 가진 사람들이 문화 자본을 통해 이를 누릴 수 없는 사람들과 의도적으로 차별화를 만든다."라고 했다. 박물관과 전시관 등 공적 문화공간이 늘어나면, 우리 사회에 그런 종류의 차별화 문제가 상당히 완화되고 문화 자본의 규모도 확대될 수 있다. 하지만 '기승전-토건'의 박물관 증설이라면 오히려 부메랑이 될 수도 있다. 신설 박물관의 내실화에 대하여 심각한 고민이 필요한 시점이다. 유물이 없거나 적당히 채운 박물관은 결코 박물관이라 할 수 없다. 박물관은 자신들만의 콘텐츠 구축을 고민해야 한다. 박물관 건물을 짓기에 앞서 박물관의 기능, 이를 관리하고 기획할 인력에 관한 계획을 세워야 한다. 전시의 내용과 질보다 건물 짓기에 급급해 박물관의 철학과 비전을 가볍게 여긴 것은 아닌지 자문해야 한다. 백화점처럼 "건물부터 올리고 보자, 그러면 어떻게든 채울 수 있으리라"라고 생각하면 오산이다. 짓고 보자는 식의 '박물관 정치'는 문화의 후퇴요, 적폐이다. 우리의 경우는 어떠한가? 박물관을 세우기 전에 수집품을 체계적으로 모아 그를 바탕으로 전시 계획을 짜고, 그러한 내용들을 건축가와 협의해서 박물관을 세우고 있는가. 국가 예산으로 세우는 박물관들은 그나마 그런 선상에서 프로젝트가 만들어지고 있다. 그러나 국립이 아닌 공립의 지방 박물관은 말할 것도 없고, 많은 사립박물관은 그렇지 못하다. 때문에, 그런 박물관들은 대개 박물관 건립을 리본 컷팅이나 하는 인사들의 모임을 위한 것처럼, 크게 변질하여 소홀한 모습을 보인다. 한마디로 부실한 박물관들이 양산되고 있다. 우리나라 박물관의 숫자가 1천 관을 넘긴 지도 꽤 되었다. 이들 중 박물관다운 박물관이 과연 몇이나 될까. 박물관 정치, 박물관 쇼 한번 치르고 나면 바로 잊히는 박물관들이 대다수이다. 왜 이런 현상들이 계속해서 벌어지는 것일까?

국립박물관은 10여 개가 넘는 지방관을 보유하고 있는데 아직도 더 건립하려는 생각을 버리지 않고 있다. 그것이 과연 효율적인지에 대한 논의는 이어질 것이다. 문제는 공립과 사립박물관에 있다. 공립박물관은 민선 도지사·시장·군수 등의 책임자가 임기 중에 남기는 치적 중의 하나로, 박물관 건립을 강행하는 경우가 많다. 많은 수의 공립박물관이 요란한 개관 행사를 치르고, 그 뒤로는 제대로 운영되지 못하고 있는 것이 현실이다. 박물관을 세우려는 목적이나 취지보다는 개회식에 더 이끌려서 내실이 없는 공립박물관들이 양산되고 있다. 사립박물관의 경우는 개인의 욕심이나 허영심에서 박물관 건립이 이루어지는 경우가 많아서, 부실한 사립박물관의 신설이 끊이지 않고 있다. 과거에는 생각하지도 못했던 소장품의 매각도 공공연하게 일어나고 있다. 박물관을 세우는 데 필요한 프로세스를 무시하고 건립 자체에만 집착해서 생기는 부작용이다. 박물관의 건립은 소장품-건축-전시 그리고 전문 인력과 경영 문제를 충분히 고려하고 나서 시작해야 할 것이다.[7]

박물관의 공간적 특성 확장
박물관이 건축이라는 예술적 구조물로 구성된다는 점에서, 특정한 장소를 기반으로 하고 있음은 중요한 논점이 된다. 특정한 장소가 가지는 가치는 박물관에 전시되는 유물과 연계됨으로써 더욱 분명하게 드러낼 수 있다. 현재 박물관의 상당수는 문화유산과 연관된 장소를 기반으로 설립되고 있다. 장소에 담긴 중요성을 강조하고 가치를 드러내고자 박물관이 노력한다는 점에서 공간적 특성이 가지는 의미는 더욱 두드러진다. 이와 관련하여 활용할 수 있는 것이 문화 경관이다. 문화 경관은 박물관에서 전시하는 전시물의 의미를 관람객에게 전달할 수 있다. 문화유산과 연계된 설명이 구체적으로 제시될 수 있음은 물론, 관람객이 체험하고 공감할 수 있는 활동을 통해 문화유산의 가치를 박물관 내·외부 공간으로 확장할 수도 있다.

우리나라에서 제일 오래된 구석기 유적지를 끼고 있는 전곡 선사박물관(도판 8)의 경우, 박물관에서 전시하는 문화유산을 문화 경관과 적극적으로 결합하

[도판 8] 전곡 구석기 유적지와 선사박물관 전경 ⓒ전곡선사박물관

고 있는 사례로 꼽을 수 있다. 또한 특정 문화유산을 통해 박물관 안팎으로 공간적 특성을 확장하는 모습을 잘 보여준다. 관람객은 유적박물관에서 이루어지는 체험과 인식을 통해 구석기 시대에 담긴 공간적 특성을 새삼 확인하게 되고, 당시의 유물이 매장되어 있는 층위와 마주한다. 이렇듯 문화유산을 둘러싼 환경과 문화 경관을 적극적으로 결합하는 방식은 박물관이 관람객에게 지식을 전달하는 것을 넘어, 공간적 특성에 담긴 다양한 의미를 관람객과 능동적으로 소통할 수 있다는 강점이 있다. 이는 박물관과 문화유산이라는 장소에 내재한 다양한 층위와 관련한 시공간·문화·사람 등을 새롭게 도출하는 것이다. 이를 통해 문화유산의 가치를 부각함은 물론 박물관의 정체성을 확고하게 드러낼 수 있다.

또한 박물관은 문화 경관과 상호 결합하여 관람객의 능동적인 참여를 유도함으로써 사회적 기능을 확장할 수 있다. 전곡 선사박물관의 경우, 구석기 시대의 일상생활을 재현하기 위해 관람객이 주먹 도끼를 직접 만들어보고, 이를 활용해 구석기 시대의 의식주 문화를 체험하게 하고 있다. 이 과정은 오래된 과거를 단순히 재현하는 것에서 나아가, 현대인들의 일상생활 방식을 구석기 시대의 생활에 접목하고 있다는 점에서 상당한 의의가 있다. 이러한 방법이 바로 '현재적 맥락화'이다. 이와 같은 접근은 관람객이 박물관의 전시 주제와 관련한 한정된 정보 습득에서 나아가, 현재적 맥락 속에서 문화유산을 둘러싼 문화 경관을 마주하고 창조적으로 생각할 수 있게끔 한다. 이는 박물관에서 다루어지고 있는 테마에 대한 이해를 넘어서서, 더욱 확장된 개념을 관람객에게 제시하는 것이다. 관람객은 이를 통해 폭넓은 시각 속에서 문화유산에 담긴 가치와 의미를 다시금 고찰하고, 과거의 흔적인 문화유산을 현재로 이끌어와 대면할 기회를 가질 수 있다.

한편 박물관의 사회적 기능 강화를 위해서는 박물관의 노력 못지않게, 이를 현재적인 의미로 해석하고 공감할 수 있는 관람객의 역할 또한 중요하다. 박물관을 통해 문화 경관과 문화유산의 가치를 강조한다고 해도, 수용자가 이를 능동적으로 인식하지 않는다면 박물관의 정체성이 사라질 수 있기 때문이다. 따라서 박물관은 관람객의 주체적인 참여를 이끌 수 있는 다양한 요소들을 지속적으로 고심하고 개발해야 할 것이다.[8]

박물관의 미래

"'지금 여기'를 어떻게 기록하고 수집하고 남길 것인가?", "대량 생산 소비 시대에 박물관에서는 무엇을 수집하고 연구할 것인가?", "인류문화의 보편성과 다양성을 찾아 현재 인류문화를 관통하는 문화 요소는 무엇인가?", "수집된 박물관 자료를 어떻게 조합하여 입체적인 역사·문화 전시로 표현할 것인가?", "다양하고 방대한 박물관 자료를 이용자의 관점에서 어떻게 서비스할 것인가?" 등은 박물관에 주어진 무거운 숙제이다. 이러한 과제는 길게 보면, 박물관의 미래를 위해 꼭 풀어야 할 문제이기도 하다. 21세기 현재 사용하고 있는 일상생활 자료를 '문화유산'이라 하기에는 아직 이른 감이 있다. 적어도 50년은 지나야 대상이 된다. 옛날 사람들도 청자나 백자, 그리고 목가구나 옷가지가 문화유물이 되리라고는 생각하지 못했겠지만, 그러나 이들은 오늘날 문화재가 되었다. 따라서 우리 주변에 있는 생활자료들이 지금은 효용 가치가 끝나 창고나 쓰레기통에 버려지고 있지만, 앞으로 21세기의 삶을 이야기하는 데 있어서 가장 중요한 증거 자료이자 역사가 될 것이다.

우리가 조각난 퍼즐을 맞추어 역사를 복원해야 했듯이, 우리의 후손들이 난지도의 쓰레기 더미를 발굴하여 21세기의 문화를 복원하게 하도록, 민속의 현재적 기술과 현재의 생활자료 연구와 수집을 시작해야 할 시점에 와 있다. 대량 생산과 소비가 이루어지는 현재의 생활방식 속에서, 어떤 자료를 수집할 것인가는 매우 중요하다. 수천수만 가지의 생활자료를 모두 다 수집 보관할 수는 없으며, 조사 연구를 통한 기록화와 생활유물의 수집을 병행할 필요가 있다. 기록화란 조사 연구하여 영상 매체 또는 보고서로 기록해 두는 것을 의미한다. 현대 생활에 필요한 물건의 가짓수와 종류를 가장 잘 파악할 수 있는 곳은 아마 대규모 매장일 것이다. 대형 마트나 백화점 등에서 취급하는 생필품의 수와 명칭을 조사한다면, 현대 생활자료의 파악은 거의 다 될 것이다. 대량 생산과 소비 시대의 물질 문화 연구는 종래와 달리 이런 접근법도 쉬울 것이다.

박물관 자료의 수집은 지역별로 각각의 집을 표본 추출하여, 그 집의 생활방식과 자료를 조사하고 그것을 수집 연구 보존하는 것이다. 생활문화 관련 유물 수집은 역사성→ 현재성, 희귀성 예술성→생활문화적 맥락, 구입을 통한 수집→생활문화적 맥락에서 조사연구를 바탕으로 한 기록과, 수집 보존 등으로 요약할 수 있다. 박물관의 미래는 자료의 수집보다는 정보의 활용, 서비스를 제공하는 방식에 달렸다. 박물관 자료는 유물, 텍스트, 음성, 사진, 영상 등으로 존재한다. 이들 자료를 디지털 형식으로 콘텐츠화하고 데이터베이스를 구축해야 한다. 현재 이들 박물관 자료는 소장유물, 민속아카이브, 민속대백과사전, 민속현장조사, 발간자료 등으로 어느 정도 체계적으로 정리되어 있다. 그러나 각 소프트웨어와 서버는 독립적으로 운영되고 있다. 앞으로의 과제는 이들을 연결하여 통합관리를 위한 운영체계를 구축하는 일이다. '민속자료통합관리시스템 (FAMS: Folklife Archives Management System)'이 필요한 것은 그 때문이다. 2013년에 이 시스템을 개발하여, 2014년 시험 운영을 통해 일반인에게도 공개될 예정이었다. 그러나 개발시기와 개발자에 따라서 소프트웨어의 호환성이 없다는 문제가 아직도 해결되지 못했다. 이 문제가 해결되어야 이용자들은 유무형으로 다양한 형태의 박물관 자료를 자유롭게 공유할 수 있게 되고, 따라서 박물관의 가치를 극대화할 수 있다. 이용자들은 성별, 나이, 위치, 국적 및 관심사 등과 관계없이 맞춤형 박물관 자료를 제공받을 수 있게 된다. 미래의 박물관에서는 박물관 자료의 통합과 활용이 중요한 문제가 될 것이다. 박물관 자료와 정보를 이용자들에게 어떻게 효율적으로 제공할 것인가에 바로 박물관의 미래가 달려 있다.[9]

박물관의 힘

문화관광계에 '빌바오 효과'라는 말이 갈수록 힘을 더해가고 있다. 도시의 낙후된 지역을 재개발하면서 미술관을 세우고, 유인 효과로 수백만의 관광객이 몰려들어 관광 수입을 획기적으로 증대시킨 관광도시 빌바오와 그들의 전략을 일컫는 용어이다. 구겐하임의 세계화 전략(7개의 전시관이 차례로 건립되는데, 인천 송도에도 건립될 예정이었다)으로, 스페인의 항구도시 빌바오에 세계인의 이목을 잡아끄는 미술관이 건립되었다. 구겐하임 미술관의 본부라고 할 수 있는 구겐하임 뉴욕 미술관(프랭크 라이트 설계)이 달팽이 모양의 독특한 외관 덕분에 유명해진 것은 건축계뿐 아니라 세상 사람들이 다 알고 있는 사실이다. 뉴욕에서 이룩한 박물관 건축의 예술적 상징적 중요성과 그에 따른 사회적 파급효과에서 자신을 얻어, 구겐하임 측은 건축을 박물관의 가장 중요한 표현 수단으로 보고 건축가 프랭크 게리에게 빌바오 미술관의 설계를 맡겼다. 해체주의 건축의 대표적인 건축가인 프랭크 게리는 이전에 발표한 일련의 건축작품으로 인해 '건물 같지 않은 건물, 비정형의 건축'으로 유명해졌고, 건축이라는 제약을 뛰어넘어 그의 작품이 건축이 아닌 오브제-조형물로 받아들여지기를 바랐다. 그는 건축의 기본인 수직 상자 모양의 고정관념으로부터 과감하게 벗어나, 빌바오미술관을 별명이 말해주듯이, 'Metal Flower' 즉 금속으로 만든 꽃처럼 자유로운 형태를 표현하려 했다.

항구도시 빌바오를 의식해서인지 멀리서 보면 돛배를 연상시키는 형태의 외관을 응용한 이 미술관은 일반에 공개되자마자 일약 명성을 얻기에 이르렀다. 시드니의 오페라하우스처럼 명물이 되기를 원했던 빌바오 당국과 계산이 맞아떨어진 셈이다. 인구 60만의 이 도시는 개관 이후 연간 수백만이 몰리는 유명 관광지가 되었고, 그에 따라 빌바오 당국은 재정적 성공은 물론이고, 퇴락해 가는 도시의 관광지화 전략을 성공적으로 달성했다. 빌바오 미술관은 아름다운 박물관 건축이자 새로운 도시를 보여주는 중요한 요소로 자리를 잡게 되었고, 건축적으로는 기존의 관념을 뛰어넘어 미래의 박물관 건축을 이끄는 대표적 사례로 인정받았다. 결과적으로 미술관은 생기를 잃어가던 도시의 신선한 랜드마크 역할을 담당하게 되었다. 이처럼 미술관 건물 하나가 도시의 이미지를 크게 바꿀 수 있다.

도쿄에 있는 유명한 모리 미술관을 보기로 하자. 미술관이 있는 최상층에는 전시 위주의 이벤트가 열리고, 아래층에는 레스토랑과 카페들이 들어차 있어서 전시와 레저, 엔터테인먼트가 뒤범벅되어 있다. 또한 보도에 따르면, 일본의 가나자와 시(金沢市)는 박물관장을 부시장으로 영입하면서 그에게 전권을 주어, 도시 전체를 박물관 건립 위주로 리모델링하는 모험을 시도하고 있다고 한다. 이런 식의 시도는 1971년 퐁피두 센터의 현상 설계에 당선된 리차드 로저스(Richard Rogers)의 경우가 선구적이었다. 파리시는 퐁피두 센터가 퇴색되어가는 지역에 문화적인 생기를 크게 불어넣을 수 있다고 보고, 과감하게 공조 시스템과 배관 등의 흉물스러운 내부 구조가 외부에 과감하게 드러나는 건물을 설계한 로저스의 응모작을 당선시킴으로써 세상의 이목을 집중시켰다. 저력의 문화 도시 파리는 과감한 디자인이 도시를 크게 바꿀 수 있다는 탁월한 선택을 함으로써, 미국으로 물길을 돌렸던 세계미술의 흐름을 다시 파리로 향하도록 하는 과감한 모험을 시도하였고 대성공을 거두었다.

위에서 제시한 사례에서 보듯이, 박물관-미술관은 이제 놀라우리만큼 성격이 변하고 있다. 오늘날의 박물관은 과거 19세기 이전까지 생각해 왔던 정적이고 소극적이거나 폐쇄적인 박물관이 아니다. 그뿐만 아니라 박물관은 끊임없이 진화 및 발전하고 있다. 박물관들 스스로가 진화하고 있기도 하지만, 외부의 여건이 박물관의 변화를 빠르게 유도하고 있다. 앞으로 여러 가지 급변하는 환경 속에서 과연 박물관은 어떻게 바뀔 것인가? 또 그에 따라 박물관의 사회적 역할은 어떻게 바뀌고 전망은 어떻게 되는가? 잘 알고 있듯이, 박물관은 외부를 싸고 있는 건축이라는 하드웨어(Hardware)와 내적 구성의 핵심인 소장품이라는 소프트웨어(Software), 그리고 이들을 다루는 전문 인력인 휴먼웨어(Humanware) 등으로 구성되어 있다. 이들은 각기 직간접으로 관련되는 해당 분야, 즉 건축계나 미술·역사·고고·민속학계 등에 영향을 주거나 혹은 전문직의 질적, 양적인 발전에 밑거름이 된다.

박물관 건축은 구겐하임 빌바오 미술관의 경우처럼 시대를 크게 앞질러 나가서 미래형 건축의 모범을 보이거나, 일본의 에도-도쿄 박물관처럼 자국의 민족 건축(신사)을 부각하는 예도 있고, 테이트 모던(구 발전소)이나 오르세 미술관(옛 오를레앙 철도 역사)처럼 리모델링 작업 후에 변신하여 세간의 관심을 끌기도 한다. 박물관은 본래의 목적인 전시나 교육 연구 등과 부합하는 기능들의 효율적 소화와 함께, 예술성에서 앞서 나감으로써 해당 분야의 발전에 중요한 이

바지를 한다는 점에서 사회적으로 선도하는 사명감이 있다. 박물관 건축은 과학과 예술을 동시에 승화할 수 있는 최고의 대상이며, 건축을 통해 박물관이 확보해야 하는 기능과 예술을 동시에 해결함으로써, 사회가 요구하는 시대적 기대에 크게 부응하고 있다. 그런 점에서 우리나라 박물관 건축은 많은 아쉬움을 준다. 과거 우리는 박물관 건축이라면 대부분 한식 기와집 지붕을 올려야만 했다. 김중업의 프랑스 대사관처럼 전통 한옥의 구조적-건축적 특성을 활용해야 할 건축가들이 옛 기와집을 그대로 흉내만 내고, 그것이 '한국적인 것'이라고 억지를 부렸던 것은 아닐까? 그런 행위가 과연 우리 건축의 발전을 위해서인가, 아니면 국내 건축가나 건축계의 이익을 위해서인가? 이런 한계점을 극복하지 못한다면 우리에게 좋은 박물관, 멋있는 박물관, 박물관 건축 하나만을 보기 위해서 관광객이 일부러 찾아오는 박물관은 영원히 생길 수 없을 것이다. 현 국립중앙박물관 건물이 과연 빌바오 효과 같은 힘을 보일지, 혹은 그런 논의가 의미 있는지는 재론의 여지가 있을 수 있다.

우리는 어떻게 해야 하나

국박 프로젝트의 경우 국제공모 절차를 도입해서 좋은 설계를 시도한 노력은 높이 살 만하지만, 경직된 우리나라 박물관 건축 발주 시스템이 초래하는 보수성은 부인할 수 없다. 왜 우리나라에는 구겐하임 빌바오나 루브르 피라미드처럼 세계적으로 내세울 만한 획기적인 박물관 건축이 없는가. 역사가 짧아서인가, 제도가 뒷받침되지 못해서인가, 의지가 없어서인가, 능력이 모자라서인가? 최근 국내에도 외국 건축가의 박물관 건축 작품들이 하나둘 나타나기 시작하고 있다. 대표적인 예로, 리움미술관(장 누벨, 마리오 보타, 렘 쿨하스 3인 합작)을 비롯해서 서울대학교 미술관(렘 쿨하스), 경기도 미술관(이탈리아 건축가 카날리) 등이 있으며, 이외에 개인이 세운 건축들이 더러 있는 것으로 안다. 이들이 어떠한 효과를 내고 있는지 뚜렷한 성과가 보이지는 않지만, 우리나라 박물관 건축 수준을 한 단계 끌어올리는 데에 기여한 것만은 틀림없다. 앞으로 FTA(자유무역협정)의 체결로 조만간 건축 분야도 완전하게 개방될 시점이 다가오리라 예측하는데, 내외국인을 떠나 우리나라에 좋은 박물관 건축이 많이 늘어나는 계기가 되었으면 한다. 우선 우리는 그들로부터 선진기술을 먼저 배워서 기본을 익히고, 그 바탕 위에 우리 건축의 특성을 반영한 한국식 박물관 모델이 생기는 날을 손꼽아 기다려본다. 이미 세계적인 건축의 반열에 올라서 있는 일본의 경우를 보건대, 그런 기대도 그다지 먼일만은 아닐 것이다.

박물관의 사회적 역할 중에서 가장 중요한 부분은, 수집을 통해서 사라져가는 물질 문화의 증거들을 확보하는 일이다. 수집은 체계적·지속적으로 이루어져야 하며, 그러기 위해서는 전문적인 연구가 뒷받침되어야 한다. 언제인가 대한체육회장을 역임한 고(故) 민관식 씨 댁을 방문한 적이 있다. 박물관 같은 것을 염두에 두고 있다고 하기에 방문해서 유심히 살펴보았다. 주된 수집품은 국제회의에 참석하거나 행사가 있을 때 수집한 각종 자료로, 심포지엄 참가 방명록이나 명패, 안내 팸플릿부터 메달, 트로피, 기념 배지 등 그가 생전에 참가한 많은 국내외 행사의 기록 같은 것들이었다. 그것만 가지고도 대한체육회 기념관의 건립이 충분하다고 할 만큼의 양과 질을 골고루 갖추고 있었다. 특이한 점은, 그는 일찍부터 사전에 이런 것들을 수집할 계획을 갖고, 수십 년 동안 수집한 대상물들 하나하나마다 세밀한 기록을 곁들여 놓고 있었다는 사실에 있다.

물론 이와는 성격이 다르겠지만, 국내에는 많은 개인 수집가들이 각자의 취미나 관심에 따라 다양한 유물들을 수집하고 있다. 요즘처럼 다양하게 분업화된 사회에서 공공기관들만 역사 유물의 수집이라는 사회적 의무를 전담할 수는 없다. 간송 전형필이나 호암 이병철처럼 재력이 뒷받침되어 문화재나 미술품을 개인 차원에서 수집하였다 하더라도, 이는 바로 우리 문화와 역사를 보존 전승하는 의무를 다한 사회적 공헌이라 할 수 있다. 비록 재화 가치가 그다지 높지는 않더라도, 많은 개인 수집가들이 정성과 열의를 다 바쳐 여러 분야의 다양한 물건들을 수집함으로써, 국가 기관이 다하지 못하는 공공의 의무나 교육을 분담하는 효과가 있다. 이는 단순히 개인 차원에서 끝날 일이 아니라, 국가와 사회가 이들을 보호하고 장려하는 정책을 펼침으로써, 우리의 역사와 문화를 옳게 보전할 기틀을 마련해야 할 것이다.

지금까지 우리는 수집에 대해서 매우 편향된 시각을 갖고 있었다. 수집은 돈 많은 사람만이 할 수 있는 일이라고 보고, '수집=재산증식' 활동으로 깎아내리려는 경향이 강했던 점은 부인할 수 없다. 고가의 골동품이나 인기 작가의 작품들이 수집의 주요 대상이 되는 것은 분명하지만, 그렇다고 해서 이런 것들이 수집의 모든 분야를 점하고 있는 것은 아니다. 민관식의 경우처럼, 하등 돈 될 일이 없는 대상물이지만 거기에 의미 부여가 가능하다면, 얼마든지 수집의 대상이 되어 개인의 정열을 불태울 수 있다. 수집의 대상과 질의 향상을 위해서는 동기나 의욕을 고취할 사회적인 장치가 필요하다. 우리는 아직도 수집 활동을 특정 분야에 관심이 있는 개인의 취미나 자산 증식이 목적인 정도의 동떨어진 일처럼 보려는 경향이 강하다. 그래서는 수집의 사회적 분위기나 성취 의욕이 고양되기 어렵다. 무언가 그런 장벽을 뛰어넘는 획기적인 장치가 필요하다.

그러기 위해서는 개인 수집가들에게 어떤 형태로든 상당한 혜택이라고 여길만한 장치가 주어져야 한다. 예를 들면, 상속세 감면 등 과감하게 세제상의 혜택을 준다거나 박물관을 만들 때 지자체 등에서 건립에 재정적 행정적 도움을 주는 식으로 개인이라도 어느 시점을 지나서는 사회에 기여하는 활동으로 전환할 수 있는 계기를 마련해야 한다. 그뿐만 아니라, 이제는 국내 유물만을 대상으로 하는 수집의 한계를 뛰어넘어야 한다. 이제는 우리도 문화가 침탈당하는 피해자가 아니라, 세계 각지를 관광하고 여행 다니며 각국의 문화를 즐기러 오가는 수혜자가 되어 있다. 이제는 외국 문물에 대해서도 국내 유물 못지않은 애정과 관심을 기울여야 한다. 무역을 위해 수많은 상사가 해외에 진출해 있으며 마케팅 때문에 극지부터 열대 오지까지 샅샅이 뒤지고 있는 오늘날의 현실에서, 해당 지역의 민속자료나 해외 미술품에 당연히 관심을 가져야 한다. 그런 의미에서, 기왕에 문을 열고 있는 아프리카박물관이나 중남미문화원박물관 등 지역 문화를 테마로 한 박물관은 선구자적인 길을 가고 있다고 생각한다.

체계적인 수집을 위해서는 해당 분야의 전문가를 양성해야 할 필요가 있다. 민속학 민족지학 무속신앙 등 분야도 다양해야 하겠지만, 다루어야 하는 내용도 오랜 과거로부터 현재에 이르기까지 폭넓은 관심이 요구된다. 다양하게 수집된 각종 유물을 안전하게 보관 및 전승하기 위해서 무엇보다도 여러 분야의 보존 과학자를 골고루 양성해야 한다. 보존 과학의 중요성은 아무리 강조해도 지나치지 않으며, 웬만한 박물관은 이미 보존 과학 분야에 많은 투자를 하고 있다. 박물관 자체의 환경은 물론이고, 다양한 수장유물의 보존을 위해 많은 연구가 이루어지고 있다. LA에 있는 폴 게티 센터에는 박물관과 미술관 외에 대규모의 보존 과학연구소가 건립되어, 자체 소장품은 물론이고 세계 각지의 유물을 보존하는 사업을 돕고 있다. 우리의 보존 과학 분야도 액세서리처럼 박물관의 일개 부속부서로 붙어 있게 할 것이 아니라, 제대로 된 보존연구센터를 만들어서 수집 이후를 뒷받침하도록 해야 한다. 중국이나 일본의 역사 왜곡이 도를 넘어서고 있는 저간의 사정을 보아서는, 이를 뒤집을 수 있는 각종 자료의 발굴이나 체계적인 수집을 위해서 국가적 차원의 지원이 뒷받침되어야 한다. 현재 활동 중인 동북아재단의 사업 중에 현물자료와 연결되는 부분은, 수집 기관이나 관심 있는 개인들을 정책적으로 지원하는 구체적인 사업계획이 있어야 할 것이다. 우리도 중국이나 일본에 남아 있는 우리 문화재 수십만 점의 소재를 추적해 발굴해서, 이를 되사들여 오거나 기증받도록 유도해야 한다.

아직 가시화되지는 않았지만, 국립중앙박물관의 뒤를 이어 전시 공간과 수장고의 한계를 느끼는 국립민속박물관도 용산 가족 공원 안에 이전 건립하고자 하는 계획을 추진하고 있는 듯하다. 세계 각지의 민속 문화나 오지에 사는 원주민의 문화를 한자리에 모으는 국립민족학박물관을 건립하자는 이야기도 심심치 않게 들린다. 국립자연사박물관의 건립에 대해서는 현재까지 뚜렷한 움직임은 없는 것 같다. 이 모든 계획을 국가의 재정만으로 충당하려면 예산도 예산이려니와, 예산 이외의 부분에서 상당한 어려움에 봉착할 것이다. 그렇기는 하지만, 이러한 일련의 움직임은 국민소득이나 국가적 위상으로 보아 이미 늦었다는 느낌이 있으며 지금이라도 이러한 움직임이 있다는 것이 전체적으로는 환영할 일이지만, 그에 앞서 걱정스러운 점이 꽤 있다. 첫째, 그러한 박물관의 건립을 위해서 그동안 무엇을 준비했는지 궁금하다. 박물관을 커다란 용기에 비긴다면, 무엇보다 먼저 그 그릇에 채워 넣을 내용들이 사전에 준비되어야 한다. 또다시 건물만 달랑 지어 놓고, 그때부터 유물을 사들이고 조직을 짜는 것은 아닌지 걱정스럽다. 일본이 오사카 민족학박물관을 건립하기 위해 대규모 박람회를 개최한 전례는 좋은 본보기가 된다.

국립중앙박물관이야 기왕에 수집된 수십만 점의 유물을 보유해왔고, 전문 인력을 포함한 기존조직이 있었으므로 그런 점에 있어서 시행착오는 별로 없었다고 봐야겠지만, 과거 과천에 건립된 국립현대미술관의 사례를 보면 걱정스럽지 않을 수 없다. 개관 후의 운영 문제에 대해 얼마나 준비하고 있는지 궁금하다. 지금까지 우리는 박물관을 짓는 일에는 열성이었지만, 박물관을 전시나 연구를 위한 기관으로 만드는 데에는 너무나 무지하고 인색하기까지 했다. 이제부터는 먼저 해당 분야의 전문가를 미리 확보하고 양성하고, 건립하고자 하는 박물관에 무엇을 어떻게 전시할 것인가에 대한 사전 준비를 충분히 한 뒤에 박물관 건물의 설계와 공사를 진행해야 할 것이다. 박물관의 숫자가 문화의 질을 말해주지는 않는다. 체계적으로 준비하고 조직적으로 대응하지 않고, 집부터 지어 놓고 그 후에 사람 들이는 식의 박물관 건립으로는 세계를 상대할 수 없다. 박물관 사업이 관광의 백미임은 누구나 알고 있다. 그러나 남의 것을 보고 감탄만 했지, 정작 우리 것을 만들고 가꾸는 데에는 너무나 소홀했다. 이제부터라도 제대로 된 '박물관 만들기'에 주력해야 한다.

2
박물관의 역사

박물관은 시대에 따라 변화를 거듭해왔다. 세계 박물관의 흐름은 크게 세 단계로 나눠볼 수 있는데, 첫 번째는 수집과 관리의 시기, 두 번째는 전시와 교육의 시기, 세 번째는 다양한 활동의 시기이다. 우리도 늦긴 했지만, 전체적으로 비슷한 흐름을 따른다.

고대 그리스인은 아테네 헬리콘(Helicon) 언덕에 세워진 뮤제이온에 뮤즈에게 바치는 물건들을 모아두었는데, 이것이 박물관 수집의 기원이 되었다. 여기에서 여신 뮤즈(Muse)의 신전을 의미하는 뮤제이온(Museion)이 박물관(museum)의 어원이 된다. 뮤제이온 알렉산드리아는 기원전 3세기 이집트의 수도에 설립된 연구 센터이다. 그리스의 뮤제이온과 같이 뮤즈에게 봉헌된 것으로, 도서관 천체관측소 연구 시설, 교육 시설과 다양한 분야의 수집품을 갖추고 있었다. 뮤제이온 알렉산드리아는 박물관 기능을 가진 최초의 박물관으로 평가된다. 비록 전시 공간은 없었지만, 신전의 의미를 넘어 수집과 교육에 중심을 두었던 점이 특징이다. 로마의 장군들은 정복 전쟁을 통해 각종 예술품을 전리품으로 획득하여 로마로 귀환하였다. 전리품을 중심으로 황제나 귀족들이 수집한 소장품은 궁전과 저택에 소장되었으므로 일반인의 접근은 전혀 쉽지 않았다. 이후 로마인들은 자신의 부와 교양을 과시하기 위해 그리스의 명품들을 복제 소유하였고, 이러한 형태가 훗날 사립박물관으로 변모하였다.

중세에는 종교 권력이 수도원을 거점으로 신앙적 가치가 있는 물건들을 수집하였다. 이탈리아 몬테카시노의 베네딕트 수도원은 고대 유물과 기독교 성물을 수집한 대표적인 수도원이다. 수도원에서는 코끼리의 이빨을 거인의 이로 둔갑시켜 미신적인 요소를 가미하는 등, 서민들의 신앙을 고무시키기 위한 전시를 통해 박물관 유사기능을 수행하였다. 이후 세속 군주들이 보물 창고를 갖추기 시작하면서 수집이 확대되었으며, 십자군 전쟁을 통해 소장품목이 크게 늘어났다.

르네상스 시기에는 고대 문화에 대한 관심이 커지고 미적 취향이 형성되었다. 이 시기 귀족들의 부와 명예를 과시하는 수단으로 '후원(메세나, Mecenat)'과 '수집' 행위가 시작되었고, 그 성과를 담을 공간의 필요성이 대두되었다. 주거 공간이나 서재, 정원, 별장, 묘실 등이 수장 공간으로 이용되었으며, 폐쇄적 성격 때문에 초기의 박물관은 귀족 등 특수한 계층만이 관람할 수 있었다. 이 시기의 대표적인 메세나 집단으로 메디치 가문을 들 수 있다. 메디치는 15~16세기 피렌체에서 가장 유력한 가문으로 공화국의 실질적 통치자였다. 주지하였듯이, 메디치 가문은 학문과 예술을 후원하여 르네상스 시대가 열리는 데에 결정적 역할을 하였다. 메디치 가문이 세운 우피치 갤러리(Galleire Degli Uffizi)는 근대적 의미에서 최초의 박물관이다. 1581년 프란체스코는 이 건물 3층에 '트리부나의 방(La Tribuna)'을 설계하도록 했고, ㄷ자 회랑(갤러리아)에 메디치 가문의 진귀한 소장품을 보관토록 하였다. 오늘날 사용하는 '갤러리(Gallery)'라는 말은 당시 회랑을 지칭하던 '갤러리아(Galleria)'라는 명칭에서 유래하였다. 이렇게 만들어진 우피치 갤러리는 회화, 조각, 과학기구, 무기 등 다양한 분야의 물건들을 소장하였다. 메디치 가문이 미술품을 수집한 역사는 15세기 전반부터 피렌체에 군림한 메디치 가문의 코시모 일 베키오(Cosimo de' Medici il Vecchio, 1389 ~1465, '일 베키오'는 '오래된 어르신'을 뜻한다.)에서 메디치 가문 최후의 6대 토스카나 대공 잔 가스토네(Gian Gastone de' Medici, 1671~1737)까지 거의 200년간에 걸친다. 1737년 메디치 가문 최후의 사람으로서 우피치 궁의 미술품을 계승하고 있던 안나 마리아 루이사(1667~1743)가 이를 토스카나 대공국에 기증하였고, 그녀의 뜻에 따라서 1765년부터 일반에 공개하게 되었다.

이탈리아와 프랑스에서는 '스투디올로(Studiolo)'가 등장하였다. 스투디올로는 귀족들이 사용한 서재로, 수집품을 보관하는 수장고나 창작 공간 역할을 담당하였다. 당시 스투디올로는 귀족 계층의 독서와 명상을 위한 사적인 공간으로, 현대의 도서관 같은 역할을 하였다. 개인의 소장품 규모가 늘어나면서 스투디올로는 작업 공간의 의미를 상실하고 전시 공간으로 변모하였다. 이러한 변화는 수장고 역할의 박물관에 학습의 의미를 부여했다는 점에서 박물관의 교육적 기능에 영향을 미치게 된다. 또한 메디치 가문의 파산 이후 예술 후원 풍조는 유럽으로 확산했다. 16세기 왕족이 수집한 물건들은 예술 애호가들에게 공개되었다. 대표적으로 프라하 왕궁에 있는 신성로마제국 루돌프 2세의 수장고인 '호기심의 캐비닛(Cabinet of Curiosities)'이 있다.

17세기는 과학혁명의 시기로 이전과는 달리, 사물의 비교를 통해 차이점을 드러내야 한다는 과학적 사고방식이 확산하였다. 이러한 사회적 배경 속에서 분류학 체계가 세워지고 소장품이 분리 진열되었다. 18세기 박물관은 계몽주의와 연관을 가지며 사회의식의 발전을 가져오게 하였다. 구체제에서의 폐쇄된 공간이 아니라 공공성을 띤 전시 공간이 탄생하고, 박물관의 진열실이 개방되기 시작하였다. 대영 박물관은 하루에 2시간씩 30명 이내 입장을 허용하였으며, 파리 뤽상부르 궁 갤러리는 일주일에 2회 일반인에게 개방되었다. 박물관에서 일어난 급격한 변화는 루브르 박물관의 공공화라고 할 수 있다. 18세기 말 프랑스 혁명이 일어나 프랑스 군중들이 루브르궁을 습격하였고, 왕족들이 버리고 간 많은 예술품이 발견되었다. 프랑스 혁명을 통해 루브르 박물관은 최초의 공공박물관(public museum)이 되었고, 시민들은 루브르 박물관에 무료로 입장하여 전시를 감상하였다. 소장품 도록이 출판되었으며, 외국 이용객을 위한 통역관이 배치되었다. 이후 박물관은 국민 교육의 사명을 띠게 되었으며, 그 과정에서 소장품을 공개 전시하고 의미 있게 구성하는 작업의 필요성이 대두되었다. 이제 박물관에서는 선택적으로 수집과 전시가 이루어지고, 상설 전시와 특별 전시의 구분이 시작되었다. 루브르 박물관의 공공화는 국가가 박물관의 운영 주체가 되었다는 점, 소수 상류층만 소유할 수 있었던 예술품이 시민들에게 공개된 점, 그리고 일반 대중을 위한 프로그램이 개발되기 시작했다는 점에서 시민을 위한 공공기관으로 대중 교육에 봉사하는 근대 박물관의 모태가 되었다.

산업 혁명 이후 영국에서는 노동자와 중산층의 교육에 대한 수요가 증가하였다. 그리하여 박물관 관람은 휴식의 기회로 여겨졌다. 이러한 사회적 배경 속에서 박물관의 숫자는 급격히 늘어났다. 1851년 영국에서 런던 박람회(수정궁박람회)가 개최되었다. 런던 박람회는 세계 최초의 국제 박람회로, 25개국 1만

3,000여 개 제품이 전시됐고 5개월 반 동안 600만 명이 박람회장을 찾았다. 그 결과 영국은 산업 과학 미술품의 대형 전시를 통해, 대중들에게 세계 각국의 상품과 미술품을 볼 수 있는 기회를 제공하였다. 또한 박람회는 박물관이 다양한 소장품을 추구하는 계기일 뿐 아니라, 미술 조각 공예 과학 물품의 분류를 통해 전문화된 박물관이 건립되는 계기가 되었다. 이 시기 영국에서는 현대까지 존속하는 상당수의 박물관이 설립되었는데, 1845년 당시에 벌써 40개의 박물관이 존재하였다. 박물관은 지식인을 위한 연구 및 학습기관, 또는 유물의 보관소로 특권층이 관심 유물을 공부하는 기관으로 여겨졌다. 18세기 이후 대중에게 박물관이 공개되면서 박물관의 교육 기능이 큰 변화를 맞았으나, 전시나 수장품 설명문 등은 여전히 지식층 위주로 작성되어 이용객 대부분이 쉽게 이해하지 못했다.

한국 박물관의 역사

제실박물관은 1907년 순종이 덕수궁에서 창덕궁으로 옮기는 일을 준비하는 과정에서 발의되었다. 1909년 창경궁이 일반에게 공개되었고, 창경궁 안에는 동물원, 식물원과 함께 박물관이 설립되고, 이후 창경궁을 창경원으로 부르게 되었다. 이때 동물원, 식물원과 함께 설립된 박물관을 당시 신문에서는 '제실박물관'이라고 불렀는데, 별도의 건물을 갖추지 못한 상태에서 명정전, 황경전, 경춘전, 양화당 등의 전각을 수리하여 전시실로 사용하였다. 전시실에는 불교 미술품, 조선 회화, 고려자기 등의 유물을 수집 및 보관하였으며 일반에게 공개되었다. 창경궁의 제실박물관은 1910년 일제가 국권을 강탈한 뒤부터 '이왕가박물관'으로 불리게 된다. 덕수궁 석조전에는 고종 때 사신들이 바친 보물 등을 보관하였는데, 1938년 최초의 미술관인 이왕가미술관이 개관, 창경궁에 있던 이왕가박물관의 미술품을 옮겨와 전시하였다. 이후 이왕가미술관의 소장품은 국립박물관으로 이관되었다. 1915년 일본은 식민지 지배를 강조하기 위해 조선물산공진회를 경복궁에서 열었다. 이 공진회는 조선의 물산과 근대 물품을 비교하는 전시로, 이때 수집된 자료를 보관·전시하기 위해 그 해 조선총독부 박물관을 개관하였다. 당시의 박물관은 미술관 건물 외에 경복궁의 수정전, 사정전, 근정전을 비롯한 궁궐 건축을 전시실과 수장고로 쓰고 자경전을 사무실로 사용하였다. 1926년에 경주, 1936년 부여에 각각 분관이 설치되고, 또 공주에 공주읍박물관, 평양과 개성에는 부립박물관이 세워졌고, 조선총독부 지도하에 운영 관리되었다. 이러한 활동들은 일제가 조선을 식민 지배하기 위한 기초 자료 수집 및 조선 식민 통치를 홍보하고 효과를 보기 위한 것이었다.

국립박물관은 미군정 하에서 기존의 조선총독부 박물관과 그 소속 기관들을 인수하여 1945년 출발했다. 1946년 경주 호우총 발굴을 시작으로 우리 손으로 고적 발굴 조사를 추진하였고, 국민을 대상으로 박물관 강좌를 상설화하는 등 국립박물관으로서의 토대를 다졌다. 1953년 정전협정이 체결되고 환도와 함께 부산에 피난해 있던 국립박물관은 경복궁 사무실로 복귀하여 소장 유물과 시설 등을 정돈했다. 그러나 경복궁 궁역의 보존을 위하여 국립박물관은 1953년 남산 분관으로 이전했다. 1954년에는 국군 연합참모본부가 이 건물로 들어오면서 박물관이 다시 이전했다. 1955년 국립박물관은 덕수궁 석조전으로 이전 개관하였다. 이 시기에 안정된 분위기 속에서 조사 및 연구와 전시를 추진하는 등 국립박물관의 기틀을 다졌다. 아울러 미국과 유럽 등지에 문화재 순회전시를 펼쳐 우리가 유구한 역사를 가진 나라임을 알렸다. 1986년 중앙청 건물이 개축 과정을 통해 민족 문화의 전당으로 다시 태어났다. 우리 문화재 전시실과 아울러, 중앙아시아실, 낙랑실, 일본실, 신안해저유물실 등 인근 지역의 문화를 소개하는 전시 공간이 마련되었다.

이 시기에는 다양한 문화 수요에 부응하기 위하여 평생 학습을 한층 강화해 새로운 면모를 갖추었다. 중앙청이 헐리면서 국립중앙박물관은 또 이전하게 되었다. 1996년에 박물관의 사회 교육관(현 국립고궁박물관) 건물을 증축하여 박물관으로 사용하게 되었다. 이 무렵 국립중앙박물관은 용산에 새 박물관의 개관을 준비했으며 2004년까지 경복궁에서 운영되다가 2005년에 용산가족공원 새 건물에서 재개관했다. 대지 면적은 295,550.69㎡이며 본관은 지하 1층, 지상 6층으로 길이 404m, 최고 높이 43.08m로 지어졌다. 박물관 내부에는 어린이 박물관과 야외 전시장이 별도로 있다. 30만여 점의 유물을 소장하고 있는 국립중앙박물관은 6개의 상설 전시관(선사·고대관, 중·근세관, 기증관, 서화관, 아시아관, 조각·공예관)에 1만5천여 점의 유물을 전시하고 있으며, 해외의 박물관에서 대여한 유물 및 다양한 주제의 전시가 개최되는 기획 전시실과 어린이 박물관이 있다. 또한 다양한 문화상품을 판매하는 문화상품점과 도서관, 식당, 카페 그리고 클래식, 무용, 연극, 뮤지컬 등의 공연이 개최되는 전문공연장 극장 〈용〉 등의 시설을 갖추고 있다. 이외에도 국립중앙박물관 산하에는 13개의 지방 국립박물관이 있다.

간송미술관은 간송 전형필(全鎣弼, 1906-1962)이 33세에 세웠다. 당시 간송은 우리 문화재들이 해외로 반출되는 것이 안타까워 수집에 열중한 결과, 1938년 최초의 사립미술관 보화각(葆華閣)을 설립하였다. 1962년 전형필이 서거한 후, 1966년에 수집품을 바탕으로 한국민족미술연구소의 부속 기관으로 발족하였다. 서화와 전적(典籍)을 비롯해 자기, 불상, 와당(瓦當) 등 많은 유물이 있다. 연구소에서는 매년 2회 논문집 〈간송문화〉 발행과 함께 전시회를 여는데, 국보급 문화재만 10여 점이 소장되어 있다.

 보성전문학교 박물관(현 고려대학교 박물관)은 1934년 세워진 최초의 대학박
물관이다. 그때는 일제 강점기로 문화재의 중요성에 대한 인식이 낮을 때였다.
보성전문학교 박물관은 전형필의 보화각보다 4년 먼저 문을 열었다.

 1935년에는 이화여대 교수와 학생들이 모은 민속품·목공품·도자기 등을
본관 1층에 진열한 것이 이화여대 박물관 창설의 계기가 되었다.

 박물관과 관련하여 두드러진 변화는 1984년에 '박물관법'이 제정된 일이
다. 이러한 배경을 토대로 국립박물관이 확장되고, 지방에서 시·도립 박물관
과 사립박물관들이 많이 설립되었다. 국립박물관으로 1984년 국립진주박물
관, 1987년 국립청주박물관, 1990년 국립전주박물관, 1994년 국립대구박물관,
1998년 국립김해박물관, 2002년 국립춘천박물관이 개관하였으며, 시립 박물관
으로는 1987년 부산시립박물관을 시작으로 광주 인천 서울시립 경기도박물관
등이 개관하였다. 사립박물관은 호암미술관, 한독의약박물관, 온양민속박물관,
워커힐미술관 등의 기업 박물관과 미술관이 설립되었다. 기업 박물관 외에도
한국자수박물관, 목아불교박물관, 성암고서박물관, 호림박물관 등 전문 박물관
들이 속속 건립되었다. 1990년대에는 '박물관 및 미술관 진흥법'이 제정되면서
박물관이 대중의 사회 교육에 이바지하는 것이 중요한 목적이 되었다. 1990년
대 정부가 세운 문화발전 10개년 계획에 따라, 국민 문화 향유의 폭을 확대하기
위하여 여러 정책이 시행되었다. 법에는 박물관이 '일반대중의 사회 교육에 이
바지하는 것을 목적으로 하는 시설'로 정의되었다. 1995년 개관한 삼성 어린이
박물관은 우리나라 최초의 어린이 박물관으로, '탐구와 표현'이라는 주제 아래,
어린이와 보호자가 함께 체험하는 교육, 놀이의 공간과 새로운 박물관 교육의

장을 열었다.

박물관의 사회적 역할이나 기여도는 점점 높아가는 추세에 있고, 시민들의 기대치도 크게 증대하는 게 최근의 현실이다. 이제 박물관은 고물이나 쌓아두는 기관이 아니라, 시민들의 생활에 밀착된 사회 교육 기관으로 중요한 자리를 차지하고 있다. 오늘날 박물관은 골동품을 수집하여 전시하거나 연구하는 역할에 머무르지 않고, 시민을 위한 교육이나 휴식 환경을 적극적으로 제공하는 기관으로 탈바꿈하고 있다. 미래의 박물관은 시민들의 생활 속으로 더 깊숙이 파고들어 훨씬 더욱 유익한 밀착형 문화 기관으로 진화할 것이다. 현대의 박물관에서는 기존의 전시, 수집 외에 패션쇼나 음악회, 사교 모임 등을 비롯하여 폭넓은 교양 강좌나 다양한 참여 프로그램 등 각종 활동이 수시로 벌어지고 있어 박물관의 문턱이 시민들 모두에게 활짝 열려 있다.

3

박물관과 수집;
대표성과 방향성

수집부터가 꿈이다

유물의 수집은 인류 문화의 흔적들을 모으는 작업으로 모든 박물관의 출발이 된다. 따라서 박물관에서 수집은 다른 어떤 활동보다도 중요한 의미가 있을 수밖에 없다. 수집 행위 자체는 자유로운 개인적 활동의 범주에 속하므로, 개인의 성향에 따라 다양하게 여러 형태를 보일 수 있다. 따라서 개인의 수집에 대해서 왈가왈부하는 것은 별 의미가 없다. 그러나 수집 행위가 박물관 규모가 되면 수집은 중대한 의미를 부여받게 된다. 수집은 공공화한 의미를 띤 박물관화의 출발이며 박물관 설립의 토대가 된다. 보통 박물관이 없더라도 수집은 가능하지만, 수집 없는 박물관은 생각하기 어렵다. 우리는 개인 차원의 수집과 박물관화를 위한 공공적 성격의 수집을 구분해야 한다. 수집은 인류의 역사상 가장 의미 있는 지적 활동에 해당한다. 인류는 구석기 시대 이래 무언가 반짝이는 것, 희귀한 것들을 모아두는 습성을 갖고 수집 활동에 몰두해왔다. 때에 따라, 수집은 전리품의 획득을 위한 전쟁으로까지 발전하기도 했다. 우표나 동전, 희귀도서 혹은 명사의 수결(手決, 도장 대신 손으로 직접 글씨를 쓰는 행위 또는 글자 자체를 뜻한다)부터 고가의 골동품이나 서화, 명품, 현대 미술품 혹은 보석이나 클래식 자동차 등 수집의 대상과 영역은 넓고 다양하다. 수집이 지나치면 수집벽(蒐集癖)이라 불릴 만큼 병적인 현상으로 나타나기도 한다. 박물관의 역사는 다른 말로 하자면 '유물들의 수집과 소장의 발자취'라고까지 할 수 있다.

'수집(蒐集)'이란 글자 그대로 무엇인가를 '찾아 모으는' 행위이다. 이는 수집하려는 주체의 기호나 취향 또는 목적에 따라 선택적으로 물건을 모으는 자세이다. 공적 수집에는 박물관 자료의 수집은 물론이고, 이들을 기록·보관·관리하는 기능이 포함된다. 박물관에서 수집의 범주는 대체로 사회·문화·정치·경제·종교 등 삶의 모습에 영향을 주고받는 것이 많으며, 이들은 시대 상황을 반영하는 증거물들이다. 최근 수집품의 대상과 범위는 더욱 확대되고 세분화하는 경향을 보이는데, 이는 현대 사회의 다양화와 밀접한 관계를 갖는다. 박물관은 인류의 다양한 모습을 후세에 전해주는 '문화의 타임캡슐'이다. 인간이 자신들이 창조한 유물들을 수집하고 정리하기 시작한 것은, 그 수집품에 대해 재해석하여 새로운 가치를 만드는 '인문학적 정신'이 있기 때문이다. 따라서 수집과 관리는 유물에 대해 어떠한 가치를 부여할 것인가에 대한 지적인 선택이 된다.

박물관의 역할 중에서 가장 중요한 부분은, '수집'을 통해 사라져가는 물질문화의 증거들을 확보하는 일이다. 수집은 체계적으로 지속하여 이루어져야 하며, 그러기 위해서는 전문적인 연구가 뒷받침되어야 한다. 수집 초기부터 분명한 계획과 방향을 세우고, 치밀하게 각종 자료와 관련 유물들을 집중해서 모아 들여야 한다. 많은 수집가가 각자의 취미나 관심에 따라 다양한 물건들을 수집 하고 있다. 요즘처럼 다양화된 사회에서 국가나 공공 기관에 역사 유물의 수집 이라는 의무를 전담하게 할 수는 없다. 간송 전형필이나 호암 이병철처럼 재력 이 뒷받침되어 문화재나 미술품을 개인 차원에서 수집하였다 하더라도, 이는 우리 역사를 보존 전승하는 의무를 다하는 사회적 공헌이 된다.

'박물관이 살아있다'라는 영화에서는 공간적 배경인 미국 시카고자연사박 물관에 있는 수많은 전시물이 '아크멘라의 석판'의 괴력에서 생명을 다시 얻어 밤마다 활개를 치고 돌아다니는 장면이 나온다. 이곳에 전시된 진귀한 유물이 나 밀랍과 솜으로 만들어진 모형들은 저마다 각각 숨겨진 역사를 가지고, 박물 관이란 '가상 공간' 안에 모셔져 있는 것이다. 그것들이 웅변하는 다채로운 자연 은 비록 박제품이라 하더라도 잘 정리된 박물관에 전시됨으로써 '지식과 정보 의 전달'이라는 중요한 부가가치를 갖게 된다. 이렇듯이, 박물관은 인류의 기원 으로부터 오늘날에 이르기까지 역사의 전개와 문화의 발전 과정을 눈앞에서 보 여주는 지식의 보물 창고 역할을 한다. 과거 귀족 계급이 독점적으로 누렸던 박 물관이라는 기구가 프랑스 혁명 이후 일반에 공개되면서, 박물관은 인류 역사 에 대한 호고주의적(好古主義的) 호기심을 해결해주는 교육의 공간이자, 중요 유 물들을 안전하게 보호 관리하는 핵심 공간으로 변모하게 되었다. 이때부터 박 물관에 수장되는 유물에 진정한 문화적 가치를 부여하기 위해서는 '수집과 관 리'가 체계적으로 이루어져야 한다는 의무가 부여되었다. 박물관의 가장 중요 한 존립 근거는 '인간과 환경의 물리적인 증거물' 혹은 '각종 예술적 수집품'을 제대로 수장하고 관리하는 데에 있다. 박물관 소장품은 외견상 특정 박물관이 어떠한 활동을 수행하고 있는지, 또 어떻게 관리했는지를 대중에게 명시적으로 제시해 주는 수단이다. 개별 유물이나 예술 작품이 박물관의 소장품으로 인수되면, 그것의 가치는 박물관을 통해 연구되고 재해석되며, 후대에 전승될 문화유산으로 자료적 가치가 전환되기 때문에 박물관의 수집은 매우 중요하다고 할수 있다.

우리 사회는 수집에 대해 매우 왜곡된 시각을 갖고 있다. 수집을 단순하게 재산증식 활동으로 폄하하려는 경향이 강하다. 고가의 골동품이나 인기 작가의 작품이 주요 수집 대상이 되는 것은 분명하지만, 그렇다고 해서 재화 가치가 높은 것들만이 수집의 모든 분야를 점하는 것은 아니다. 민관식의 경우처럼, 하등돈 될 일이 없는 대상물이지만 의미 부여가 가능한 것이라면, 얼마든지 수집의 대상이 되어 개인의 노력과 정열을 불태울 수 있다. 수집의 대상과 질의 향상을 위해서는 수집의 동기나 의욕을 고취할 사회적인 장치가 필요하다. 우리 사회는 수집을 개인의 취미나 재산을 증식하는 수단 정도로 깎아내리는 경향이 크다. 그래서는 수집의 사회적 분위기나 성취 의욕이 고양되기 어렵다. 무언가 그런 울타리를 뛰어넘는 장치가 필요하다. 그러기 위해 수집가들에게 상속세 감면 등 세제상의 혜택을 준다거나, 박물관을 만들 때 지자체 등에서 건립에 행정적 도움을 주는 등 수집가들이 혜택이나 보상이라고 여길만한 장치가 필요하다. 개인 차원의 수집도 어느 단계를 지나면 사회에 이바지하는 활동으로 명예롭게 전환할 수 있는 계기를 마련하는 것이 중요하기 때문이다. 그뿐만 아니라 우리 것만을 대상으로 하는 수집의 한계를 뛰어넘어야 한다.

이제 우리도 문화를 침탈당하는 피해자가 아니라, 세계 각지로 여행을 다니며 각국의 문화를 즐기는 문화 수혜자가 되어 있다. 이제는 외국 문물에 대해서도 국내 유물 못지않게 관심을 기울여야 한다. 더하여 체계적인 수집을 위해서 관련 분야의 전문가를 양성할 필요가 있다. 지질학, 민속학, 민족지학, 무속신앙 등 분야도 다양해야 하겠지만, 다룰 내용도 과거에서 현재에 이르기까지 폭넓은 관심이 요구된다. 다양하게 수집된 유물들을 안전하게 보관 및 전승하기 위해서는 여러 분야의 보존 과학자를 양성해야 한다. 보존 과학의 중요성은 아무리 강조해도 지나치지 않지만, 웬만한 박물관은 이미 보존 과학 분야에 많은 투자를 하고 있다. 박물관 자체의 내부 환경은 물론이고, 다양한 수장 유물의 영구 보존을 위해 많은 연구가 이루어지고 있다. 미국 LA에 있는 폴 게티 센터에는 대규모 보존 과학 연구소가 건립되어, 세계 각지의 유물 보존 사업까지 돕고 있다. 우리의 보존 과학 분야도 박물관의 일개 부서로 둘 게 아니라, 제대로 된 보존연구소를 만들어서 수집 이후를 뒷받침하도록 해야 한다.

수집에는 여러 가지 방법이 있다. 목표를 명품 위주로 선별 수집하거나, 반대로 이것저것 쓸어 담기식의 수집도 있다. 가장 효과적인 방법은 체계화된 수집으로, 수집 초기부터 수집 전체의 그림을 그려 놓고 부분부분 채워가는 방식이다. 수집품에 등급을 매겨가면서 분류를 병행하면 수집 체계를 갖추는 데에 도움이 된다. 현실적으로 채집, 발굴, 교환, 구매, 전쟁을 통한 약탈 등 여러 형태의 수집 방법이 있을 수 있고, 보통 체계적인 수집은 특별한 방법과 목표를 갖고 진행된다. 수집품을 구매하기 위해 전문 상인을 통하거나 인터넷 옥션 등을 이용하기도 하지만, 중요한 것은 자신의 수집 계획이 어떤지, 수집의 방향이 계획과 얼마나 들어맞는지를 수시로 점검해야 하는 점이다. 개인적 수집으로부터 공공 차원의 수집 즉 공개를 전제하는 수집으로 옮겨감으로써, 수집행위에는 소통(정보, 감상, 지적 활용)이라는 부차적 가치가 추가되어 중요한 의미를 지니게 된다. 역사의 이해를 위한 출발은 박물관 자료의 수집으로 시작되며, 이를 통해 과거와의 소통이 폭넓게 이루어질 수 있다. 궁극적으로 이는 인류에 대한 사랑과 이해로 발전하여, 현재와 같이 복잡해진 사회나 다문화 무(無)국경 사회에서 필요로 하는 질적인 소통이 가능하게 되었다. 이러한 소통 과정을 통해 우리는 조화로운 사회에 더욱 근접하게 되는데, 수집이야말로 그 실마리를 제공하는 중요한 지적행위에 해당한다.

수집은 개인에 따라 차이를 보이기는 하지만, 대체로 우연한 계기를 통해 구체화하고 다시 체계화의 길을 걷는 것이 보통이다. 개인들은 시간을 소일하거나 전문적인 연구를 통해 '수집 마니아'의 길로 들어선다. 한번 시작된 수집행위는 병처럼 번져서 그 분야의 수집 마니아를 만들어내는 경우가 많은 편이다. 일부는 한 때 수집에 빠졌다가도 일상으로 돌아와 언제 그랬냐는 듯이 수집과 거리를 두기도 하지만, 대개는 수집할수록 점점 더 수집 행위에 빠져들어서 수집 마니아의 길을 가게 된다. 물론 이들 중 일부는 사업상의 필요에 의해 수집을 이어가거나 소위 재테크로 기쁨을 맛보기도 하고, 더러는 수집품을 사고 팔면서 일시적으로 재미를 만끽하기도 한다. 수집의 마력은 수집 행위 자체로서 희열과 만족을 받기 때문에, 수집 행위에서 쉽사리 벗어나거나 유혹을 끊어내지는 못한다. 우연한 동기에 의해 수집을 시작한 경우라 하더라도 본격적으로 수집을 시작하면 대개 중심 테마를 설정하고, 취미로서의 길과 학문적인 분석을 곁들이는 과정을 겪는다. 취미에 의한 접근의 경우, 시간이나 경제력 등을 감안하여 어느 정도 선을 그어 놓고 그런 범위 안에서 수집을 이어 나간다. 이런 경향은 학문적 호기심을 동반하는 때도 비슷한 경향을 보이는데, 재테크 목적으로 수집을 시작하면 문제가 생기는 경우가 많다. 그런 면에서 수집 행위 자체가 1대로부터 2대 혹은 그 이상으로 이어지기란 쉽지 않다. 왜냐하면, 수집 자체는 어렵고 고생스러운 길로 접어드는 경우가 많고, 그에 대한 보상은 적거나 거의 없기 때문이다. 수집이 당대에서 끝나는 예가 많은 것은 그런 연유에 기인한다. 심지어 수집 후유증 때문에 본업을 접거나 파산하기도 한다. 수집은 돈만 가지고 되는 일이 아니다. 또 정성만으로도 되지 않는다.

수집의 어려움 때문에 수집 과정은 치밀한 준비와 함께, 1) 체계화된 수집 계획 2) 수집 분야에 대한 자세한 정보 3) 사생활을 희생할 정도의 정성 4) 시간과 돈을 갖고 뛰어야 할 발품 등등 여러 가지로 치밀한 정성과 각오가 필요하다. 더하여 가족을 포함한 주변의 도움이 있어야 한다. 수집은 수집가 본인이 주도하지만, 개별적인 수집 외에 화상이나 고미술상 혹은 그 분야의 전문 상인의 도움이 따르지 않으면 안 된다. 요즘에는 전문적인 경매장의 활용도 도움이 되지만, 그중에서 전문 중개상(속칭 나까마)의 도움이 절대적이다. 유물을 수집하는 일은 유물을 수집-정리-분류-보관-관리하는 가운데, 전시·연구·교육을 위한 기초활동이 된다. 박물관의 기능상 수집이라는 것은 자연 상태에서의 파손과 인멸 등으로부터 유물을 보호하고, 적절한 환경을 조성하여 영구히 보존하기 위해 노력하는 과정 전체를 포함한다. 또한 취득은 이렇게 수집된 유물을 일정한 등록 절차를 거쳐 박물관으로 소유권을 이전하는 작업을 말한다. 박물관으로 소유권이 공식 이전되면 소장품 취득이 완료되고, 동시에 박물관은 유물을 적절하게 보존하는 책임을 부여받는다. 앞서 말했듯이, 유물의 수집과 취득 과정은 박물관의 존재 이유를 결정하는 가장 중요한 과정이라고 말할 수 있다.

박물관의 가장 큰 존재 이유는 인간과 인류 환경의 물리적인 증거물, 즉 유물을 수집하고 관리해서 대중에게 제시하는 것이다. 수집 행위에 학술적 성격보다 행정적 면모가 강한 모습을 보이는 박물관의 수집 정책은 소장품 관리 분야 전반에 걸쳐 많은 문제를 야기한다. 그러므로 박물관의 소장품 관리 정책을 세울 때 수집 목표와 범주를 설정하는 '수집의 원칙'이 우선 이루어져야 한다.

국내의 박물관과 미술관들은 소장품관리 업무에서 수집 정책을 가장 비중 있게 다루는데, 특히 절차에 있어서 공정성과 투명성을 유지하고자 하는 의도가 법규에 많이 반영된다. 소장품 분류 체계상 누락과 중복, 나아가 수집 예산의 예측 같은 문제에 대해서는 심도 있게 고려해야 할 것이다. 무엇보다도 수집에 대한 정책이 없으면 많은 소장품의 축적이 무계획적이고 구성력이 떨어진다. 수집된 유물의 누락과 중복의 문제는 빈번하게 나타난다. 소장품의 선택이 개별 큐레이터의 관심이나 전문 분야에 의해 편파적으로 이루어지거나, 당시의 수집 트렌드에 따르거나 소장품을 대중에게서 받는 것으로 틀이 굳어지게 마련이다. 유물 도큐멘테이션이 미비하면 이미 있는 유물의 존재를 모르고 수집하거나, 또는 갖고 있다고 생각해 예상되는 수집을 거절하는 상황이 발생하기도 한다.

2011년 3월 국내의 경매에서 조선 시대 백자 1점이 18억 원에 낙찰되었다는 보도가 있었다. 비록 중국 도자기 명품이 수백만 불 이상을 호가하는 데에 비길 바가 못 되고, 평소 같았으면 눈이 휘둥그레지는 뉴스가 될 수 있었지만 조용히 묻히고 말았다. 그러나 골동품 수집가의 이목을 집중시키기에는 충분한 내용이다. 문제의 조선백자는 18세기 경기도 광주시 남종면 금사리(金沙里) 관요(官窯, 나라의 도자기 공장)에서 생산한 '청화백자운룡문대호(靑華白磁雲龍文大壺)'로, 속칭 발톱 5개 오조룡(五爪龍) 무늬가 새겨진, 높이가 60cm에 육박하는 커다란 항아리이며 궁중 행사에 쓰이던 희귀한 관용 도자기이다. 이 낙찰 건을 흥미롭게 지켜본 연유는 그것이 바로 오늘날 우리나라 수집 행태의 한 단면을 보여주고 있기 때문이다. 같은 날 단신 기사로 일제 강점기의 모더니스트 시인 이상(李箱, 1910년 9월 23일 ~ 1937년 4월 17일)이 살았던 집터에 시민 단체가 기념관을 설립하려 한다는 보고가 있었다. 이 기사를 통해 우리는 우리나라 수집의 다른 면모를 읽을 수 있다. 이상이 우리 문학사에서 차지하는 비중은 작지 않다. 그런

데 이상을 되살리기 위한 노력의 하나로, 그가 살았던 집터에 기념관을 건립하겠다는 취지의 기사 속에 그의 유품 수집에 관한 언급은 들어 있지 않았다. 보통 기념관을 계획한다면, 집터나 건물 못지않게 시인 이상과 관련된 유물(초상화, 육필 원고 등)이나 유품(구두, 신분증 등)의 수집을 선행해야 한다. 마하트마 간디의 안경이나 맥아더 장군의 파이프 혹은 순교자 김대건 신부의 유해처럼 어떤 인물을 상징하는 유물이나 유품의 확보가 우선인데, 유물의 수집 계획 없이 건물부터 달랑 세우고 마는 것이 우리의 현실이다. 아마 박물관을 건립할 때도 건물은 바로 눈에 들어오지만, 유물이나 유품은 머릿속에 들어 있지 않기 때문에 그럴 것이다. 유물과 박물관의 이상한 함수관계를 보여주는 아이러니한 현실이다.

반복해 강조하지만, 유물의 수집은 인류 문화 활동의 집적작업이며 모든 박물관의 출발이 된다. 따라서 박물관에서 수집은 다른 어떤 활동보다 중요한 의미가 있을 수밖에 없다. 수집 행동 자체는 다분히 개인적 활동의 범주에 속하며, 개인의 성향에 따라 여러 가지 형태를 보일 수 있다. 따라서 개인의 수집에 대해 제삼자가 왈가왈부하는 것은 의미가 없다. 그러나 수집이 일단 박물관 수준이 되면 수집은 중대한 의미를 부여받게 된다. 수집은 '공공화된 박물관화의 출발'이자 기초가 된다. 박물관 없이도 수집은 가능하지만, 수집 없는 박물관은 생각하기 어렵다. 우리는 개인 차원의 수집과 박물관화를 위한 공공적 유물 수집을 구분하지 않으면 안 된다. 위에서 언급한 이상 기념관(李箱紀念館)의 건립 작업은 건물과 함께 상당한 유물이 확보되어야 진정한 의미가 있다. 건물만 달랑 세워 놓고 사진이나 디오라마 등의 보조자료로 가득 채워진 기념관은 관람객에게 진정한 감동을 주기 어렵다. 물론 최근의 경향으로 보아 유물이 없는 박물관도 간혹 보이기는 하지만, 일부 특수한 사례에 그친다. 인도의 '명상박물관'

처럼 유물 없이 특별한 목적을 갖고 세워지는 경우, 박물관과 비(非)박물관의 경계에 서게 된다. 수집은 인류 역사상 가장 의미 있는 지적 활동에 해당한다.

일반적인 의미에서의 수집은 주변의 일상적인 것들을 포함해서 모든 분야에 걸치지만, 전통적 의미에서 볼 때 지금까지는 수집 가치나 경제적 투자 효과가 있는 도자기, 고서화, 금속 유물, 현대 미술품, 외국 작가의 작품 등이 주류를 이루었다. 물론 일부 선각자들은 그다지 값이 비싸지 않으면서도 비교적 취급하기 쉬운 장신구 혹은 자수품 등 특정 분야의 유물들을 대상으로 삼기도 했다. 이제는 사회가 안정되어 가면서 수집의 대상과 범위는 점차로 확대되고 다양화·세분화하는 과정을 보인다. 다음은 우리나라 사립박물관에 보이는 수집품의 다양한 종류를 열거한 것이다.

"화석, 표본, 성서, 민속, 생활사, 음식, 악기, 문학 자료, 분재, 종교 용품, 장난감, 로봇, 자동차, 문서, 미니어처, 석물, 성보, 장송구, 주류, 용기, 과학 자료, 화폐, 건축사 자료, 와당, 부채, 한지, 조명구, 종이, 곤충, 공룡, 서적, 섬유, 퀼트, 가면, 등잔, 카메라, 전화기, 핸드폰, 시계, 보석, 엽서, 배지, 의약 자료"

취미로 수집에 접근하는 경우, 시간이나 경제력 등의 요소를 고려하여 대개는 어느 정도의 선을 그어 놓고 그런 범위 안에서 수집을 이어 나간다. 이런 경향은 학문적 호기심을 동반할 때도 비슷한 경향을 보이는데, 문제는 재테크나 다른 목적으로 수집을 시작하여 고집스럽게 이어 나갈 때 생기는 경우가 많은 것 같다.

리움미술관의 사례를 통해 개인적 수집이 사회적 기관인 박물관으로 진전되면서 바뀌어 가는 모습을 살펴보기로 하자.

1대 이병철의 수집 출발---호암미술관

고(故) 이병철 창업주의 회고에 따르면, 기업(삼성상회)을 키워나가면서 처음에는 대구지역 서화가들의 작품을 모으게 되었다고 한다. 이는 대개 당시의 관례로, 그 자체는 큰 의미를 갖기 어려웠다. 그러나 수집의 범위가 자연스럽게 늘어나기 시작하면서, 대상은 도자기, 고서화, 금속 유물, 현대 미술 등 대규모로 크게 확대되기 시작하였다. 삼성이 기업으로 커져 서울에 자리를 잡으면서, 범위는 점차 더 넓어지고 수집량은 엄청나게 늘어나기 시작하였다. 산업화가 진전되고 부의 축적이 증대되면서 수집은 점점 늘었고, 그 위에 상인들의 접촉이 늘어나면서 수집품 중에 명품이 하나둘 자리 잡는 모습을 가지게 되었다. 호암 컬렉션의 정수로 꼽는 국보 제133호 '청자진사연화문표형주전자(靑磁辰砂彩蓮瓣文瓢形注子)'나 '가야금관'에 대한 이병철의 애착은 당시 골동품계의 경향과 방향성을 보여주는 척도이기도 하다. 늘어나는 수집은 차츰 박물관 건립의 필요성을 갖게 하였고, 삼성문화재단을 설립한 이후 1982년 호암미술관의 개관으로 이어졌다. 비록 출발은 개인적인 수집이었지만, 공개를 염두에 둔 재단법인 호암미술관의 설립으로 마무리되었다. 사회적 존경의 뒷받침이 전제되는 박물관의 건립은 수집이 개인적인 행동 범위를 크게 뛰어넘는 일이 되는 것임을 보여주는 좋은 예가 된다.

2대 이건희의 수집 계승---리움미술관

삼성의 2대 회장이자 수집가인 고 이건희는 맏아들은 아니다. 장자라면 의무상 자연스럽게 선대의 유언이나 유품을 계승하겠지만, 그와는 무관하게 이건희는 삼성그룹의 회장으로 나서기 훨씬 전부터 이미 수집을 시작하였다. 정확한 수집 동기는 잘 알려지지 않았지만, 그의 성격상 무언가에 몰두하고 깊게 파고드는 성격이 수집의 본격화로 이어졌을 가능성이 크다. 물론 경영수업을 받는 동안 창업주 이병철의 수집을 지켜 보고 수집에 대한 어떤 생각을 구체화했을 수도 있겠다. 그러나 본격적으로 경영 일선에 나선 이후에도 수집이 계속되었음은 무언가 수집을 향한 결심이 있었기 때문으로 추정된다. 이건희는 이병철과는 달리, 백자 특히 조선 전기 고청화백자(古靑華白磁)에 남다른 관심을 보였다. 다른 수집가를 비롯해 여러 사람으로부터 고청화백자를 감식하는 눈도 훈련받은 것으로 알려져 있다. 수집의 대상도 도자기, 고서화, 클래식 자동차, 말, 진돗개, 영화 테이프, 현대 미술품, 화폐 등 종류와 분야가 매우 다양하고, 소위 명품이나 고가의 작품들이 많은 것으로 추정되고 있다. 고미술에 현대 미술을 크게 더하여 분야를 넓혔으며, 명품을 집중해 모으다 보면 그 이하의 수집품은 저절로 따라온다는 그의 지론도 수집 활동 확대에 크게 작용하였다. 물론 이를 위해 주변에는 상당한 수의 전문가 집단이 자문하고 있었다. 높은 수준의 수집품으로 확대된 이후, 국제화된 리움미술관으로 그의 수집은 일단 마무리되었다. 이제는 개인적 수집을 완전히 벗어나 있다고 보아도 틀리지 않는다. 이는 단순히 하나의 사립박물관이 자리를 잡았다는 것을 넘어, 뛰어난 명품들을 다수 확보한 국제적 수준의 질과 규모를 겸비한 대형 수집으로 확대하였다는 의미가 있다. 최근 방대한 그의 수집품이 국가에 기증되어 기증박물관을 구체화하는 단계에 이르렀다.

우리나라 사립박물관들도 점차 수집 1대로부터 수집 2대 혹은 수집 3대까지로 이행하는 과정 중에 있다. 사립박물관 1호인 간송미술관은 수집을 거의 하지 않고 있으며, 수집 2대가 운영 중인 온양민속박물관이나 계룡산자연사박물관 등도 1대 때보다 수집 활동이 줄어든 모습이다. 다른 사립박물관들도 지속하여 수집 정책을 이어가거나 확대하는 경우는 거의 없는 실정이다. 박물관에서 수집이 줄어들고 있다는 사실은 그다지 즐거운 뉴스가 되지 못하는데, 이는 해당 박물관이 정체됨을 의미하는 경우가 많기 때문이다. 따라서 정부나 지자체가 나서서 그러한 추이의 변화에 걸맞게 지원정책을 취하지 않으면 안 된다. 여기에서 우리나라의 수집가들을 통하여 수집 이야기를 살펴보아, 수집 이면의 사정을 짚어 보고 오늘날의 현실과 비교해 보기로 하자.

일제 강점기에 우리의 역사와 정신을 지키기 위해 헌신한 수집가로 단연 간송 전형필을 꼽지 않을 수 없다. 간송은 집안에서 물려준 재산을 다 바쳐 우리 문화재의 수집에 정열을 불태웠다. 그는 위창 오세창이나 당대 감식가들의 도움으로 엄청난 컬렉션을 이루어냈다. 이후 '보화각(葆華閣)'이라는 최초의 사립박물관(현재 간송미술관)을 건립하는 등 노력을 쏟았고, 지금은 유족들의 관리하에 있다. 1세대 기업가로 수집품을 기초로 호암미술관을 건립하여 우리나라 수집사에 한 획을 그은 이병철뿐 아니라 수정 박병래, 동원 이홍근, 창랑 장택상, 소전 손재형 등이 당대에 수집에 전념하였으나, 박물관의 건립으로 이어지는 경우는 거의 없었다. 그들은 개별적인 취미와 기호에 따라 도자기나 서화 등의 수집에 매진하였으나 대개는 당대에 그쳤다. 일부 컬렉션은 국립기관에 기증되었으나 대부분은 매각되어 수집이 공개로 이어지지 못한 아쉬움이 있다.

조선 초기 안평대군은 중국 서화 명품을 상당수 수집했던 것으로 보인다. 안평대군은 특히 중국 서화에 일가견이 있어 중국 원(元)에서 명(明)대의 서화들이 다수 입수되었으나, 정란에 휩쓸려 이후의 정황은 잘 알려지지 않았다. 화가 안견(安堅)이 그의 집을 드나들며 중국 서화 명품을 감상하고, 그의 회화를 발전시킨 것으로 보아 북송 이후 대가들의 작품이 주류를 이루었을 것으로 추정된다. 안평대군 이외에 후대에도 당대의 감식안이나 골동 취미의 영향으로 우리 나라 수집의 역사에 드문드문 발자취를 남기고 있기는 하지만, 남겨진 사례는 많지 않다. 우리 민족의 특성상 생전의 발자취를 사후에 남기고 싶어 하지 않는 것도 중요한 이유로 꼽을 수 있다. 추사 김정희는 중국 서예가들과의 친분을 바 탕으로 중국 명필들의 글씨를 많이 수집했을 것으로 추정된다. 직접 북한산 진 흥왕 순수비를 답사하고 탁본하였던 것으로 보아, 명적(名蹟) 탁본의 수집에도 상당한 진전이 있었을 것이다. 지금도 서예인들은 명필 탁본을 수집한다. 위창 오세창은 역관을 하면서 중국을 드나들어 중국 서화를 많이 수집했던 것으로 보인다. 위창 집안에는 당나라 오도자(吳道子)의 신선도가 있었다는 이야기도 전한다. 구한말에 송은(松隱) 이병직(李秉直, 1896~1973년)은 내시 출신이지만, 골 동품 수집에 상당한 취미를 갖고 수집에 전념했다고 전한다.

오늘날 기업가들에게서 2세대에게 상속의 형태로 수집품이 이어져 박물 관으로 활동하는 경우가 꽤 있음은 다행이라고 할 수 있다. 수집이 박물관 규모 로 공공화하기 위해서는 개인의 철학이나 의식의 전환이 필요하다. 만약 수집 이 공공화의 길을 걷지 않는다면, 대개는 취미 생활로 그치거나 일부는 재테크 로 평가 절하될 수 있음을 유념해야 한다. 우리나라의 경우, 고가의 골동품이나 미술품을 수집하는 행위가 사실과는 다르게 오해되기도 한다. 편법·불법 상속 의 수단으로 의심받거나 탈세의 수단으로 악용되고 있다는 지적이 많다. 개인 컬렉션이나 사립박물관에서 수집 윤리가 강하게 요구되는 것은 바로 그런 사회 적 오해를 벗어나 공정 사회의 명분을 갖기 위함이다. 이는 오해를 산 일도 있 겠지만, 비정상적인 매매 때문에 비롯되는 경우가 대부분이다. 정상적인 매매 의 경우에도 수집품을 매매할 때 발생하는 세금 문제 때문에 영수증을 발행하 기보다 그렇지 않은 경우가 많거나, 아예 매매한 자료가 발생하지 않는 음성적

거래가 빈발하기 때문이다. 이는 동종 업계에서 관행적으로 이루어져 때때로 커다란 사회적 물의를 초래하는 사건으로 세인의 이목을 끌고 있다. 결과적으로, 부분적이기는 하지만 탈세를 조장하고 부의 음성적인 상속이 만연하여 사회적으로 커다란 위화감을 만들어내고 있다. 그뿐만 아니라 수집품에 반드시 따라다녀야 하는 수집 내력이 없거나 불분명한 폐해를 일으키기도 한다.

우리나라에서 박물관은 도입 초기에 대개 대학이나 개인들의 수집에서 시작되었다. 물론 일제가 세운 조선총독부박물관(현 국립중앙박물관)이 있었지만, 순수한 개인의 설립 의지로 출발하고 있었다는 점이 다르다. 대표적인 초기 박물관의 예를 들어보면 다음과 같다.

보성전문학교 박물관

보성전문학교 박물관(도판 9)은 1934년에 세워진 국내 최초의 대학박물관

[도판 9] 보성전문학교(현 고려대학교) 박물관 전경 ⓒ고려대학교박물관

이다. 보성전문학교(현 고려대학교) 도서관 한쪽에서 민속품을 전시하는 것으로 출발했다. 박물관이 세워진 1934년은 일제 강점기였으며 국내 문화재나 민속품의 중요성에 대한 인식이 낮을 때였다. 이 시기에 일제는 우리나라에서 수많은 문화재를 강탈했다. 그러나 그 당시 국내에서 문화재 수호에 뛰어든 사람으로는 간송 전형필이 유일했다. 규모는 크지 않았지만, 고려대학교 박물관은 이 시기에 민속품과 문화재의 중요성을 인식한 결과로 세워졌다는 점에서 역사적 의미가 크다. 보성전문학교 박물관은 간송의 보화각보다 4년이나 빨리 문을 연 박물관이었다. 개관 초기 이 박물관에 가장 크게 공헌한 사람은 안함평(安咸平, 1879~1973)이다. 전북 고창에서 주막을 운영했던 그녀는 1936년 전 재산인 논 1만 6,000평과 밭 9,600여 평을 보성전문학교에 기증했다. 이후 보성전문학교 박물관은 고려대학교 박물관으로 발전하여 1962년에 박물관 건물을 준공했으며, 1973년에는 국내 대학박물관 가운데 처음으로 한국 현대 미술실을 열었다.

이화여자전문학교 박물관

1935년 교수와 학생들이 모은 민속품·목공품·도자기 등을 본관 1층에 진열한 것이 박물관 창설의 계기가 되었다. 6·25전쟁 중에는 소장품이 모두 유실되어, 1952년 총장 김활란이 피난지 부산에 임시 전시실을 꾸며 전통 미술품을 전시하였다. 1960년에는 체육관 동쪽에 박물관을 지어 1989년 11월까지 소장품을 전시하다가, 1997년 대학 창립 100주년을 기념하여 새로 지은 박물관으로 옮겼다. 소장품으로는 도자기류를 시대·종류별로 고루 갖추었으며, 특히 조선 초기의 자기류가 많다. 이밖에 선사 시대의 석기·청동기·철기·토기, 삼국 시대의 고분 출토품, 남한에 하나뿐인 고구려 평양성 석편(高句麗平壤城石片), 통일신라 시대의 불상, 불교 미술품과 토기류, 고려 시대의 백자·청자·철회청자·흑갈유(黑褐釉) 등 각종 자기와 공예품, 조선 시대의 분청사기·백자·청화백자·진사·철사백자 등의 도자기와 목공품, 서화, 민속자료를 다양하게 수집해 놓았다. 1972년부터 매년 소장품 특별전을 열고 있고, 1996년부터 박물관 명품을 분야별로 재조명하는 특별전을 기획하기도 했다.

간송미술관

간송미술관은 간송 전형필(澗松 全鎣弼, 1906-1962)이 33세에 세웠다. 간송은 우리나라 문화재들이 해외로 반출되는 것이 안타까워 문화재 수집에 열중한 결과, 1938년 자신의 소장품을 바탕으로 우리나라 최초의 현대식 사립박물관인 보화각(도판 10)을 설립하였다. 1962년 간송 전형필의 갑작스러운 타계 후, 1966년에 전형필의 수집품을 바탕으로 수장품을 정리하기 위하여 한국민족미술연구소의 부속 기관으로 발족하였다. 간송미술관은 서울특별시 성북구 성북동에 있으며, 고서화를 비롯해 자기·불상·불구(佛具)·전적(典籍)·와당·전(甎/塼, 벽돌)

[도판 10] 1938년 완공된 보화각(현 간송미술관) ⓒ간송미술문화재단

등 많은 유물이 있다. 대개의 박물관이 전시를 주된 사업으로 하는 데 비해, 전시보다는 미술사 연구를 주로 하고 있다. 최근에는 동대문 디자인 플라자(DDP) 전시장을 활용하여 특별전을 기획하면서 일반인들의 관심을 끌고 있다. 연구소에서는 매년 2회에 걸쳐 논문집「간송문화(澗松文華)」을 발행하며 전시회를 여는데,「간송문화」는 1971년에 창간 및 발행된 책자로「추사명품집」「겸재명품집」등이 있다. 또한 국보급의 문화재만도 10여 점이 소장되어 있다.

지자체가 세운 공립박물관이나 일부 대학박물관은 예산과 인력의 부족으로 수집 계획이 없는 경우가 많다. 이는 박물관을 건축 위주로 끝내고 마는 오래된 폐습인데, 이의 보완을 위해 개인의 수집을 최대한 활용할 필요가 있다. 김천시가 세운 세계도자기박물관(부천의 유럽자기박물관에서 확장됨)이나 청강대의 해강도자미술관 인수, 숙명여대의 정영양 자수박물관, 단국대학교의 석주선 기념관 등이 그러한 예에 속한다. 지자체에서 향토미술관을 세워 동향 출신의 작고 작가 작품으로 채우려 한다거나(용인시 백남준아트센터, 대전시 이응노미술관), 공립박물관 대부분이 그 정도의 수준에 머물러 있어서, 지자체의 무관심과 허점을 드러내 보여주고 있다. 개인들은 수집 이후에 대한 계획이 부실한 경우가 많고, 공립이나 대학박물관은 수집에 대한 약점이 있으므로, 앞으로는 양자가 접점을 만드는 방향으로의 노력이 요구된다. 이러한 경향은 일부 국립박물관도 예외가 아니다. 정부나 지자체에서 수집 예산을 제대로 챙겨주는 일은 거의 없는 실정이라, 많은 경우 기증에 의존하여 기증실을 마련해 놓고, 자체 예산을 거의 들이지 않는 기증으로 수집을 메꾸려 하고 있다. 선진국들은 이와는 다르게 국가위원회 등의 기구가 있어 중요한 유물들의 수집을 돕고 있다.

(1) 외국 박물관의 명품 수집

루브르 박물관, 파리(도판 11)

　1725년부터 루브르의 살롱 카레(Salon carré, carré는 '정사각형'을 뜻한다.)에서 '왕립 회화·조각 아카데미'가 주관하는 전시회가 열렸고, 이 전시회를 '살롱'이라고 부르게 되었다. 1750년에는 왕실 컬렉션 중 일부가 뤽상부르 궁전(Palais du Luxembourg)에 전시되었고, 루벤스의 유화 작품이 전시된 메디치 화랑이 일반에게 공개되기 시작했다. 이는 루브르 박물관 미술 전시의 시작이며 1779년까지 계속되었다. 예술작품을 일반에게 공개하라는 요구는 점점 커졌고, 시민 사회에서 미술관의 역할도 근대적인 면모를 띠게 되었다. 그 후 루이 16세가 집권하면서 '그랑 갈레리 (Grande Galerie)' 안에 미술관을 만들기 위한 계획이 시작되었다. 프랑스 혁명이 발발함과 동시에 '왕의 미술관'은 '국가의 미술관'으로 전환되었다. 왕립 아카데미와 귀족 작품들에 대한 압수가 시작되었고, 미술가협회가 미술관 준비작업을 이어받았다. 루브르를 비롯하여 여러 장소에 보관되어 있던 방대한 수집품들은 단지 시작에 불과했다.

　프랑스 공화국 나폴레옹의 군대는 유럽 전역을 정복하고 값진 예술품들을 약탈했다. 많은 예술품을 수용하기 위해 미술관이 1800년에 문을 열었고 '나폴레옹 미술관'이라 불렸다. 전리품 중에는 르네상스와 17세기의 이탈리아 명작들, 17세기 플랑드르와 네덜란드의 작품들이 포함되어 있었다. 노획되었던 작품들은 나폴레옹 전쟁 중 대거 본국으로 반환되었는데, 이때 반환된 작품이 무려 5만 점을 넘었다. 루이 18세는 수많은 약탈품을 여러 곳에 나눠 보관했고, 미술관은 거대한 국가 기구로 탈바꿈했다. 이 시기에 미술품 구매 정책이 시작되어, 르네상스와 근대의 조각 작품(1824), 샹폴리옹이 수집한 이집트 예술품들

[도판 11] 현재 루브르 박물관의 전시 모습 ⓒShutterstock

(1826), 에밀 보타(Paul-Émile Botta)의 발굴 작업으로 드러난 고대 아시리아의 유물들(1847)을 입수하게 되었다. 제2공화국 정부는 1848년에 미술관 부흥정책을 계승하기로 결정, 루브르를 박물관과 국립도서관 등을 갖춘 과학과 예술을 위한 '인민의 궁전'으로 만들기 위한 계획을 추진했다. 더하여 에트루리아와 고대 오리엔트, 그리고 고대 그리스의 예술품들을 입수함으로써 컬렉션은 더욱 풍부해졌다.

루브르는 규범이 될 만한 작품들로 컬렉션을 채우기 위해, 세계 유수의 미술 단체나 유럽과 미국의 미술품 수집상들과 치열한 경쟁을 벌여야 했다. 1863년 캄파나 컬렉션을 매입함으로써, 14~15세기 이탈리아 패널화가 루브르에 입수되었다. 1863년에는 라 카즈의 유물이 루브르에 기증되었는데, 17~18세기 프랑스 회화가 대거 포함되어 있었다. 또 18세기 스페인 영국 이탈리아의 회

화 등의 다양한 작품들을 손에 넣음으로써 루브르의 컬렉션은 한층 더 풍부해
졌다. 제3공화국(1870-1944)의 등장과 함께 의회가 책정하는 왕실 경비로 운영되
던 미술관은 종지부를 찍게 되었다. 이제 루브르는 국가가 책임지고 운영하는
'국립미술관'이 된 것이다. 작품 매입의 재정을 담당하는 조직과 국립미술관 재
건회가 1895년에 결성되었고, 1897년에는 일반인들로 구성된 후원회가 태어났
다. 이 두 단체는 모두 루브르의 소장품 관리와 미술관 경영에 절대적인 역할을
담당했다. 19세기 들어 큐레이터들은 자국 미술에 관심이 생겼다. 그러다가 19
세기 말 유럽과 미국 작가들의 작품을 입수하면서 이러한 경향은 변화를 맞는
다. 이 작품들은 오늘날 오르세 미술관이 소장하고 있다. 20세기에도 루브르의
확장은 쉼 없이 계속되었다. 새로운 작품의 매입과 기증으로 컬렉션은 더욱 풍
부해졌고, 1972년부터는 상속세 대신 미술품 기증을 허가하는 법률이 발효되기
에 이르렀다.**10**

대영 박물관, 런던

대영 박물관(도판 12, 13)은 모든 사람을
대상으로 인류에게 공헌할 수 있는 '공공 서
비스'를 목적으로 설립되었다. 초기 박물관
소장품의 출발은 한스 슬론(Hans Sloane) 경
의 기증이었다. 그는 약 7만 점이 넘는 소장
품을 남겼는데, 의상·소묘·고서·판화·동
전·메달·인장·수석 등이 대거 포함되어 있
었다. 의회는 1753년에 박물관법을 제정하
였다. 박물관법은 박물관의 모든 소장품을
일반에게 공개한다는 공공의 목적을 명시하

[도판 12] 유명한 로제타 스톤 전시
ⓒShutterstock

[도판 13] 대영 박물관의 실내 전시 광경 ©Shutterstock

고 있다. 그 후 1759년 블룸즈베리의 몬테규 하우스에서 대영 박물관을 개장하였다. 소장품의 질로 보아 세계에서 으뜸가는 이집트 미술품들을 보유하고 있는데, 이 중에는 대형 조각 작품들도 포함되어 있다. 대영 박물관에 있는 이집트 소장품의 기원은 1801년 이집트에서 프랑스와 대적한 영국군의 승리 당시로 거슬러 올라간다. 소장품 중에는 상형 문자 해독의 열쇠가 된 유명한 로제타 스톤도 있다.

19세기 말 이집트 연구 협회의 후원으로 개인 소장품이나 이집트의 여러 기관에서 발굴한 작품들을 사들일 수 있었다. 고고학자 레이어드 경의 연구는 아시리아 도시 님루드(Nimrud), 니네베(Nineveh) 등의 발굴로 이어졌는데, 이 작업에서 고궁의 부조와 쐐기형 석판 등이 조사되었다. 찰스 레너드 울리 경(Charles Leonard Woolley, 1880-1960)은 '우르(Ur) 유적'의 발굴을 통해 수메르 유물들을 입수하였고, 이에 따라 박물관의 소장품들이 더욱 많아졌다. 수집가들은 17~18세기에 중요한 고고학 유물들을 수집했다. 슬론 경은 로마 시대의 조각들을 갖고 있었으며, 이 역시 박물관의 중요한 소장품이 되었다. 대규모의 소장품 매입 사례는 1805년에 구매한 찰스 타운리(Charles Townley, 1737-1805)의 소장품들이다. 박물관은 파르테논 등의 중요한 유적지에서 유래한 완벽한 고대 조각상들을 보유하고 있다. 엘긴 경(Thomas Bruce, 7th Earl of Elgin, 1766-1817)은 1799년부터 대사 업무를 보고 있었는데, 아테네에 있던 부조와 조각상들을 런던으로 가져왔다. 그는 경제적으로 형편이 어려워지면서 박물관 측에 고대 그리스 작품들을 매입할 것을 요청하였다. 의회는 1816년에 35,000 스털링에 이 컬렉션을 매입하기로 하였다. 현재 대영 박물관은 세계 3대 박물관이라는 명성에 걸맞게, 선사 시대로부터 현대에 이르기까지 수많은 문화유산을 소장하고 있다. 이집트, 메소포타미아, 로마 등에서 시작된 고대 문명 관련 유물들이 유명하며, 그중에서도 이집트의 미라와 로제타 스톤이 대표적이다.[11]

피나코텍 미술관, 뮌헨

바이에른의 빌헬름 4세는 저택 루스트 하우스(쾌락의 집)를 장식하기 위해, 1528년부터 독일 화가들에게 주문 제작한 역사화를 소장하고 있었다. 이 소장품이 알테 피나코텍(Alte Pinakothek) 컬렉션의 첫 번째를 형성했고, 그중에서 알트도르퍼의 작품 〈알렉산더 대왕의 전쟁〉이 남아 있다. 이는 바이에른 군주들이 보여준 미술에 관한 관심으로, 빌헬름의 아들 알베르트 5세와 함께 비텔스바흐 왕가의 수집이 시작되었다. 알베르트 5세의 통치 기간 중 종교 개혁의 반대편에 섰던 뮌헨은 독일 르네상스의 중심지로 성장했다. 알베르트 5세가 안티콰리움(Antiquarium, 고대 유물의 방)을 조성한 기간에 미술품이 증가하면서 컬렉션이 풍부해졌다. 막시밀리안 1세 섭정기에는 뒤러의 주요 작품들이 컬렉션 안으로 편입되었다. 막시밀리안은 뉘른베르크 교회에서 〈파움가르트너 제단화(Paumgartner Altar)〉를 얻는 데에 성공했다. 이 시기에 그는 루벤스의 작품 수집을 시작했다. 루벤스는 1618년 막시밀리안에게 보낸 편지에서 〈사자 사냥〉에 대해 언급하기도 했다. 막시밀리안의 소장품 목록에는 다수의 고대 유물과 뒤러의 그림 외에도, 독일의 거장 홀바인(Hans Holbein, 1497~1543)과 플랑드르의 거장 대(大) 피테르 브뤼헐(Pieter Brueghel the Elder, 1528~1569) 등의 중요한 작품이 열거되어 있다. 뮌헨은 30년 전쟁(1618~1648) 중 스웨덴에 점령되면서 심각한 피해를 보았는데, 이때 수많은 미술품이 소실되었다.

막시밀리안의 손자 에마누엘(Maximilian Emanuel, 1662~1726)이 수집의 뜻을 이어갔다. 미술후원자이자 애호가였던 그는 그림뿐 아니라 값비싼 직물, 금은 세공품, 청동 제품, 태피스트리, 가구 등을 함께 수집했다. 네덜란드 총독 재임 중 중요한 작품 105점이 새로 수집되었는데, 그중에는 루벤스(Peter Paul Rubens, 1577~1640)의 작품 〈엘렌 푸르망(Helene Fourment) 초상〉 등 12점과 반 다이크 (Anthony van Dyck, 1599~1641)의 작품 15점, 브뤼헐, 바르톨로메 에스테반 무리요 (Bartolome Esteban Murillo, 1617~1682)의 그림 등이 포함되어 있다. 그의 수집품은 중요한 유럽 회화 컬렉션 중 하나가 되었다. 상당한 양의 미술품이 축적되면서 슐라이스하임 궁전(Schleissheim Palace)의 건설을 미룰 수 없게 되었고, 마침내 1719년에 성이 완성되었다. 베르사유 궁전을 모방한 이 성에 거대한 갤러리가 설치되었다. 당시 사람들은 슐라이스하임 컬렉션을 유럽에서 가장 방대한 컬렉션으로 간주했다. 에마누엘의 아들 알베르토(Carlo Alberto)는 수집 자체에는 흥미가 없었다. 컬렉션의 확장 대신 그는 1745년부터 작품들을 보존하고 목록을 작성하는 데에 관심을 쏟았다. 1777년에 요제프(Massimiliano Ⅲ Giuseppe)가 세상을 떠나면서 비텔스바흐 가문의 바이에른 계보는 단절되었고, 줄츠바흐의 테오도르(Carlo Teodoro)에게 왕위가 계승되었다. 카를 테오도르가 1799년에 사망하자 비텔스바흐의 계보는 끊기고 왕위는 팔츠-츠바이브뤼켄(Pfalz-Zweibrücken) 가계로 이어졌다.

막시밀리안 4세는 츠바이브뤼켄(Zweibrücken) 컬렉션을 뮌헨으로 옮겼다. 프랑스군의 공격이 계속되면서 뮌헨의 통치자들은 미술품을 숨길 수밖에 없었다. 나폴레옹의 군대는 알트도르퍼의 〈알렉산더 대왕의 전쟁〉을 비롯한 72점의 작품을 몰수했다. 프랑스 혁명의 여파로 교회 재산이 몰수되던 1803년부터, 바이에른과 티롤 지방의 미술품들이 편입되면서 뮌헨의 컬렉션은 크게 확장되었다. 1,500여 점에 이르는 독일 회화에는 티에폴로(Giovanni Battista Tiepolo, 1696~1770)의 웅장한 〈동방박사의 경배〉를 비롯하여, 홀바인의 〈성 세바스티아누스 세폭화〉, 뒤러 등의 그림이 속해 있다. 이제 뮌헨은 인근에 새 전시관을 건립하거나 성을 활용해야 할 정도로 문화유산이 방대해졌다. 1822년경에는 뮌헨 컬렉션의 확장으로 소장품을 수용할 새 건물의 건립이 절실해졌다. 왕가 건축을 담당했던 레오 폰 클렌체(Leo von Klenze, 1784~1864)가 설계를 맡았는데, 빛이 잘 들어오는 신축 건물의 구조는 피렌체 피티 궁의 웅장한 구조를 암시했다. 루드비히 1세 치하에서 공사가 시작되었다. 1825년에 왕위에 오른 루

[도판 14] 알테 피나코텍 미술관의 전시 ©Shutterstock

드비히 1세는 도시를 새롭게 설계하고, 뮌헨 근처에 성을 건립하면서 뮌헨을 신고전주의적인 모습으로 바꾸려 했다.

독일을 대표하는 화가 알브레히트 뒤러(Albrecht Dürer, 1471~1528)는 1526년에 세로로 길쭉한 패널화 두 점을 제작했다. 패널화는 각각 그리스도의 사도 두 명씩을 실물보다 큰 크기로 묘사하고 있다. 뒤러는 이 두 그림을 뉘른베르크 시 의회에 기증했다. 뒤러는 인물의 자세나 직물에 대한 묘사, 채색법이 후기 고딕 양식을 벗어나 고전주의 기법을 소화해냈다. 뒤러의 패널화는 현재 뮌헨의 알테 피나코텍에 걸려 있다. 알테 피나코텍(도판 14)은 15세기 초부터 뒤러에 이르기까지, 독일 대가들의 그림을 포함해서 3만여 점의 작품을 소장하고 있다.[12]

프라도 미술관, 마드리드

프랑스에 루브르 박물관이 있고 이탈리아에 우피치 미술관이 있듯이, 스페인에는 프라도 미술관이 있다. 프라도 미술관(도판 15)은 스페인 회화 및 조각 작품을 중점적으로 전시하여 스페인 미술의 역사를 한눈에 꿰뚫어 볼 수 있다. 프라도 미술관은 군소 미술관의 작품을 모두 통합하고 상속 및 매입을 통하여 엄청난 수의 미술품을 보유하고 있어, 일반에게 전시 중인 작품은 프라도 미술관 전체 예술품의 1/10에 지나지 않는다고 한다. 프라도 미술관은 본관인 프라도 미술관(별칭 빌라누에바)과 별관 부엔 레티로 건물로 이루어져 있다. 전시한 작품은 대다수가 회화·조각 작품과 가구·귀중품·주화 등과 같은 실용 미술품이며 장식 미술품도 상당하다. 그러나 프라도 미술관의 최대 장점은 회화 컬렉션의 작품 수가 이루 헤아릴 수 없을 만큼 많다는 것이다. 회화 컬렉션은 12~20세기에 이르며, 본관에는 18세기까지의 작품 및 스페인을 대표하는 고야의 작품이 전시되어 있고, 19~20세기의 근대 회화는 부엔 레티로 별관에 전시되어 있다. 스페인 화파의 작품은 프라도 미술관에 가장 많이 전시되어 있고, 그 외의 이탈리아, 플랑드르, 네덜란드, 프랑스 화파의 작품도 작가별, 시대별로 전시되어 있다. 조각 작품을 중점적으로 전시하는 공간은 두 곳뿐이지만, 미술관 전체의 넓은 공간 여기저기에 상당수의 조각 작품이 분산 전시되어 있다.

스페인은 1500년대부터 백 년 동안 경제적 호황을 누리며 예술을 꽃피웠으며, 카스티야 왕가의 후원은 역사의 한 페이지를 장식하고 있다. 스페인의 예술적 취향이 알려진 시기는 카를 5세(재위 1516~1556) 때이다. 펠리페 2세에게 왕위를 물려준 후 죽음에 이르러 티치아노에게 스페인 방문을 희망하였고, 청을 받아들인 티치아노는 스페인과 유대 관계를 맺기 시작하였다. 펠리페 2세(재위 1556~1598)는 선왕에게서 수집품과 예술에 대한 열정을 물려받았다. 그는 티치아

[도판 15] 프라도 미술관의 내부 모습 ©Shutterstock

노의 〈자화상〉, 〈다나에〉, 〈비너스와 아도니스〉 등을 사들였으며, 보쉬의 〈쾌락의 동산〉도 사들였다. 펠리페 4세(재위 1621~1665)는 스페인 예술의 전성기를 누렸으며, 스페인 최고의 수집가로 알려지게 되었다. 1640년 펠리페 4세는 대가들의 작품 32점을 구매하였는데, 그중 루벤스를 포함하여 다른 작가들의 작품 18점도 있었다. 또한 그는 스페인이 자랑하는 화가 벨라스케스를 궁정화가로 고용하였고, 이에 따라 벨라스케스 작품의 상당수를 프라도가 소장하게되었다. 그중에 〈브레다 함락〉, 〈시녀들〉, 〈아라크네 우화〉 등 유명한 대작과 왕가의 초상화가 포함되어 있다. 카를 2세(재위 1665~1700)는 펠리페 4세로인해 부실해진 왕국을 물려받았다. 카를 2세는 수집품들로 왕실 전체를 장식하려 하였다. 펠리페 5세(재위 1700~1746)는 정열적인 예술품 수집가였으며 미술을사랑한 왕이었다. 그는 1724년 로마에서 화가 카를로 마라타가 소장한 몇 점의라파엘로 작품과 티치아노 루벤스 푸생 등의 작품 수집에 골몰하였다.

스페인 미술사에서 가장 큰 사건은 1734년 마드리드 알카사르의 대화재이다. 그로 인해 티치아노, 루벤스, 벨라스케스 등 거장들의 작품을 포함하여 왕실 수집품의 3분의 1이 잿더미로 변했다. 카를 3세(재위 1759~1788)는 왕위에 오르자마자 엔세나다 후작 부인의 수집품을 사들였다. 구매한 수집품 중에는 벨라스케스의 〈올리바레스 공작의 초상〉, 렘브란트의 〈아르테미시아〉, 틴토레토의 〈유디트〉 등이 있었다. 카를 3세는 1775년에 건축가 빌라누에바(Juan de Villanueva, 1739~1811)에게 프라도 자연사박물관과 성 제롤라모 교회를 설계하도록하였다. 빌라누에바는 건축에 그 지방의 재료를 사용하였다. 고전주의의 영향을 받은 그는 프라도 자연사박물관 동쪽 문에는 도리아식 기둥, 북쪽으로는 이오니아식 로지아, 남쪽으로는 코린트식 정면을 설계하였다. 이러한 건축 양식은 이탈리아의 팔라디오 양식을 연상시킨다. 그는 또 식물원과 천문대 외에 왕실 예술품들을 전시할 자연 과학 박물관, 화학실, 기계실 등의 설계를 통해 새로운 시대의 과학적 설계를 보여주려 하였다. 이는 카를 3세가 원한 것으로, 스페인의 위상을 드러내려 했던 의도를 엿볼 수 있다.

스페인의 천재 화가 고야는 카를 4세(재위 1788~1808)와 함께 등장한다. 벨라스케스가 1세기 전 스페인의 궁정화가였듯이, 고야도 궁정의 수석 화가로 일했다. 그들의 대표작 2점을 살펴보기로 하자.

디에고 벨라스케스, 〈시녀들 펠리페 4세의 가족〉

프라도 미술관의 하이라이트인 〈시녀들〉이다. 이 작품은 프라도 미술관 1층 중심의 천장이 아주 높은 방에 걸려 있다. 관광객이든 미술 애호가든 프라도에 온다면 놓칠 수 없는 것이 벨라스케스의 이 작품이기 때문이다. 이 그림이 처음부터 〈시녀들〉이라고 불렸던 것은 아니다. 처음에는 〈펠리페 4세의 가족 초상화〉라고 불렀다. 이 작품을 그렸을 때는 벨라스케스가 30살 때 이탈리아 여행을 한 이후 20년 정도 흐른 뒤 두 번째 여행을 다녀온 후였다. 이 작품의 크기는 세로 3.2m, 가로 2.81m로 꽤 크기 때문에 어느 정도 거리를 둔 곳에서 감상하도록 되어 있다. 벨라스케스의 화법은 모네를 비롯한 인상주의 화가들에게 지대한 영향을 주었다.

프란시스코 데 고야, 〈옷 벗은 마하〉

고야의 그림에서 '마하'란, 멋쟁이 혹은 예쁘장한 여자라는 뜻이다. 모델이 누구인지에 대해서 수많은 추측이 있지만 확실히 내려진 결론은 없다. 프라도 미술관에는 옷입은 마하와 옷 벗은 마하 두 작품이 나란히 걸려 있다. 누드로 그렸다는 것이 당시에는 파격이었고 스페인 종교재판의 검열 대상이기도 했다. 사실 고야는 인체를 그리는 데에 전문가는 아니었던 것 같다. 마하의 얼굴과 상체가 너무 가까이 붙어 있어서 목이 없는 것 같고, 가슴은 중력의 영향을 전혀 받지 않는 것처럼 부자연스럽게 그려졌다. 같은 여인을 옷 입은 모습과 옷 벗은 모습으로 나란히 미술관에서 볼 수 있다는 것이 흥미롭고, 누드인 여인만 보는 것보다 옷을 입고 있는 모습을 함께 보는 것이 훨씬 더 강렬한 인상을 준다.[13]

이로써 프라도는 고야의 여러 초상화와 스케치, 태피스트리를 위한 밑그림들을 소장할 수 있게 되었다. 카를 3세에 의해 시작되었던 프라도 미술관 공사는 나폴레옹 전쟁 동안 중단되었다. 마드리드를 점령한 나폴레옹은 프라도 미술관을 보고 파리의 '나폴레옹 박물관'(현 루브르 박물관)의 모델로 삼았고, 왕궁의 예술품과 성당의 종교 작품을 대중에게 공개해야겠다는 아이디어를 얻었다. 나폴레옹이 물러가고 페르난도 7세(Fernando VII, 1784~1833, 재위 1808~1833)가 왕위에 오른 후 프라도 미술관은 왕실박물관으로 결정되었다. 1820년에 프라도의 소장품이 된 87점의 작품 중에는 루벤스의 초기 작품들이 있었고, 이듬해 스페인 회화 아카데미에서 6점, 이탈리아에서 195점의 작품이 들어왔다. 이사벨라 2세((Isabel II, Isabel María Luisa de Borbón, 1830~1904, 재위 1833~1868)는 보쉬의 〈건초 수레〉를 들여왔고 1861년 프라 안젤리코의 유명한 〈수태고지〉를 가져왔다. 박물관은 1868년에 국영화되었으며 처음으로 '프라도 국립미술관'이란 이름이 붙여졌다. 늘어나는 회화로 미술관의 전시 공간이 더 필요하게 되어, 1883년에서 1889년에 걸쳐 박물관을 확장하였다. 2차 세계 대전 중 작품들은 쥬네브 미술사 박물관에서 전시를 마쳤고, 1939년 프랑코가 스페인 내전에서 승리한 후 모든 작품은 다시 마드리드로 입성하였다. 1971년에는 카손 부엔 레티로(Casón del Buen Retiro)와 병합하여, 이곳에 있던 현대 미술관의 작품들이 19세기의 프라도 미술관의 수집품과 통합되었다. 피카소가 프랑코 체제에 대항하여 스페인 내전의 참상을 그린 그림인 〈게르니카〉는 1981년에 뉴욕에서 마드리드로 돌아와 프라도 미술관에 소장되었다가 현재 국립 소피아 왕비 미술센터에 전시돼 있다.[14]

프라도 미술관은 스페인 왕실에서 15세기부터 왕들의 취향에 따라 수집한 작품들과 왕실 화가의 그림 및 왕실 소유의 건물에 걸려 있던 작품 등을 기반으로 하여 1819년에 설립되었다. 프랑스의 식민 지배에서 벗어난 지 얼마 되지 않았을 때였지만, 당시 왕이 자신의 금고를 털어 미술관 개관을 도왔다. 바로 이 점이 프라도가 유럽의 다른 대규모 미술관과 다른 점이다. 정치·사회적으로 혼란스러웠던 시기에 미술에 대한 사랑과 애호가들의 열정으로 태어난 곳이 바로 프라도 미술관이다. 컬렉션의 양이나 미술관의 규모, 더하여 뛰어난 접근성과 대중을 위한 교육 시스템 등을 볼 때 최고의 미술관이라고 하기에 무리가 없다. 1819년에는 미술관의 첫 번째 목록집이 출간되었고 311점의 스페인 회화만이 목록에 실렸다. 당시 미술관은 여러 왕실 거처에서 수집된 미술품 1,510점을 소장하고 있었고, 다른 나라의 작품도 포함되어 있었다. 가장 유명한 전시품은 벨라스케스가 기증한 〈시녀들(Las Meninas, 1656)〉이며, 벨라스케스는 미술관을 위하여 이탈리아 거장의 작품을 선정할 때도 깊이 관여하였다. 프라도 미술관의 왕실 소장품들은 걸작품들이 더해지고, 고야의 〈옷 벗은 마하(La maja desnuda)〉와 같은 수집품이 더해지면서 더욱 풍요로워졌다. 처음에는 회화와 조각을 위한 미술관으로 설립되었지만, 현재 프라도 국립미술관은 다양한 형식의 미술품을 소장하고 있는데, 7,600점의 회화, 1,000점의 조각, 4,800점의 판화, 그리고 8,200점의 소묘와 수많은 역사 자료가 보관되어 있다.

예르미타시 미술관, 상트페테르부르크

예카테리나 2세(Екатерина II, 1729~1796)는 진정한 의미의 수집가였다. 그녀는 유럽의 군주들과 대적하고 싶은 마음에 독일 비평가에게서 미술품 정보를 얻었고, 대사 등을 통해 유럽의 경매에서 소장품 매입 업무를 담당하도록 했다. 예카테리나 대제와 백과사전주의가 유행했던 프랑스와 맺은 긴밀한 관계는 미술관의 역사를 이해하는 데 매우 중요하다. 예카테리나 대제는 1768년에 파리 대사인 골리친 왕자를 통해 약 6,000점의 회화 작품으로 구성된 코블렌츠 소장품을 사들였고, 1769년에 작센의 폰 브륄 백작의 소장품도 샀다. 소장품 중에는 렘브란트, 루벤스, 티에폴로(Giovanni Battista Tiepolo, 1696~1770)의 걸작이 포함되어 있다. 가장 큰 규모의 투자는 1772년 피에르 크로자의 소장품 400여 점이었다. 이 소장품들에는 라파엘로, 티치아노, 베로네세, 루벤스, 렘브란트 등의 작품과 프랑스 화가의 작품이 포함되어 있었다. 1779년엔 17세기 플랑드르와 네덜란드 작품들 190여 점을 모두 구매하였고, 1781년엔 렘브란트의 작품 9점과 반 다이크의 6점의 인물화가 포함된 109점의 회화 작품들을 파리의 개인에게서 사들였다. 당시 이런 귀중한 작품들이 러시아로 반출된다는 사실에 반대가 많았지만, 예카테리나 2세의 관심과 투자로 꾸준히 소장품들을 늘려나갈 수 있었다.

시간이 흐를수록 소장품의 수는 증가했으며 당연한 결과로 전시 공간이 부족하게 되었다. 결국 예카테리나 2세는 새로운 에르미타시를 건설하고 '대 에르미타시 미술관'이라고 명명하였다. 일시적으로 재정에 어려움이 있었지만, 대제는 미술품 수집에 지속적인 관심을 보였고 러시아 전역에 미술관이 확장되는 계기가 되었다. 1796년 예카테리나 2세가 죽었을 때, 에르미타시에는 무려 3,996점의 회화 작품이 남아있었다. 니콜라스 1세의 재위 기간에 새로운 박물관 사업이 이루어졌다. 에르미타시 작품평가위원회는 1854년에 황궁에 있던 1,200점의 회화를 경매에 부쳤고 중요한 작품들을 다시 매입했다. 밀라노에서 레오나르도의 〈리타의 성모〉를 1866년에 매입하였고, 1870년에는 라파엘로의 〈콘네스타빌레의 성모〉를, 1915년에는 러시아 플랑드르와 네덜란드 회화를 수집한 세묘노프 탼샨스키(Pyotr Semyonov-Tyan-Shansky)로부터 많은 작품을 사들였다. 예르미타시 소장품은 국보로 지정되었으며, 이후 황실과 황족의 소장품, 모스크바 부르주아 계급의 컬렉션이 박물관에 입수되었다. 모스크바 근대미술관의 해체로 레닌그라드에 슈킨(Sergei Ivanovich Shchukin)과 모로조프 형제(미하일 아브라모비치 모로조프, 이반 아브라모비치 모로조프)의 컬렉션에 포함되어 있었던 프랑스 그림들이 도착하였다. 특히 이 중에는 세계적인 마티스의 작품들이 포함되어 있었다. 현재 예르미타시 미술관은 근대 예술 작품 37점을 소장하고 있으며 여기에는 피카소의 작품도 있다.[15]

예르미타시 미술관은 270만 점의 작품을 소장하고 있는데 거대한 건물 자체가 독특한 분위기를 자아낸다. 조르단 계단과 홀은 관람객을 위한 견학 프로그램에 포함되어 있다. 그 옆으로 러시아의 미술품을 위한 전시실이 있고, 이어지는 전시실에는 중세부터 20세기까지 이탈리아, 스페인, 플랑드르와 네덜란드, 독일, 프랑스, 영국에서 제작된 회화가 걸려 있다. 그리스와 로마, 동양의 고대 유물과 선사 시대의 발굴품도 있으며, 자랑거리인 스키타이 유물도 볼 수 있다. 표트르 대제의 왕관과 보석들도 전시되어 있으며, 카를 파베르제의 공에 작품도 있다. 파베르제의 세공품 중 특히 유명한 것은 부활절 달걀이다. 조각과 회화 부문에서 미술사에 이름을 남긴 위대한 작가 가운데 예르미타시 미술관에 작품이 전시되지 않은 사람은 거의 없다. 위대한 작품 중에는 시모네 마르티니의 유명한 그림 〈성모마리아〉도 있다. 또한 레오나르도 다빈치의 걸작 〈리타의 성모〉, 카라바조의 〈류트 연주자〉도 걸려 있다. 렘브란트, 엘그레코, 고야의 대표작은 물론 낭만주의 풍경화가 카스파 다비드 프리드리히의 작품은 세계에서 제일 많다. 3층은 현대 미술 전시실이다. 모스크바의 푸슈킨 미술관과 마찬가지로, 예르미타시 미술관이 소장한 프랑스 인상주의와 입체파 작품은 수집가 이반 모로조프와 세르게이 슈킨이 개인적으로 수집한 작품이다. 오귀스트 로댕의 조각을 비롯하여 폴 세잔, 파블로 피카소, 앙리 마티스의 작품 또한 많다. 1985년 이전에는 현대 미술 작품이 전시되지 못한 채 은밀히 보관되었으며, 그 의미나 가치를 평가하는 데에도 인색했기 때문에 각 전시실의 크기는 비교적 작은 편이다.

예르미타시 미술관(도판 16)은 황실 소장품에서 출발하였지만 많은 사람이 방문할 수 있는 사회적 기능을 가지게 되었으며, 러시아 황제는 이 미술관의 관장으로 남게 되었다. 파벨 1세의 짧은 통치를 거쳐 예카테리나 2세의 손자인 알렉산드르 1세가 황권을 잡게 되면서, 예르미타시 미술관의 소장품들은 다시 증가하였다. 특히 나폴레옹과 벌인 전쟁에서 승리한 알렉산드르 1세는 1814년 조

[도판 16] 예르미타시 미술관 내부의 전시 광경 ⓒShutterstock

제핀 드 보아르네에게서 약 38점의 회화 작품을 사들였다. 1800년대에 들어서 예르미타시는 이전에 무계획적으로 작품을 매입한 성향과 다르게, 정확한 분류 체계를 세우고 다양한 화파의 작품을 균형이 있게 수집하였다. 1850년 베네치아의 바르바리고의 소장품을 구매했을 때는 티치아노의 걸작들이 도착하였다. 이 작품 중에 아름다운 〈성 세바스찬〉과 베로네세의 작품들이 있다. 예카테리나 2세의 초창기에는 그림을 전시할 곳이 없어, 러시아 최초의 박물관인 쿤스카메라에 임시로 보관했다. 예르미타시 미술관이 설립되면서, 카벤첼레 공작(1768), 브를리 남작(1769), 크로자 남작(1772), 월 폴 총리(1779), 보뎅(1781), 나폴레옹의 황후 조제핀(1814) 등의 값진 소장품들을 속속 구입했다.

예르미타시는 니콜라이 1세 때 1,000점이 넘는 작품들이 경매에 나오는가 하면, 사회주의 혁명 때는 회의장소로 사용되기도 하는 등의 우여곡절을 겪기도 했다. 1922년부터 '국립 예르미타시 미술관'으로 명명된 이곳은 현재 1,020여 개의 방에 레오나르도 다빈치 미켈란젤로 라파엘로 피카소 고갱 고흐 르누아르 등의 명화가 전시되어 있다. 또 이탈리아 등지에서 들여온 조각품들과 이집트의 미라부터 현대의 병기에 이르는 고고학 유물, 화폐와 메달 장신구 의상 등 300만 점의 소장품이 전시되어 있고, 지붕 위에는 176개의 조각상이 있다. 가장 볼 만한 것은 유럽회화 전시품이며, 이집트 페르시아 중국 비잔틴 일본 등 세계의 고대유물과 예술품이 많이 수장되어 있고, 고대 러시아와 스키타이문화에 대해서도 알 수 있다. 또 제정시대의 보석과 왕관 등도 지하 보물실에 전시되어 있다.[16]

메트로폴리탄 미술관, 뉴욕
개관 당시 메트로폴리탄의 소장품은 유럽의 회화 170여 점이 전부였다. 그렇지만 미술관이 제 모습을 갖추면서, 기증자들 덕분에 수장고에 작품이 쌓이기 시작했다. 20세기에 들어서 모건, 리먼, 록펠러 가문 등의 후원에 힘입어, 메트로폴리탄 미술관(도판 17)은 짧은 역사에도 불구하고 단기간에 세계 굴지의 미술관으로 부상하였다. 특히 로버트 리먼의 컬렉션에는 마티스, 렘브란트, 르누아르, 고흐, 세잔, 고갱 등 인상파 걸작들이 대거 포함되어 있어서 미술관의 품격이 크게 높아졌다. 록펠러 가문은 네덜란드의 거장 요하네스 페르메이르(Johannes Vermeer, 1632~1675)의 〈젊은 여인의 초상〉 등 다수의 회화 작품과 아프리카 미술품을 내놓았다. 페르메이르의 작품은 전 세계에 불과 36점만 남았으며, 이 중 5점을 메트로폴리탄 미술관이 소장하고 있다. 이외에도 유럽 회화 컬렉션은 미술관의 핵심 수집품이다. 메트로폴리탄 미술관은 12세기부터 19세기에 이르는 회화 3천여 점을 소장하고 있으며, 이탈리아의 벨리니와 티치아노, 네덜란드의 한스 멤링과 프란스 할스, 프랑스의 와토와 샤르댕, 스페인의 벨라스케스고야, 영국의 게인즈버러 등 수많은 거장의 작품들을 다수 보유하고 있다.

네덜란드 갤러리에는 렘브란트와 페르메이르 등의 작품이 있으며, 스페인 갤러리에는 벨라스케스, 이탈리아 갤러리에는 르네상스 시대의 조토와 라파엘로 등의 작품이 있다. 19세기 유럽의 회화와 조각을 전시하는 안드레 메이어 갤러리에는 르누아르, 고흐, 고갱, 세잔 등 신고전주의와 낭만주의 및 인상파와 후기인상파로 이어지는 대가들의 걸작이 전시되어 있다. 유럽 회화 컬렉션의 모태는 1901년에 제이콥 S. 로저스가 800만 달러에 달하는 재산을 미술관에 기증한 것이 계기가 됐다. 미술관은 이 기금으로 프랑스 화가 조지 라투르의 〈점술가〉와 반 고흐의 〈사이프러스〉를 포함해, 수년 동안 수백여 점의 회화를 사들였다. 또한 1917년에 벤자민 알트만의 기부금으로 미술사적 가치가 높은 르네상스 시대 화가 안드레아 만테냐의 〈성모 마리아와 가족〉, 15세기 네덜란드 화가 한스 멤링의 〈토마소 포티나르의 초상〉, 렘브란트의 〈렘브란트의 아들 티

[도판 17] 메트로폴리탄 미술관 내부의 전시 광경 ⓒShutterstock

터스〉 등을 사들였다. 이외에도 미술관은 찰스 라이트맨과 헤브메이어 부부 등 독지가들의 기부를 바탕으로 유럽 거장들의 명작들을 속속 품에 안았다.**17**

　메트로폴리탄 미술관은 1870년 터키 타르수스의 미국 영사였던 압도 다 바스가 로마시대 석관을 기증하면서 진짜 미술관으로 거듭났다. 그 이듬해 메 트로폴리탄 미술관은 기부 덕분으로 파리 경매에 나온 17~18세기 유럽의 그림 174점을 입수하였다. 처음으로 수집된 이 작품들은 메트로폴리탄 미술관의 옛 건물에서 열린 전시회를 통해 대중에게 공개되었다. 1874년 디 체스놀라 영사 의 주도로 이루어진 키프로스 발굴에서 그리스 고대 유물이 많이 발견되었는 데, 그 유물이 미술관에 들어오면서 전시 공간이 부족해졌다. 체스놀라는 유물 을 경매해서 얻은 소득으로 다시 키프로스 발굴에 착수했으며, 이때 발견한 유물들을 1876년 메트로폴리탄 미술관에 기증하였다. 메트로폴리탄 미술관은 센트럴 파크에 있는 현재의 건물로 1880년에 이사했다. 새 미술관은 건축가 캘버트 복스와 제이콥 레이몰드가 설계한 신 고딕 양식의 건축이다.

1901년 제이콥 로저스가 별세하면서 미술관에 500만 달러에 이르는 기금을 남겼다. 이 기금을 사용할 수 있게 되면서, 미술관은 작품 구입과 행정적인 문제에 있어 경제적으로 자유로워졌다. 또 최대 부호였던 철강 거물 존 모건이 새 회장으로 선출되면서 1913년 사망할 때까지 작품 수집에 관심을 가졌다. 모건은 사업가이자 열렬한 수집가였던 클레이 프릭, 조지 베이커, 존 존슨을 이사회에 가입시켰다. 또한 빅토리아 앨버트 미술관 관장을 역임했던 캐스퍼 클라크가 1905년 관장으로 선출되었고, 보스턴 미술관 관장 에드워드 로빈슨이 부관장으로 부임했다. 로빈슨은 1910년부터 1931년까지 관장의 직책을 맡았다. 또한 모건은 영국의 비평가이자 미술품 감식가로 활동했던 로저 프라이를 회화 부문 큐레이터로 채용했다. 당시 메트로폴리탄 컬렉션에 조토에서 만테냐, 레오나르도에서 미켈란젤로까지 미술사상 중요한 그림들이 빠져 있었고, 19세기 회화 컬렉션에는 인상주의 회화가 없었다. 프라이가 부족한 부분을 메우기 위해 작품 구입과 기증 프로젝트에서 눈부신 성과를 올렸다.

프라이와 1906년에 미술관에 들어온 브라이슨 버로 덕분에 조토, 앵그르, 들라크루아, 보티첼리 등의 작품이 풍부해졌다. 버로는 프라이의 뒤를 이어 회화 큐레이터로 1934년까지 일했다. 그는 프라이의 프로젝트를 계속해서 추진해 나갔고, 1913년에 세잔의 〈성 요셉 보유지의 풍경〉을 입수하는 등 중요한 성과를 냈다. 이 작품은 메트로폴리탄 미술관이 매입한 최초의 유명 화가 작품이다. 그 해 벤자민 알트만이 남긴 유산 덕분에 회화, 조각, 중국 도자기 등 유물들 1,000여 점이 미술관에 새로 들어왔는데, 뒤러의 〈성 모자와 성 안나〉와 같은 걸작도 이때 들어왔다. 1919년 버로는 대(大) 피테르 브뤼헐(Pieter Brueghel the Elder, 1528~1569)의 〈수확하는 사람들〉을 3,370달러에 저가 매입하는 성과를 올렸

[도판 18] 메트로폴리탄 미술관의 소장품, 그리스 도기 전시 모습
ⓒShutterstock

다. 19세기까지 그림 수집은 지속하여 이루어졌다. 설탕 업계의 부호인 루이진 해브메이어가 수집한 다수의 작품을 미술관에 기증하면서 회화 컬렉션에서 부족했던 부분이 메꿔졌다. 미술관 관장 에드워드 로빈슨은 이때 수집된 작품을 특별전을 통해 대중에게 선보였고, 도록에서 이것을 '미술관 역사상 가장 후한 기부 중의 하나'라고 규정하였다. 해브메이어는 현대 미술 쪽으로 관심을 돌려 인상주의 작품 수집에 열중했다. 이에 따라 19세기 프랑스의 회화 연구에 중요한 지표가 되는 쿠르베의 〈앵무새와 함께 있는 여자〉, 모네의 〈라 그레누이에르〉같은 작품들이 미술관에 소장될 수 있었다.

미술관 자율로 조직된 최초의 부서는 중세 미술관이다. 풍부한 컬렉션을 자랑하는 중세 미술관은 1917년 모건 주니어가 자신의 아버지가 미술관에 대여했던 목조 조각, 상아 제품, 비잔틴의 에나멜 제품 등 7,000여 점을 미술관에 기증하면서 비롯되었다. 뒤따른 수집과 조지 블루멘탈, 프레드릭 프랫, 어빙 운터마이어 같은 사람들의 기증으로 확장되었다. 중세 미술관의 다음 프로젝트는 유명한 회랑들을 미술관에 되살리는 것이었다. 이 부문의 역사는 조지 바너드

가 '더 클로이스터스'라는 이름의 미술관을 개관하였던 1914년으로 거슬러 올라간다. 이곳에 전시되었던 중세의 작품 중에는 프랑스에서 10년간 어렵게 구했던 열주(列柱)가 네 개 있는 회랑이 포함되어 있었다.

1925년 록펠러 주니어는 바너드의 미술관을 사들여 사유지였던 포트 트라이온 언덕 정상으로 이전했다. 맨해튼의 가장 높은 지대이며 멋진 경관이 일품인 이곳은 록펠러가 대중을 위한 공원으로 뉴욕시에 기부하기 위해 매입한 곳이었다. 록펠러는 혹시 세워질지도 모르는 공장이나 건축물이 이곳의 경관을 해칠 것을 대비해 허드슨강의 반대편에 약 11마일의 대지도 확보하였다. 유럽 장식미술은 모건의 바람대로 미술관의 재정비가 이루어지면서 유럽 장식미술관에서 역사를 이어 나갔다. 모건은 18세기의 프랑스 도자기, 목공예품, 가구 컬렉션을 미술관에 기증했다. 유럽 장식미술관은 6만 점 이상의 유물을 소장하였으며, 이는 메트로폴리탄 미술관의 가장 큰 컬렉션 중 하나다. 이곳에서는 유럽 주요 국가의 역사와 예술의 발전과정을 한눈에 볼 수 있다. 유럽 장식미술관에는 또한 스페인에 있는 펠레스 블랑코의 성에서 온 파티오(안뜰)를 비롯하여, 유명한 구비오의 스투디올로, 18세기 프랑스의 여러 응접실, 영국의 신고전주의 양식의 방 같은 건축 공간과 장식이 재현되어 있다.

이집트의 덴두르 신전은 아스완 댐이 건설되면서 나세르 호수 아래로 잠길 뻔했으나, 이집트 정부는 누비아의 유적 보호 캠페인에 기부금을 냈던 미국에 감사의 뜻으로 이 신전을 기증하였다. 시간이 지나면서 지속적인 수집과 기증에 힘입어 컬렉션의 규모는 더욱 커졌으며, 회화, 조각, 장식미술 작품을 총망라한 미국회화관같이 더욱 전문화된 전시관이 많이 생겼다. 1967년 20세기 미술관이 공식적으로 설치되었다. 1980년대 말 무렵 릴라 아키슨 월리스관이 신축되면서, 20세기 미술 작품을 전시할 공간이 마련되었다.

메트로폴리탄 미술관은 미술품의 수집, 보존, 상설 전시에 초점을 맞춘 활동 이외에 중요한 특별전 개최에도 신경을 썼다. 그간 개최된 특별전 중 1963년에 루브르 박물관에서 대여한 레오나르도 다 빈치의 '모나리자 특별전'은 27일 만에 백만 명의 관람객을 끌어모은 것으로 유명하다. 전 세계에서 오는 새로운 예술 작품을 가장 효과적인 방식으로 보여주기 위해서 전시품의 배치는 끊임없이 변하고 있다. 20만㎡의 전시 공간을 보유한 메트로폴리탄 미술관은 오늘날 모든 시대와 모든 문화에서 나온 예술을 보여주는 일종의 백과사전이다.[18]

메트로폴리탄 미술관의 또 다른 볼거리는 1, 2층의 근현대 미술 전시관이다. 1900년부터 1940년 사이 유럽 회화의 거장 보나르, 모딜리아니, 피카소, 마티스, 브라크, 루소, 발튀스 등의 작품이 전시되어 있다. 2층에는 사진, 판화, 소묘, 조각 작품들과 1905년부터 1980년 사이의 회화 거장인 폴록, 루이스, 워홀, 로젠퀴스트, 드 쿠닝, 리히텐슈타인, 로스코 등의 작품들이 관람객의 시선을 사로잡는다. 메트로폴리탄 미술관의 소장품들은 어느 것 하나 중요하지 않은 게 없다. 그림 한 점 한 점에 수많은 이야기가 담겨 있지만, 작품이 너무 많아서 차분하게 그 이야기를 들을 수 없다. 렘브란트의 작품은 모두 34점인데, 초상화의 대가였던 그는 자화상 시리즈를 비롯해 풍경화 등 600여 점의 회화와 400여 점의 에칭화 그리고 2천여 점의 데생을 남겼다. 그중에서도 1660년대에 그린 〈자화상〉은 인간의 내면을 표현하는 데 탁월했던 렘브란트의 재능을 잘 보여준다. 렘브란트는 10년 주기로 자화상을 그려 유화, 판화, 데생까지 합해 약 100여 점의 자화상을 남겼다. 이 작품은 그중에서도 뛰어나다는 평가를 받는다. 그의 나이 54세 때 그린 이 작품은 구성이나 기교, 표현 등에서 그가 이미 원숙의 경지에 이르렀음을 잘 보여준다.

메트로폴리탄 미술관에서는 17세기 네덜란드 출신의 거장 요하네스 페르메이르의 작품을 만날 수 있다. 페르메이르는 네덜란드 중산층의 평범한 일상을 정감 있는 색감과 필치로 그려낸 화가로 잘 알려져 있다. 현재 메트로폴리탄 미술관에 5점, 프릭 컬렉션에 3점, 워싱턴 국립미술관에 4점 등 미국에는 페르메이르의 작품 약 3분의 1가량이 있다. 1995년 〈워싱턴 국립미술관〉에서 열린 '요하네스 페르메이르전'은 33만 명이 다녀갈 정도로 성황을 이루었다. 페르메이르의 작품 5점 가운데 유독 시선을 끈 것은 〈젊은 여인의 초상〉이다. 31년 동안 메트로폴리탄 미술관을 이끈 필립 드 몬테벨로(재임 1977~2008) 관장이 1979년에 사들인 이 작품은 1660년대에 제작된 것으로 기존의 페르메이르 작품 속 여인들과는 상반된 모습이다.

구겐하임 미술관, 뉴욕(도판 19)

구겐하임의 설립자인 솔로몬 구겐하임(Solomon R. Guggenheim, 1861~1949)은 유대계 이민자의 후손이다. 구겐하임 가문은 예술, 과학, 인문학 후원을 목적으로 재단을 세워 미국의 문화가 발전하는 데 크게 이바지한 대표적인 가문이다. 19세기에 신대륙이었던 아메리카 대륙으로 이주한 이 가문은 미국에서 광산을 개발하여 엄청난 부의 축적을 달성했으며, 재단을 통해 경제적 성취를 사회에 환원하였다. 그들은 미술품의 수집과 전시, 즉 '미술 투자'라는 형태로 사회 환원을 실행했다. 재단의 수집 활동은 1920년대에 시작되었다. 이 시기에는 힐라 리베이(Hilla Rebay, 1890~1967, 미술평론가)의 자문에 전적으로 의존하여 수집했다. 그는 1929년부터 구겐하임의 자문을 맡으면서 수집 분야에 강한 영향력을 행사했다. 1937년 구겐하임은 재단 이사장이 되고, 리베이는 1939년 이 재단에서

[도판 19] 구겐하임 미술관, 뉴욕의 전시 모습 ⓒShutterstock

운영하는 비대상 회화미술관의 관장이 된다. '비대상 회화'의 신봉자 리베이는 구겐하임이 추상회화 작품을 주로 수집하도록 자문하고 유도했다. 그래서 수집품은 추상회화가 주를 이루게 되었다.

　　1937년에서 1952년까지는 재단 역사상 가장 적극적인 수집의 시기였으며, 주요 활동은 회화 컬렉션에 집중되었다. 이때는 재정이 튼튼했고 리베이의 판단이 수집에 직접 반영되었다. 따라서 당시 미국에서 그다지 호응받지 못했던 유럽의 전위 작품을 사들일 수 있었다. 이는 대단한 선견지명이었다. 컬렉션의 가치가 최초에 방향을 잡는 것이 얼마나 중요한가를 보여주는 사례이다. 그런데도 수집의 범위는 넓은 편이어서 들라크루아, 쇠라, 고갱, 클레, 피카소, 레제(Joseph Fernand Henri Léger, 1881~ 1955), 들로네(Robert Delaunay, 1885~1941), 샤갈, 모딜리아니 등의 작품을 망라하고 있었다. 이는 당시 회화가 발전한 100년간의 과정과 비대상 회화의 29년간의 역사를 보여주기 위한 데에 주안점이 있었다. 그리하여 재단은 입체주의, 표현주의, 기하, 추상 등 초기 모더니즘의 전파자 역할을 했다. 후원의 대상이었던 칸딘스키의 작품은 1937년 나치에 의해 '타락한 미술'로 매도되고 있었다. 그러나 이 시기 미국에서는 칸딘스키 등이 재단을 통해 중요한 작가로 알려져 있었고, 구겐하임의 후원을 토대로 뛰어난 거장으로 남게 되었다. 재단은 출범 초부터 당대의 미술품을 수집한다는 태도를 지향하였는데, 특히 추상회화의 수집을 통해 구체화하였다. 이런 입장이 유지되면서 1993년에 칸딘스키 작품 205점과 클레의 걸작 77점을 수장하기에 이르러, 이 미술관을 대표하는 중요한 컬렉션이 되었다.

재단은 1952년에 커다란 변화를 겪는다. 미술관의 명칭이 솔로몬 구겐하임 미술관(The Solomon R. Guggenheim Museum)으로 바뀌었으며, 수집 대상도 넓은 영역을 포괄하는 종합미술관적인 성격을 표방하게 된다. 이는 컬렉션의 성격이 추상회화 쪽으로 치우치는 현상을 극복하고자 함이었다. 그래도 당대의 미술품을 수집한다는 원칙은 고수되어, 당시 유행한 추상표현주의 작품을 집중적으로 수집하게 됨에 따라 유럽 중심에서 양 대륙을 포괄하는 컬렉션으로 확장하였다. 반 고흐나 세잔 등 19세기 작가부터 미로 같은 초현실주의, 로스코 (Mark Rothko, 1903~1970) 같은 추상표현주의, 브랑쿠지나 콜더 같은 조각가에 이르기까지 수집의 폭과 범위가 크게 넓어졌다. 더하여 종래의 수집 외에 전시 교육의 기능이 강화된 것도 변화 가운데 하나이다. 이제 본격적으로 미술관다운 모습으로 체계화가 차근차근 이루어지고 있었다. 한편 재단도 이사회의 토론을 거친 엄격한 재정관리로 대체되면서 경영의 전문성을 보강했다. 개인 컬렉션으로 출발했던 구겐하임이 공적인 미술관의 기능을 조직적으로 수행할 수 있게 되었다.

이는 프랭크 로이드 라이트(Frank Lloyd Wright, 1867~1959)가 설계한 구겐하임 미술관 건물이 1959년에 뉴욕 5번가에 지어지면서 더욱 구체화했다. 이 건물은 자체가 거대한 조각을 연상시키는 현대적인 작품이 되었다. 이는 미술관 건축이 예술적 설계로 전환하는 중요한 계기가 되었다. 뉴욕 시가지에 눈길을 끄는 현대식 건물을 세우고 주요 전시를 유치하면서 이 미술관은 국제적으로 명성이 높은 전시장으로 거듭났다.

미술관의 인선도 변화의 요인이 되었다. 1960년에는 토마스 메서(Thomas M. Messer)가 3대 관장이 되었다. 이 선택은 미술관의 관장이 어떤 소양을 갖추어야 하는가를 깨우쳐주는 중요한 전기가 되었다. 관장은 단순한 행정 책임자가 아니다. 미술에 대한 해박한 지식과 미술관 운영을 활성화하는 능력이 없다면, 관장은 무능한 존재가 되고 만다. 1971년에 리베이 미술품의 절반이 재단에 귀속되면서 비대상 미술 컬렉션이 보강되었고, 1976년에 페기-구겐하임 재단을 해산하면서 '페기 컬렉션'까지 솔로몬-구겐하임 재단에 귀속시켰다. 재단의 일원화는 미술관의 덩치를 크게 키우고 내용도 충실해지는 계기가 되었다. 구겐하임 미술관은 1988년에 토마스 크렌스(Thomas Krens)가 관장이 된 후 국제화가 빠르게 진행되고 있다. 1990년애는 '판자 컬렉션'을 인수해 미니멀리즘과 개념미술을 보강했다. 또한 스페인 빌바오에 새 구겐하임 미술관을 개관하는(1997) 등 공간 확장과 활동 영역을 대폭 증강하고 있다.[19]

대만 국립고궁박물원, 타이베이(도판 20)

중세 중국 건축을 본떠서 지은 4층으로 된 새 건물은 대 호텔과 8개의 전시실, 식당, 사무실로 나누어져 있는데, 그곳에는 중화민국 수뇌들이 대륙에서 건너올 때 반입해온 중국 고대의 귀중한 문화재들이 자그마치 62만여 점이나 소장되어 있다. 1965년에 문을 연 타이베이(臺北) 국립고궁박물원의 곡선 지붕과 안에 있는 건물들을 에워싼 높은 담은 북경의 자금성을 떠올리게 한다. 이런 유사성은 다분히 의도적인 것이었다. 타이베이에 전시된 중국의 고대 미술품들은 원래 자금성의 보물 창고에 있었기 때문이다. 이 미술품들은 20세기 격전의 소용돌이 속에서, 현재의 타이완에 해당하는 포모사(포르투갈어로 '아름다운 섬'을 뜻하며, 타이완을 가리킨다)로 옮겨졌다. 이전에 엄청난 규모의 역대 수집품은 몽골의 지배를 받던 시기에 베이징으로 옮겨졌고, 몽골의 뒤를 이은 명나라가 이 유물들을 자금성에 보관했다. 19세기에는 프랑스와 영국 침략군이 후퇴하면서 중국 황실의 소중한 미술품들을 가져갔다.

청의 마지막 황제가 강제로 물러난 뒤에도 수집품은 여전히 80만 점이나 남았다. 1931년에 일본이 중국으로 진격하자 장제스 주석이 이끌던 국민당 정

[도판 20] 대만 국립고궁박물원 전경 ©Shutterstock

부는 1만 9,000개의 상자에 왕궁의 보물을 싸서 중국 여러 곳으로 옮겼다. 그중 상자 3,000개가 1949년에 타이완에 당도했다. 안전하게 지켜낸 방대한 수집품 가운데 약 1만 5,000점이 현재 타이베이 국립고궁박물원에 소장되어 있다.

타이베이의 국립고궁박물원에 소장된 미술품과 따로 안전하게 보관된 유물의 소유권을 둘러싸고 오늘날까지도 격렬한 논쟁이 계속되고 있다. 중국의 마지막 왕조가 끝나기 전에는 이 보물들이 황제의 합법적인 소유물이었다. 하지만 정치 체제가 달라지면서, 중국 측은 자기들이 그 보물을 물려받을 정당한 후계자라고 생각하기 때문에 타이완이 미술품을 훔쳐 갔다고 비난한다.

대만의 국립고궁박물원에는 고대 은나라부터 청나라 말기에 이르기까지 역사의 흐름 속에서 전해 내려오는 갖가지의 유물들을 모아 보존 및 전시하고 있다. 동기, 도기, 옥기(도판 21), 법기, 조각, 서예, 회화, 직물, 경전, 서적, 문구 등의 문화재가 산적한 곳이 바로 이 고궁박물원이다. 베이징 고궁(故宮, 자금성)에 보관되어 있던 황실 유물 컬렉션 중에서도 진수만을 모아 놓았다. 소장된 유물은 전체의 4분의 1 정도, 좀 더 정확하게는 22%, 약 69만 점에 달한다. 중화민국은 대만으로 천도하면서 보물들을 가져온 것이다. 중화민국 정부는 청 황실이 소장하고 있던 유물을 조사한 이듬해 1924년에 국립고궁박물원을 설립한 후 외부에 개방하였다. 장제스가 1928년에 북벌(北伐)을 완성한 후 유물들은 국민당 정부 소유가 되었다. 1931년에는 만주 사변이 발발, 일본이 침략했다. 이에 국민당 정부는 국립고궁박물원의 소장품을 전부 상하이로 옮겼다. 이후 1936년에 국민당 정부의 수도 난징에 있는 명대 궁전 조천궁(朝天宮) 내에 수장고를 완공하여 난징에서 재개관할 준비를 하였다. 그러나 전세가 계속 불리해져 난징마저 함락당할 위기에 처하자, 당국은 유물을 후난성 창사, 한커우 및 산시성 바오지로 옮겼다. 그후 1938년에 다시 쓰촨성으로 옮겨 임시 수장고를 세웠다.

중일 전쟁이 1945년에 끝난 후에도 유물들의 피난살이는 끝나지 않았다. 1946년에 국·공 내전이 재개되었고, 1947년부터 전세는 국민당에 급격히 불리해지기 시작하였다. 최후의 보루로 대만을 염두에 두던 장제스의 국민당 정부는 1948년부터 유물을 엄선하여 상하이를 거쳐 대만으로 옮겼다. 마오쩌둥 측근들이 유물을 옮기는 배를 폭격해버려야 한다고 했지만, 마오쩌둥은 대만으로 가져가도 중국 유물은 유물이니 놔두라고 했다. 마오쩌둥의 지시로 유물들은 바다에 수장되는 비극은 피했다. 국민당 정부는 유물을 가져왔으나 전시 공간은 마련되지 않았고, 중부 타이중으로 옮겨진 유물들은 1957년에 전시실이 공식 개방될 때까지 수장고에 보관되었다. 1965년이 되어서야 현재의 자리에서 재개관하여 손님들을 맞기 시작하였다. 이후 1971년, 1984년, 1995년 3차례의 확장 공사를 거쳐 현재의 면모를 갖추었고, 2011년에 전시 면적을 현재의 5배 수준으로 늘

[도판 21] 대만 국립고궁박물원 소장품 중 '옥제 배추' ⓒShutterstock

리는 대규모 확장 공사를 시작하였다. 확장·보수를 수차례 했음에도 불구하고 소장하고 있는 유물에 비해 전시 공간은 턱없이 좁은 편이어서, 몇 개의 상설 전시관을 제외하고는 소장품을 3개월에 1회씩 로테이션 전시하고 있다.[20]

소장품은 중국 송-원-명-청으로 이어지는 4대 왕조의 궁정 유물을 망라한다. 은허에서 나온 고대 유물을 비롯하여, 시대별로 청동기, 옥기, 서화, 도자기, 자수, 문방구, 전적 등 종류도 다양하다. 이런 국립고궁박물원은 미국 스미스

소니언 자연사박물관, 영국 대영 박물관, 프랑스 루브르 박물관에 이어 세계 4대 박물관으로 꼽힌다. 방문객은 연간 250만 명 정도이다. 많은 이들이 보유 유물의 양이나 질이 세계 최고 수준인 국립고궁박물원의 유물들을 눈독 들였는데, 미국도 예외는 아니었다. 미국은 대만 정부에 파격적인 제안을 했다고 한다. 미국이 한 제안은 국립고궁박물원 유물의 절반을 내어주면, 60년 동안 대만 국민이 살 수 있을 만큼 돈을 주겠다는 것이었다.

전시 공개 품목은 약 3,000여 점이나 앞에서 서술하였듯이 3개월마다 새로 바꾸어 진열하는데, 계절적으로 온도, 기후, 물품 내용에 따라 6개월 혹은 일 년에 한 번씩 바꾸어 전시하는 것도 있다. 특히 그림들은 변질 가능성을 보아 일 년에 한 번 교환하기도 하며, 3년에 한 번 바꾸기도 한다. 이 박물관에 소장된 문화재의 전 품목을 전시하는 데에는 약 20여 년이 걸린다고 하니, 그 소장 규모를 가히 짐작할 수 있다.[21]

동양도자미술관, 오사카(도판 22)

오사카 동양도자미술관은 「아타카(安宅) 컬렉션」의 한국과 중국 도자기 등 동양 도자 965건 약 1,000점을 기업 차원에서 수집한 스미토모 그룹 21개 사가 오사카시에 기증한 것을 기념하고, 이를 영구히 보존·전시·교육·홍보하기 위하여 오사카시가 설립하였다. 1975년 12월 구 아타카 산업 주식회사가 경영 위기와 신용불량에 빠지자, 회사가 수집한 동양 도자가 문화적으로 가치가 매우 높다는 사회적 인식이 증가했다. 이에 따라 그 향방에 관해서 일본과 우리나라에서 큰 화제로 부상했고 관심의 대상이 되었다. 1977년 동 수집품의 관리권이 청산회사로 옮겨짐에 따라 일본 국회에서도 논의의 대상이 되었고, 일본 문화청에서 관리책임자인 스미토모 은행에 해외로 유출해서는 안 된다는 요구가 있었다. 1980년 9월 아타카 산업의 최대 채권자였던 스미토모 은행이 오사카시에 기증할 것을 결정하였다. 이후 스미토모 그룹 21개사가 오사카시에 문화진흥 기금을 기부하고, 이 기금으로 오사카시가 사들이는 형식으로 수집품의 기부가 실현되었다. 이 제안을 오사카시가 받아들여 수집품을 영구·보존하고 널리 공개하기 위하여, 빠른 시일 내에 전문미술관을 건립할 것을 발표하였다. 미술관 건립 예산 18억 엔도 문화진흥기금으로 기부금을 적립하면서 따라 나오는 운영이자로 충당하였다. 이후 18개월간의 공기를 마치고 1982년 11월 동양 도자 미술관이 탄생하게 되었다. 1982년 동양도자미술관 관장에 취임한 이토 이쿠타로(伊藤郁太郎)는 1955년 아타카 에이치(安宅英一)의 지도하에 미술품 실장으로 작품 수집과 관리에 종사한 이래 아타카수집품의 관리책임자로 있었다. 50여 년간 한국도자기를 연구하고 일본 국내외에서 전시·홍보에 큰 공을 세워, 우리

[도판 22] 오사카 동양도자미술관 외관 ⓒShutterstock

정부가 1995년 12월 문화훈장 보관장을 수여하였다. 2008년 3월 동 미술관을 퇴임한 후, 명예관장으로 재직하였다.[22]

아타카 컬렉션(도판 23)은 한국 도자 793건, 중국 도자 144건, 베트남 도자 5건, 일본 도자 2건, 기타 21건 등 965건으로 약 1,000점이다. 그 중 한국 도자 793건은 고려·조선조 도자기로 체계적이며 엄선된 수집품으로 우리나라 밖에서는 최고의 수준이다. 개관 후 한국, 중국, 일본 도자의 기증이 이어졌고 그 내용은 이병창(李秉昌) 수집품 363점을 비롯하여, 개인과 단체 12곳이 기증하여 수장품 합계 5,991점(2013년 7월 기준)에 이른다. 품목별로는 한국 도자 1,223점, 중국 도자 819점, 일본 도자 220점 기타 3,729점이다. 부지 면적은 3,991.58㎡이고 건축면적은 1,055.64㎡이다. 본관의 전시 면적은 655.55㎡이며,「이병창 기증품」과 일본 도자를 전시하기 위하여 신관의 전시 면적을 357.34㎡로 확장하였다. 자연채광을 선보인 상설 전시는 한국 도자실 4실, 중국 도자실 3실, 일본 도자실 1실, 특별전시실 등 총 11개 실에서 전시하고 있으며, 특별전시는 한국 도자와 중국 도자를 시대별·장르별·기법별로 나누어 특별전, 기획전, 심포지엄 등을 개최하고 있다.

특히 한국 도자에 관해서는 1982~1996년까지 「한국도자시리즈」로 21회에 걸쳐 기획 전시하고 도록을 출간하였다. 또한 대규모 국제특별전 3회, 구미에서 한국 도자 소개전 6회를 하고 2007년부터 「이병창박사기념강좌」를 매년 1회씩 개최하고 있다.[23] 도자기의 발달은 토기에서 비롯되었으나, 지금 세계에서 가장 많이 사용하는 자기의 제작은 중국과 우리나라에서 7~9세기 사이에 최초로 시작되었던 반면, 세계 자기 시장을 석권하고 있는 일본과 유럽은 17~18세기에 이르러서야 자기를 만들게 되었다. 따라서 동양 도자를 보존·전시·홍보한다는 것

[도판 23] 아타카 컬렉션의 중국 도자기 ⓒ오사카시립동양도자미술관(스미토모[住友]그룹 기증/ 아타카[安宅] 컬렉션)

은 세계 도자사의 연원과 발달과정의 핵심 사항을 이해하고, 동양 도자의 아름다움을 전 세계인에게 깨우치게 하여 인류의 문화발전에 기여하고 있다. 특히, 동양도자미술관에는 한국도자기가 차지하는 비중이 높아서 이를 객관성 있게 전 세계에 전시·홍보하여 세계인에게 시사하는 바 매우 크다고 하겠다.[24]

진시황 병마용박물관, 시안

1974년에 중국 산시성의 고도 시안 근처에서 진시황 병마용 갱이 발굴되면서, 2,200여 년 전 통일제국 진나라 군대의 모습이 생생하게 드러났다. 한 농부가 진시황릉에서 동쪽으로 1,500m 떨어진 지점에서 실제 인물 크기의 토우를 우연히 발견했다. 이에 문화재관리국에서 조사팀을 구성하여 면적이 12,000㎡가 넘고 6,000여 개의 병마용이 매장되어 있는 갱을 발견하였다. 이후 고고학자들이 처음 발견된 1호 병마용 갱 근처에서 2호, 3호 병마용 갱을 추가로 발견했다. 2, 3호 갱에는 꼭대기가 평평하고 그물 골조 구조의 폐쇄형 전시실이 급히 세워졌다. 지하에는 두 장수가 이끄는 토우 군대가 있는데, 이는 전 세계에서 유일한

[도판 24] 진시황 병마용 박물관의 도용 출토 광경 ©Shutterstock

것이다. 1호 갱 위로는 아치형의 강철 골조로 된 대형 전시실을 만들었다. 이 건물은 길이 230m, 넓이 72m, 높이 22m로 축구장 두 개를 수용할 수 있다. 이를 토대로 1979년에 진시황 병마용 박물관(도판 24)이 완공되어 공개되었다. 1호 갱에서는 완전한 1,000여 점의 병마용과 복원 진행 중인 5,000여 점의 병마용이 매장되어 있었다. 진시황의 군대는 동쪽을 바라보며 직사각형 대형으로 서 있는데 앞쪽에는 무사들 210명이 3줄로 선봉에 있고, 뒤에는 보병과 말이 끄는 전차가 번갈아 38열 종대로 서 있다. 모든 병마용은 실제 모습처럼 제작되었는데, 토우의 위치와 옷차림을 통해 그들의 계급과 병과를 알 수 있다.

병졸은 거친 베옷을 입거나 무늬가 없는 갑옷을 걸쳤으며 머리는 상투를 틀었다. 군관은 테두리에 무늬가 있는 흉갑을 걸치고 작은 관을 썼으며 장화를 신고 있다. 장군은 비늘무늬의 채색 갑옷을 입고 큰 관을 썼으며 뒤쪽에 서 있다. 토우는 매우 사실적으로 만들어졌다. 토우의 머리 생김새와 표정은 각각 다른데 하나씩 따로 만든 것이 분명하다. 토우는 각진 얼굴에 넓은 이마, 크고 도톰한 입술, '팔(八)'자 모양의 수염, 큰 체격 등 대부분 관중인(關中人)의 특징을 갖고 있다. 일부 토우는 소수 민족의 특징도 보인다. 기병과 전차는 고대 군대에서 중요한 위치를 차지하는데, 병마용 갱의 말은 모두 살찌고 튼튼한 준마이다. 말의 키는 약 1.5m로 머리는 크지 않고 다리는 비교적 짧다. 이 말들은 지금의 간수성의 하곡마(河曲馬)나 신장의 화전마(和田馬)와 매우 비슷하다. 병마용 갱에서 출토된 병장기는 수가 엄청날 뿐만 아니라 종류도 다양하다. 활·화살 등 원거리 병기, 극(戟)·과(戈)·모(矛) 등 장병기, 길고 날카로운 진검과 같은 단병기 등이 있다. 병기들은 정교하게 제작되었으며 주조, 냉가공에서 표면 처리까지 기술이 매우 뛰어나다. 출토된 병기는 구리, 주석, 납의 세 원소를 합금했지만, 합금 비율과 원소 함량이 각기 다르다.**25**

〈광명일보〉는 진시황의 병마용을 최초로 보도하면서 진시황릉을 지하 궁전이라고 표현하여 세계를 깜짝 놀라게 하였다. 이 견해는 『사기(史記)』에 근거를 두고 실물이 바로 진시황의 병마용 갱에 맞추고 있기 때문이다. 『사기』권 6에 보면, "37년 9월에 시황을 여산에다 묻었다. 시황은 즉위 초에 여산을 잘 다스려 천하를 통일하였다. 천하의 사형자 70만 명을 부려 지하수맥을 3개 뚫고, 그곳에 동을 흘려서 그 위에다 관을 설치하였다. 장인으로 하여금 화살이 걸리게 하여 근접자가 있을 경우 저절로 발사되게 하였고, 수은을 흘려 백천 강하 대해를 만들어 서로 통하게 하였다. 위로는 천문성좌(天文星座)를 갖추고 아래로는 지리(地理)를 갖추었다. 인어의 기름으로 꺼지지 않는 불을 밝혔다."라고 기록되어 있다. 놀랍게도 『사기』의 기록을 뒷받침할 수 있는 조사 결과가 나왔다. 진시황릉 1만 2천㎢의 범위 안에서 수은이 함유된 지점을 채굴한 것이다. 수은으로 강과 바다를 이루었다고 하는 『사기』의 기록이 과학적으로 입증된 셈이다.**26**

슈투트가르트 미술관 신관(Staatsgallerie Stuttgart), 독일

슈투트가르트 국립미술관의 컬렉션은 14세기부터 현재까지의 유럽 미술과 20세기 후반의 미국 미술을 망라하고 있다. 일견하기에 종합미술관의 인상을 주면서 또 한 권의 미술사 책을 읽는 기분이지만, 시간상의 전개와 상관없이 아무 데나 펼쳐보아도 좋은 그림책 같기도 하다.

상설 전시가 열리는 신관 첫 전시실에는 네오 라우흐(Neo Rauch, 1960~)가 2008년에 그린 〈질서의 수호자〉가 19세기 스위스 화가 페르디난트 호들러(Ferdinand Hodler, 1853~1918)의 전투화와 고딕 시대의 순교자 그림과 나란히 걸려 있다. 두 번째 전시실도 비슷하다. 아기 예수와 성모 마리아 등 중세의 성화가 가득한데, 파울 클레의 〈노부스 밀리탄스〉(1940년)가 끼어 있다. 이 작품 바로 옆에는 안드레아 디 바르톨로가 15세기 초반에 그린 〈성 토마스 아퀴나스〉가 걸려 있다. 클레는 나치에 쫓겨 고향에서 생사를 오갔는데 당시의 공포와 불안을 표현했다. 안드레아 디 바르톨로가 그린 성 토마스 아퀴나스는 비둘기의 모습으로 나타난 신의 말씀에서 영감을 얻고 있다. 현대의 클레는 내면의 감정에서, 중세 화가인 바르톨로는 천상에서 그림의 소재를 얻고 있다. 이처럼 이 미술관은 건축도 그렇지만 전시 방법에서 포스트모던하다. 전시의 기본통념인 연대기적 연결을 고려하지 않고 고전과 현대를 뒤섞었는데, 이러한 전시법은 참신한 시도이다. 렘브란트와 피카소 컬렉션이 가장 인기 있는 전시품에 속하며 성화 컬렉션도 볼만하다.

우선 에르크 라트게브가 그린 두 폭의 제단화가 주목되는데, 전시장에는 양쪽 날개를 열어 놓아서 네 폭의 그림이 보인다. 왼쪽부터 순서대로 최후의 만찬, 채찍 고문과 십자가 처형, 그리고 부활의 장면이 그려졌다. 이 경건한 종교화 앞에는 가죽 소파가 놓여 있어 관람객은 편안한 자세로 마음껏 감상할 수 있다. 매끈하게 다듬은 목재 바닥과 하얗게 칠한 벽으로 둘러싸인 전형적인 현대미술관의 전시 공간에 우두커니 서 있는 제단화는 마치 도시 한복판에 서 있는 코끼리처럼 생경하게 느껴진다. 원래 어두컴컴한 성당 안에 놓여 있었을 이 그림은 촛불 대신 천정에서 쏟아지는 전깃불 조명을 받으며, 현대인의 감상 행위를 위해 그 자리에 있다. 초원을 떠나 인간의 구경거리가 된 야생동물처럼 보인다.[27] 2008년 12월에 새롭게 개관한 슈투트가르트 구관의 현대 미술 컬렉션도 좋은 볼거리이다. 모두 10개의 방에 1950년 이후의 미술품이 전시되어 있다. 하이라이트는 바넷 뉴먼의 〈누가 빨강 파랑 노랑을 두려워하랴 Ⅱ〉인데, 작가는 이름을 붙이거나 재현될 수 없는 시간에 관해 이야기하면서 그림 그리기의 숭고함을 보여 주고자 했다. 어제와 오늘의 경계를 자유롭게 넘나드는 슈투트가르트 국립미술관다운 이름값에 어울리는 컬렉션이다. 독일의 잠재력을 있는 그대로 보여 주는 미술관으로 기억에 남을 것이다.[28]

비엔나 미술사박물관, 오스트리아(도판 25)

"고대 유적과 예술의 기념비적 유산들에 부쳐-황제 프란츠 요제프 1세 1891"

박물관의 입구에 이러한 명문이 새겨져 있다. 박물관이 1891년에 개관하면서 수백 년 동안 지속되어 온 합스부르크 왕가의 예술품 수집은 끝을 맺게 되었다. 막시밀리안 1세(1459-1519)는 합스부르크가 가문 최초의 예술 후원자였다. 그는 상속받은 보물의 양을 늘리는 것과 이를 정리하고 목록으로 작성하는 것을 자신의 책무로 삼았다. 페르디난트 1세(1503-1564)는 이 소장품들을 비엔나의 구시가지 건물에 보관했다. 또한 페르디난트 2세(1529-1595)는 합스부르크가의 중요한 수집가들 가운데 한 사람으로 평가받는다. 페르디난트 2세는 부친 페르디난트 1세 사후 영토 분할과정에서 티롤과 자치령을 통치영역으로 분배받자, 자신의 방대한 수집품을 위한 본격적인 박물관으로서 개축된 암브라스 성으로 거주지를 옮겼다. 이 전시관은 루돌프 2세가 1605년에 높은 가격으로 사들여 보존될 수 있었다.

루돌프 2세(1552-1612)도 비엔나 미술사박물관의 위대한 수집가 중 한 사람으로 역사에 남았다. 그는 수집가이자 후원자였다. 그는 뒤러의 주요 작품과 코레조의 걸작들을 수집하였다. 그의 수집품 중에 비엔나 회화전시관에 있는 피터 브뤼헐의 유명한 작품들이 있다. 이후 페르디난트 3세의 형제 레오폴트 빌헬름(1614-1662)에 의해서 합스부르크가 소장품의 확장이 이루어지게 되었다. 그

[도판 25] 비엔나 미술사박물관의 내부 전시 광경 ⓒShutterstock

가 사들인 작품들은 오늘날 비엔나전시관의 근간이 되었다. 카를 6세(1685-1740)는 왕궁에 화폐전시실을 만들었다. 마리아 테레지아(1717-1780)의 통치 기간에 오스트리아-헝가리 제국의 보물전시관(die Schatz-kammer)과 회화관의 관리가 이루어졌다. 요제프 2세는 1776년에 회화전시관을 벨베데레 궁으로 옮기고자 결정하고 후일 개관하였다. 이곳에서 회화전시관은 제한적으로 일반에게 공개되었다. 아이들은 들어갈 수 없었고, 비가 오면 문을 닫았다. 고대 이집트의 기념물 전시를 위한 화폐 진열실 확장 등으로 전시관은 분할되었다.

이후 나폴레옹 전쟁과 연관되어 엄청난 사건이 일어났다. 전쟁으로 인해 수많은 보물이 비엔나로 옮겨졌으며, 이들은 벨베데레 궁과 보물전시관에 보관되었다. 비엔나가 점령당한 후, 1809년에 500점이 넘는 회화가 프랑스로 이송되었다가 다시 돌아오게 되었다. 프란츠 요제프 1세(1848-1916)의 시대에 비로소 수집품들의 목록화가 필요하게 되고, 전체 재산에 대한 조사가 이루어졌다. 1850년대 중반 도시 계획에서 박물관 문제가 제기되고, 박물관의 건축과 관련하여 내각회의의 결정이 내려졌다. 이와 더불어 오스트리아 속국은 자국의 수도 즉 부다페스트(1801년), 그라츠(1811년), 인스부르크(1827년), 린츠(1833년)에 국가박물관을 설립했다. 기본계획에 의해 박물관은 체계화되고 1891년 일반에 공개되었다. 미술사박물관은 1918년 국가의 보호 아래 들어갔다. 전승국의 압력에도 불구하고 예술품의 반출 금지령이 공포되었고, 그로 인해 합스부르크가의 소장품은 그대로 유지될 수 있었다.

그러나 이탈리아와 벨기에 등이 예술자산의 반환을 요구했고, 1919년 66점의 작품이 회화전시관에서 이탈리아로 옮겨졌는데, 그중에는 틴토레토, 베로네세, 벨리니의 작품들이 들어 있었다. 여러 손실에도 불구하고 예술품 전시관은 성공적으로 지켜졌다. 1921년에 박물관의 담당 부서가 결정되고 공식적으로 비엔나 미술사박물관(도판 25)으로 명명되었다. 또한 합스부르크가의 수집품이 양도됨에 따라 미술사박물관의 소장품은 확대되었으며, 이로써 세계적인 보물전시관이 박물관에 자리 잡게 되었다. 2차 세계 대전 중 박물관 건물이 폭격으로 크게 손상되었으나, 중요한 미술품들이 광산이나 다른 장소로 옮겨진 덕분에 손실이 경미한 수준에 그쳤다. 오늘날 미술사박물관은 유럽의 종합예술을 보유한 곳임이 분명해지고 있다.[29]

가나자와 21세기 미술관, 일본

가나자와 21세기 미술관은 수집 대상을 1980년대 이후 새로운 가치를 지향하는 작품, 1900년 이후 새로운 가치 구현에 이바지한 역사적 참고 작품, 그리고 가나자와와 관련된 작가의 진취적이고 창의적인 작품 등으로 한정하였다. 또 작품 수집은 현물주의와 현장주의를 고수했다. 강렬한 작품은 힘을 가지고 있기 마련이고, 그것이 미술관의 필요와 큐레이터의 판단과 일치할 때만 수집하기로 하였다. 미노 관장의 수집 대상 미술품은 미술관의 콘셉트인, '대화할 수 있는, 체험할 수 있는, 함께 놀 수 있는' 작품이었다. 최종 심의할 때 작품을 옮겨와 실물을 보며 심사하였다. 감동을 주는 작품의 수집이라는 대전제를 충족시키기 위해서는 작품의 아우라를 직접 확인할 필요가 있기 때문이었다. 건립 과정, 수집과 전시 등의 전 과정에서 미술관의 의도가 분명하다는 점에서 이 미술관은 작가에게는 매우 매력이 있는 공간이 되며, 그 공간에서 관람객에 대한 감성의 자극이 효과적으로 이루어진다.

전시를 기획할 때 가나자와 21세기 미술관은 "관람객이 그 전시를 다시 보고 싶어 할 만큼 매력 있게 한다"라는 기준을 설정했다. 난해한 현대 미술은 대중에게서 점점 멀어지게 되는데, 이 미술관은 이러한 관행을 고치는 것을 중요한 과제로 삼았다. '설명할 수 있는 작품'을 수집하고 전시한다는 것이다. 설명은 대화를 유도하여 미술관 내에서 관람객 간의 대화, 관람객과 미술관 스태프 사이에 대화가 성립되고 권장된다. 이는 음악당이나 극장에서와는 달리 미술관에서는 대화를 나눌 수 있다는 점이 감성을 자극하여 감상의 주체성, 능동성을 강화할 수 있다는 생각에서 출발한다. 가나자와 21세기 미술관의 경우, 치밀한 준비로 매력 있는 작품들을 영구 설치함으로써 상설 전시의 문제를 해결하였다. 다시 가도 새로운 느낌으로 볼만한 작품들을 설치한 미술관의 기획력이 돋보이는 지점이다. 미술관은 이 밖에도 다양한 소재로 표현한 회화, 조각, 공예, 사진, 8mm 필름이나 DVD 영상 등 현대 예술가의 다양한 메시지를 담은 작품을 많이 소장하고 있다. 좋은 전시물뿐 아니라 연극, 퍼포먼스, 미니콘서트 같은 이벤트가 있고, 좋은 레스토랑, 뮤지엄 샵 등 유흥의 요소가 더해져야 미술관의 반복 내방이 원활하게 이루어진다. "그곳에 가면 언제나 무엇인가 재미있는 체험이 가능하다"라는 인식이 들게 하고, 그 인식을 정착시키기 위해 개관시간도 획기적으로 연장하게 된다.

미노 관장은 취임하기 1년 전에 이미 관장직에 내정되어 미술관에 관한 화제를 만들어내는 데 주력하였다. 다양한 사전 행사를 열었고, 개관일까지 남은 일수를 표시하는 전광판을 설치했고, 현대 미술에 대한 강연회나 워크샵을 열거나 퍼포먼스를 보여주었다. 미술관은 적극적인 PR 활동을 통하여 화제가 되는 미술관, 자랑하고 싶은 미술관을 만들고자 하였다. 이런 작업은 미술관의 프로그램을 열정의 대상이 되게 하여 마니아를 만들어가는 것을 의미한다. 가나자와 21세기 미술관은 미술관 1층과 지하에 '공간(도판 26)'을 조성하여 적극적으로 활용한다. 이는 수동적으로 머무는 고객의 능동적인 참여의식을 촉발하는 수단이 되었다. 시민갤러리의 내방객은 자연스럽게 미술관의 내방객이 되는 것이다. 교육프로그램은 강의나 문화 교실 운영에 그치는 것이 아니라 시민들이 전시와 발표를 기획 연출하게 하고, 그에 대해 토론하게 하는 데까지 나아갔다. 가나자와시의 명소인 시민 예술촌 프로그램과 연대하여 시민들의 능동적인 참여를 유도하였고, 미술관 내의 프로젝트 룸, 워크샵, 디자인 갤러리 등을 활용한 다양한 참여 프로그램의 운영과 지역 디자이너를 포함한 애호가들의 활동과 네트워킹의 지원은 미술관의 고객층을 확장시키게 된다. 미노 관장이 초창기에 모든 시민이 미술관에 올 수 있게 사람을 부를 방책을 생각하면서 먼저 착안한 것은 '어린이'들이었다. 미술관의 키워드를 '어린이'로 설정한 것이다.

미노 관장은 가나자와 21세기 미술관을 어린이에게 감동을 주고 미술을 통해서 어린이들에게 창조력을 높여 주며, 마음을 풍요롭게 만들어 주는 미술관으로 만든다는 목표를 설정하였다. 어린이의 눈높이에 맞추어 미술관을 만들되, 어린이만을 위한 별도의 프로그램을 생각한 것이 아니라 성인도 즐길 수 있는 프로그램을 어린이도 누릴 수 있게 하였다. 어른으로 대접받고 싶은 어린이의 마음을 자극하는 것이다. 이렇게 설정한 콘셉트를 토대로, 어린이들이 대화할 수 있고 함께 즐길 수 있는 작품을 많이 수집 및 전시하기로 했다. 아름다움을 느끼는 감성에는 지식이나 교양이나 신분은 관계가 없고 어린이들은 아름다움을 누구보다 솔직하게 이해할 수 있어, 정말로 좋은 것, 재미있는 것을 본 어린이들은 바로 마음에 들어 하며 흡수하게 된다. 결국 미술관은 어린이들에게 있어 공원이나 유원지처럼 자연스럽게 발을 옮겨 즐기는 장소가 되는 것이다. 전시에 관심을 보이고 호기심을 드러내고 돌아다니는 아이들의 모습을 보는 사람들이 편한 마음을 갖게 되기도 한다.

[도판 26] 가나자와 21세기 미술관 안의 시민들 ⓒShutterstock

　　가나자와 21세기 미술관은 어린이를 통하여 그러한 파급 효과를 추구한 것이다. 미술관의 대중 친화적인 방침이 성공하여, 가나자와에서는 문을 닫았던 상점들이 잇달아 문을 다시 열게 되었다. 이는 미술관 건립의 경제적 파급 효과를 실증함과 동시에, 미술관이 일부 사람들만 좋아하는 것이 아니라는 사실을 입증하는 좋은 사례가 되었다. 열린 미술관이란, 접근하기 쉽고 방문객에게 더 매력적인 서비스를 제공하고, 사람과 정보의 교류를 촉진하고 의미 있는 조우와 협동과 생산을 가능케 하는 장(場)이다. 물리적으로 접근이 쉽고 열린, 기분을 좋게 해주는 공간이 가나자와의 준비팀과 설계자들이 추구한 공간이었다. 유리 외벽, 교차하는 회랑, 일광 정원을 활용하여 창조된 가나자와 21세기 미술관의 투명한 공간 속에서, 건물 내부의 사람들의 움직임은 디자인의 일부가 되고, 사람들은 각자의 독립성을 유지하면서 공간을 공유하는 데 대한 확실

한 의식을 갖게 된다.[30]

  가나자와 21세기 미술관은 2004년에 개관하였으며 세계적인 박물관 문화를 창출한 모범사례로 꼽히는 곳이다. '동시대와 함께 호흡하는 시민 참여형 미술관'이라는 설립 취지를 소장품 미션과 연결하여 전문성과 대중성을 공존시키고 있으며, 개관 이후 연간 평균 150만 명의 관람객을 꾸준히 확보하고 있다. 또한 쇠퇴하던 작은 소도시인 인구 46만의 가나자와 지역에 연 100만 명 이상의 관광객을 유입시켜 관광 산업 진흥에도 크게 기여하고 있다. 21세기 미술관은 설립 취지를 밝히면서 '4세대 뮤지엄'을 지향한다고 언급한 바 있다. 21세기 미술관은 매력적인 상설전이야말로 미술관과 관람객을 가깝게 하는 가장 중요한 요소라는 의도를 가지고 계획을 추진하였다. 이는 미술관 앞을 지나는 시민들을 자연스럽게 미술관으로 끌어들이고, 그들의 흥미를 자극하여 유료존(有料 zone)으로 유입시키는 훌륭한 전략으로 손꼽히고 있다. 이는 소장품과 전시 공간의 경계를 허문 4세대 뮤지엄으로서 역할을 효과적으로 수행한 사례라고 할 수 있겠다.

  마지막으로 소장품 전시 기반의 어린이 교육 프로그램을 통한 유연한 사고의 배양이 주효했다. 21세기 미술관은 아이들과 함께 성장한다는 명확한 방향성을 바탕으로, 정례 교육 프로그램인 〈뮤지엄 크루즈〉를 2006년부터 시행하고 있다. 아이들은 작품 감상을 통해 자신만의 이야기를 만들어내고, 이를 친구들과 공유함으로써 창의력 증진, 자유로운 사고의 표출, 타인의 생각을 이해하는 능력을 함양하게 된다. 이처럼 소장품 활용을 바탕으로 '전문적 차원의 대중화'를 실현한 21세기 미술관의 사례는 뮤지엄의 소통이 수집 행위에서 시작됨을 시사한다. 뮤지엄이 어떠한 사회적 역할을 할 수 있는지, 시대의 흐름과 대중의 요구에 부응할 수 있는지 충분한 검토 후에 설립이 되어야 하고, 설립된 후에는 기관의 정체성을 유지하면서도 변화하는 환경에서 경쟁력을 강화하는 방안을 끊임없이 연구해야 한다. 이러한 맥락에서 21세기 미술관의 사례는 뮤지엄 본연의 기능을 간과한 채, 상업화의 흐름에 편승하거나 막대한 자금을 들여 설립하고도 질적 연구를 소홀히 하는 국내 뮤지엄 계에 선진적인 본보기가 되어줄 것이다.[31]

정창원, 교토

정창원(正倉院, 쇼소인, 도판 27)은 동대사(東大寺, 도다이지)의 대불전 뒤에 자리 잡고 있다. 정창이라는 말은 일본 나라 시대의 사원이나 관청의 중요한 창고를 가리키는데, 정창원은 바로 동대사의 귀중한 문화재 창고이다. 지면 2.75m 높이의 나무 기둥으로 받쳐진 마루에 횡으로 이어진 통나무집 모양을 한 건물

[도판 27] 정창원의 외관 ⓒImperial Household Agency

은 세 부분으로 이루어져 있다. 정창원은 8세기 이래 세계 각지의 예술품을 보관해온 보물 창고로, 11세기 이상 고스란히 보존됐다. 정창원은 마루가 지상 위로 올라와 있고, 벽면이 통나무로 되어 있어서 내부 온습도가 적정한 수준으로 유지되고 있다. 덕분에 수많은 유물을 완벽한 상태로 보존해올 수 있었다. 정창원에 소장된 1만여 점의 유물 중, 600여 점은 쇼무 천황 개인의 소지품이다. 그중에는 서책, 의복류, 칼과 각종 무기류, 불교 의례용 염주, 악기, 거울, 병풍, 놀이기구 등이 있다. 또 대불 개안식 때 사용된 의식 용품을 비롯하여 고지도와 행정문서, 의약품, 그리고 옻칠한 목제 가면 등도 소장되어 있다. 주목할 소장품으로 중국, 중앙아시아, 인도, 페르시아, 그리스, 로마 등 당시 일본에 알려져 있던 아시아와 유럽 각지에서 전래한 수입품들이 있다.[32]

원래 정창원(쇼소인)은 나라 시대의 문화재와 생활 도구 등 각종 물품을 보관했던 창고(도판 28)이다. 756년 쇼무 천황

[도판 28] 정창원의 내부 시설
©Imperial Household Agency

[도판 29] 정창원의 신라 먹
©Imperial Household Agency

이 죽자 왕비가 그의 명복을 빌기 위해, 칼·거울·무기·목칠공예품·악기 등 애장품을 헌납한 것에서 시작되었다. 물품 중에는 신라, 백제 등 고대의 한국 보물도 많다. 백제의 악기로 유명한 백제금인 공후를 비롯하여 가야금, 고구려 피리인 횡적 등 삼국 시대 악기들이 보존되고 있다. 정창원의 각종 물품은 『도다이지 헌물장』에 기록되어 있다. 정창원의 수장품은 『도다이지 헌물장』에 기재된 약 70점과 950년에 도다이지의 견색원에서 이전해온 보물들로 구성되어 있다.[33] 정창원에는 '실크로드의 종착역'이라고 일컬어질 만큼 서방 문화를 상징하는 물품이 많다. 페르시아제 유리 물병, 인도산의 허리에 차는 북, 중국에서 서역 인도로 퍼져나간 수호왕, 곤륜, 파라문의 모습을 한 가면 등등 실크로드 전역에 이르는 각지의 문물이 모여 있다.

정창원에 모인 세계의 보물은 견당사가 가져온 당의 희사품이었고, 원래는 당의 수도인 장안에 모인 것들이다. 정창원의 보물은 장안에서 가져온 서역의 보물만 있던 것이 아니다. 보물 중에는 길이 61㎝ 정도이며 배 모양을 한 먹(도판 29)이 있는데 '신라 양가상서(新羅揚家上書)', '신라 무가상서(新羅武家上書)'라고 쓰여 있다. 양가와 무가는 먹을 만든 사람의 집을 가리킬 것이다. 화엄경론 경질(經帙, 경을 싸는 책보) 속의 배접 문서에는 신라 문자인 이두가 쓰여 있었다. 신라 관청에서 쓰인 후 사원에 불하하여 경전으로 재이용된 것으로 생각된다. 교역 물품으로 향료, 안료, 염료 등이 신라에 수입되었고 일본으로 건너간 것이 많다. 공개가 제한되어 있지만 오랜 역사를 가진 보물박물관이라 할 수 있다.[34]

(2) 국내박물관의 수집

리움미술관, 서울

국내 최고의 미술관으로 꼽히는 리움미술관(도판 30). 유족이 고(故) 이건희 삼성그룹 회장의 수집품 2만 3,000여 점을 국가에 기증한 후, 더욱 주목받은 '이건희 컬렉션'의 모태가 된 곳이다. 리움미술관은 2004년 10월 개관했다. 리움의 개관은 서울 도심에 국제적 수준의 박물관을 마련했다는 의미가 있다.

리움미술관은 크게 세 부분으로 구성되어 있다. 고미술 전시관(뮤지엄 1)은 꼭지를 잘라낸 원통형 건물로 아래로 내려가면서 관람하게 되어 있다. 위로부터 청자, 분청사기, 백자의 순으로 도자기를 2개 층에, 그 아래로 금속공예품과 고서화를 각각 1개 층에 전시해 크게 4개의 층으로 구성되어 있다. 현대 미술 전시관(뮤지엄 2)은 현대 미술품을 소화하기 위해 직선적인 구성이다. 국내 작가의 근현대 미술과 외국 작가의 현대 미술 그리고 일부 조각품과 설치미술품을 위한 공간을 배치하였다. 두 공간은 중간에 있는 원형으로 된 홀인 로툰다(Rotunda)에 연결되며, 렘 쿨하스(Rem Koolhaas)가 설계한 복합문화공간으로 연결된다.

리움미술관 소장품의 주축은 도자기이다. 선사 시대 토기로부터 조선 시대의 각종 백자에 이르기까지 전 시기의 것들을 망라하고 있지만, 특히 삼국 시대 이형(異形) 토기류·고려청자·분청사기·조선백자의 명품들이 많다. 토기로는 보물 〈신발모양토기〉와 보물 〈배모양토기〉가 유명하다. 또한 각종의 청자가 소장되어 있는데 국보 〈청자진사연화문표형주자〉가 최고의 명품이며, 국보 〈청자양각죽절문병〉 등 특급품들이 많다. 리움에서는 백자 또한 많

[도판 30] 리움미술관 금속공예실의 전시 ⓒ리움미술관

은 양을 소장했는데, 국보 〈청화백자매죽문호〉 국보 〈진양군영인정씨묘 출
토 유물〉은 귀한 자료로 평가받는다. 도자기뿐 아니라 회화 작품도 명품이 많
다. 고려 불화는 1970년대 말 일본의 개인 소장가로부터 2점을 사들였는데, 그
불화가 국보 〈아미타삼존도〉와 보물 〈지장도〉이다. 국보 〈신라 백지묵서
대방광불화엄경〉은 우리나라 최초의 회화 작품이다. 안견파의 특징을 보이는
산수화나, 김시(金禔)의 작품인 보물 〈동자견려도〉, 이암(李巖)의 작품인 보물
〈화조구자도〉 등의 회화도 유명하다. 정선의 작품 국보 〈인왕제색도〉, 국
보 〈금강전도〉나 김홍도의 작품 국보 〈군선도〉 등은 한국 회화사의 백미이
다. 또한 국보 〈대구 비산동 출토 동기류〉, 국보 〈가야금관〉, 국보 〈금동대

탑〉, 국보 〈용두보당〉 등은 하나하나가 주옥같은 명품들이다. 거기다 국내에 단 하나뿐인 고구려 금동반가상을 비롯해 6~7세기 고구려·백제·신라의 희귀한 삼국 시대 불상들과 통일 신라의 금동불상들이 관람객의 시선을 모으고 있다. 국보 6점, 보물 4점 등 총 160점의 유물들이 최근에 새로 전시되었는데, 14~15세기 고려 말에서 조선 초 시기에 제작된 '나전 국화당초문 팔각합'은 첫 공개작이다.[35]

　　리움은 이중섭, 박수근, 장욱진, 유영국 등의 대표작들을 구매하면서 본격적인 현대 미술품 수집의 길로 들어섰다. 외국 현대 미술품을 사들인 시기는 약 20년 전으로 올라간다. 소장품을 작가별로 보면, 이인성의 작품은 일본의 화풍을 따르고 있고, 오지호는 한국적 풍토를 의식한 작품을 내보였다. 김은호는 세필 채색화 분야에서 독보적 존재가 되었고 김기창과 장우성 등 많은 제자를 길러냈다. 이상범, 변관식 등은 한국적 산수화를 정립하려는 노력으로 실경을 토대로 그린 사경산수를 추구했다. 김기창, 박래현, 이응노 등은 한국화에 서구의 모더니즘을 이식하려 노력하였다. 서세옥은 전통의 현대화를 꾀하였다. 한국에 추상 미술을 소개한 선구자는 김환기, 유영국이었다. 이들은 순수 기하학적인 조형 요소를 자유롭게 콜라주한 평면 구성으로 모더니즘 운동에 앞장서게 되었다. 감정의 분출을 대담한 생략법과 다이내믹한 필치로 잡아낸 이중섭, 회갈색 톤의 화강석과 같은 독특한 질감을 표현한 박수근은 장욱진과 함께 1950년대 한국 서양화단을 주도했던 작가들이다. 향토적 색채가 짙은 구상작가 박상옥과 임직순, 반(半)추상으로 김흥수, 권옥연, 정창섭 등이 국전을 통해 등단하였다. 또한 남관, 권옥연 등이 앵포르멜 사조의 유입에 크게 이바지했다. 1960년대 말에 이르면, 우리 현대 미술도 서구의 추종에서 벗어나 한국적인 방법과 형식을 정립하려는 방향으로 나아갔다. 박서보의 〈묘법〉 연작이나 1970

년대 윤형근, 하종현, 정창섭 등의 모노크롬 화면들은 '한국적 미니멀리즘'을 탄생시켰다. 또한 재일작가인 이우환이 '모노하'의 이론을 정립하고 곽인식과 함께 활동해 국내에서도 큰 반향을 일으켰다. 1970년대 후반에는 하인두, 최욱경 등이 추상 양식을 구현해 한국 화단에 다양성을 부여했다. 1980년대 들어서면서 임옥상, 신학철 등의 작품은 민중미술의 양상을 대표적으로 보여준다. 1990년대에 백남준을 비롯해 강익중, 김수자, 이불, 서도호 등과 같은 한국 작가들이 국제전에 참여하고, 각종 수상 경력을 쌓아 한국 현대 미술은 괄목할 성장을 이루었다.

　　800여 점의 외국 미술품은 3,000여 점에 이르는 한국 근현대 미술품에 비해 양적으로는 비교가 되지 않지만, 작품의 수준은 결코 그에 뒤지지 않는다. 로댕의 작품은 미술관 소장품의 주춧돌과도 같다. 유기 추상을 조각으로 구현한 아르프는 한국 조각의 흐름에 결정적인 영향을 끼쳤고, 생명체에 대한 아르프의 집념은 이후 무어(Henry Spencer Moore, 1898~1986)가 계승한다. 콜더(Alexander Calder, 1898~1976)는 조각에 새로운 국면인 움직임을 개입시켜 '모빌'을 창안해냈다. 가보는 큐비즘과 '공간의 드로잉'이라 불리는 데이비드 스미스의 조각을 연결해준다. 표현주의적 질감과 길게 왜곡된 인체 조각으로 일관한 자코메티는 소장품의 하이라이트이다. 앵포르멜은 뒤뷔페, 폴리아코프, 폰타나의 작품으로 소개된다. 소장품의 다른 하이라이트는 빛과 같은 신비적인 색채로 유명한 마크 로스코이다. 라인하르트의 캔버스도 큰 비중을 차지한다. 미니멀리즘은 소장품의 핵심이다. 저드, 스텔라, 라이먼, 켈리, 안드레, 플래빈의 작업에서 미니멀리즘의 기성품 오브제를 볼 수 있다. 미국의 팝아트를 대표하는 워홀, 올덴버그, 시걸의 작품 중 일부는 미술관 전시를 통해 수집된 작품이다. 보이스의 '사회조각'과 '액션'의 개념은 그의 대표작인 피아노, 펠트, 칠판 작업에서 잘 나타나 있다. 리히터 또한 소장품 중 으뜸이라 할 만하다. 폴케, 키퍼, 바젤리츠, 싸이 톰블리는 소장품의 백미이다.**36**

간송미술관, 서울

간송미술관(도판 31)은 간송 전형필이 설립한 우리나라 최초의 사립 미술관이다. 서울 성북구 성북로에 있으며, 한국 최초의 근대 건축가 박길룡이 설계했고 1938년에 완공되었다.

간송 전형필은 1906년에 부자 전영기의 장남으로 태어났다. 전영기는 현 종로 4가인 배오개의 상권과 왕십리 등 서울 일대와 황해도 경기도 일대, 충남 공주 등에 농지를 소유한 십만 석 부자였다. 간송은 휘문고보를 다녔는데, 이때 스승 서양화가 고희동을 만났다. 고희동은『근역서화징』의 저자 위창 오세창에게 간송을 소개했다. 당대 최고의 감식안이었던 위창은 간송에게 우리 문화의 소중함을 일깨워줬다. 전형필의 문화재 수집 이야기는 오늘날에도 전설처럼 회자된다. 국보로 지정된〈청자상감운학문매병〉을 일본인 마에다 사이

[도판 31] 간송미술관의 내부 전시 ⓒ간송미술문화재단

이치로에게서 2만원, 당시 기와집 20채의 가격에 구입한 일화, 일제의 민족 말살 정책이 극에 달했던 1940년 〈훈민정음〉을 발견하고 수집한 일화 등이 전해진다.

　　1934년은 간송에게 특별한 해였다. 문화재 수집을 본격화하면서 문화재를 수장 및 연구할 시설을 갖출 적당한 장소를 물색하던 차, 바로 이 해에 그에 합당한 터전을 마련했기 때문이다. 지금의 성북동 요지 만여 평을 구입하게 된 것이다. 간송은 1934년부터 프랑스 석유상 플레장이 거주하던 북단장 별장과 부지를 구입하여 미술관 건립을 시작했다. 플레장은 19세기 말 석유를 팔아 번 돈으로 프랑스식 건물을 짓고 살던 터였다. 이에 간송을 돕던 오세창이 선잠단 옛터 부근임을 상기하고 북단장이란 이름을 지어주었다. 문화재를 수집, 보호하는 목적 외에 우리 문화재를 체계적으로 연구하고 정리하기 위해서였다. 간송은 건축가 박길룡에게 서구식 미술관 건립을 의뢰했다. 1938년에 준공된 미술관은 당시로는 첨단 서구적 건축물이었다. 건립 후 전시 체제가 위중해지고, 일제의 감시와 탄압이 심해지면서 미술관다운 전시를 하지는 못했다. 간송미술관은 1971년에야 〈겸재 정선〉 전시를 열면서 일반에게 공개되었다. 1972년에는 〈추사 김정희〉 전시, 1973년 〈단원 김홍도〉 전시를 개최했다. 또한 고려 문화의 진면목을 보여준 〈고려청자전〉을 열기도 했다. 80년대에 들어 〈진경산수화전〉, 〈조선 남종화전〉, 〈풍속화전〉, 〈근대산수화전〉 등을 연이어 개최했다. 90년대 이후에는 장르 중심의 전시회 외에도 일반 대중의 관심을 도모하는 전시회를 계속 열었다. 2000년대 들어서면서 간송미술관의 전시는 더욱 다채로워졌다.

　　간송미술관은 그림, 글씨, 도자, 전적, 석조물 등 문화재 전 분야에 걸쳐 방대한 유물들을 소장하고 있다. 국보인 〈훈민정음해례본〉을 포함하여 다양한 전적들이 소장되어 있는데, 통일된 표준음을 정리하기 위해 편찬한 〈동국정운〉(국보), 태종 3년에 주조한 동활자 계미자를 사용해 간행한 〈동래선생교정북사상절〉(국보), 거문고 악보인 〈금보〉(보물) 등이 대표적인 전적류 유물이다. 또한 〈청자상감운학문매병〉(국보)과 〈백자청화철채동채초충난국문병〉(국보)도 우리나라 청자와 백자를 대표하는 국보이다. 존 개즈비(Sir. John Gadsby)라는 영국 변호사가 동경에서 오랫동안 최고급 고려청자만을 수집하고 있었는데, 일본을 떠나면서 이를 모두 간송에게 넘겨주었다.

간송이 1937년 개즈비 수장품을 인수하게 되자, 이제 간송의 고려자기 수장은 세계 최고를 자랑할 정도가 되었다. 국보 〈청자기린유개향로〉, 국보 〈청자상감연지원앙문정병〉, 국보 〈청자오리형연적〉, 국보 〈청자모자원숭이형연적〉 등 각종 접시와 대접, 사발, 유병, 향합 등 모든 기종을 망라하였다. 그림으로는 겸재 정선의 〈해악전신첩(海嶽傳神帖)〉이 대표급이다. 친일파 송병준의 집에서 찾아낸 이 화첩은 겸재의 진경산수화법이 완숙의 경지에 이른 대표작이다. 또 하나의 명작으로 현재 심사정의 절필작인 818cm의 대작 〈촉잔도권〉이 있다. 단원 김홍도의 작품도 도석화 걸작들인 〈과로도기〉, 〈노자출관〉 등 상당수 있다. 혜원 신윤복의 작품은 국보로 지정된 〈혜원전신첩〉을 비롯하여 국내에 전하는 작품이 40여 점 남짓한데, 그 대부분이 간송미술관에 소장되어 있다. 화원 장승업의 그림도 다수 소장되어 있다.

간송미술관이 소장한 회화 작품들을 일일이 거론하며 설명하는 것은 불가능하다. 우리나라 회화사에서 절대적으로 필요한 작가와 작품들이 망라되어 있다. 간송미술관이 소장한 서예 작품 역시 조선 전기부터 근현대에 이르는 시대를 모두 아우르고 있다. 안평대군의 〈재송엄상좌귀남서〉에서는 유려한 필체를 확인할 수 있다. 대가 석봉 한호가 쓴 〈등여산망폭포수〉는 그의 기상을 보여주는 명작이다. 간송미술관에는 추사 김정희가 손수 쓴 글씨가 많다. 회화 분야에서 겸재의 작품이 많이 소장된 것과 같이 서에 분야에서 추사의 글씨가 압도적으로 많다. 이는 간송이 조선의 문화 역량을 입증할 수 있는 열쇠로 겸재와 추사를 주목하였기 때문일 것이다. 김정희의 대표작 〈명선〉은 초의선사에게 보낸 글씨로, 추사 글씨 중 대작이다. 크기뿐만 아니라 추사체의 주요한 특징들이 잘 표현된 대표작이다.

간송미술관의 유물들로 전적, 도자, 서화 이외에도 석조물들을 빼놓을 수 없다. 석조물들은 워낙 규모가 커서 수집하고 보존하는 데 어려움이 많았지만, 일본으로 유출되는 것들을 외면할 수 없었다. 〈괴산팔각당형부도〉(보물), 〈문경오층석탑〉(보물) 등이 대표적인 예이다.[37]

호림박물관, 서울

윤장섭 회장은 1981년에 성보문화재단을 설립하면서 수집한 유물과 함께 부동산, 유가증권 등을 기부했다. 1982년 윤장섭 회장은 서울 강남구 대치동 상가 건물에 호림박물관의 문을 열었다. 호림박물관 컬렉션은 1970~80년대 윤 회장의 수집품 800여 점에서 출발해 지금은 1만5,000여 점(토기 4,300여 점, 도자기 5,500여 점, 전적 2,100여 점, 금속공예 900여 점, 목가구 600여 점, 기타 유물 500여 점)으로 늘어났다. 윤 회장은 꾸준히 유물을 수집했고 해외 경매에 나오는 문화재를 구입하였으며 개인 수집을 늘려왔다. 장기간에 걸친 〈구입 문화재 특별전〉이 그러한 사실을 입증한다. 1999년에는 호림박물관 신림 본관을 열었다. 부지 59,504㎡ 지하 1층, 지상 2층에 총면적 4,627㎡(1,400평) 규모이다. 2022년 현

[도판 32] 호림박물관 신림 본관 ⓒ호림박물관

재 호림박물관은 신림동(도판 32)과 신사동(도판 33) 두 곳에 전시관을 둔 사립박물관으로 성장했다. 호림박물관 신사 분관은 서울 강남을 가로지르는 도산대로 한가운데에 있다. 호림박물관의 모체는 관악구 신림동에 있다. 주택가에 있는 신림 본관은 반듯한 전시로 호평받고 있다.

우리나라 박물관에는 대체로 회화 소장품이 빈약하다. 토기와 도자기가 소장품들의 주를 이루고 있다. 이는 토기와 도자기의 경우 지하로부터 계속 출토되는 데에 비하여, 회화는 손상되기 쉬워 유존 작품이 드문 데에 그 원인이 있다. 호림박물관은 그릇받침부터 뿔잔, 원반, 토우까지 또 미학적으로 완벽한 토기로부터 깨진 토기 편까지 골고루 수집한다. 2012년에 열린 〈호림박물관 개관 30주년 특별전 ; 토기〉에서 〈배모양토기〉, 〈토기조형장식호〉, 〈토기합〉 등 300점에 달하는 토기가 전시되었다. 시대별·지역별·유형별로 빠짐없이 소

[도판 33] 호림박물관 신사 분관 ⓒ호림박물관

장한 호림박물관의 토기 컬렉션, 즉 파격을 가능하게 한 탄탄한 토대가 전문가 사이에서 입소문에 올랐다. 학계의 명성과 대중적 인기 사이의 괴리를 해소하려는 시도로, 2009년에 호림미술관은 신림 본관과 별도로 강남 도산대로에 신사 분관을 개관하였다. 신사 분관은 틈새시장을 공략하는 데에 효과가 있었다.

신사 분관의 대표적인 전시는 〈흑자黑磁, 검은빛을 머금은 우리 옛 그릇〉 특별전이다. 흑자란 산화철이 다량 함유된 유약을 발라 구워서 표면이 검은색을 띠게 된 자기를 일컫는다. 2010년에 열린 〈영원을 꿈꾼 불멸의 빛, 금과 은〉 전시에서, 한 뼘도 채 되지 않는 〈금동탄생불〉은 불상이지만 누구에게나 감동을 준다. 〈백자청화매죽문호〉는 여백의 미를 살리면서 매죽무늬를 그려 넣은 작품으로 뚜껑까지 남아 있는데, 조선 초기 청화백자 가운데 걸작으로 꼽힌다. 입술이 도톰하게 밖으로 말리고 어깨가 벌어졌다가 아래로 올수록 좁아지는 전형적인 조선 초기 항아리다. 뚜껑에는 보주형 꼭지를 붙이고, 국화무늬 띠를 둘렀으며 바깥 부분과 옆면에는 점을 찍었다. 몸통 한가운데에 그려진 오래된 매화 등걸과 대나무는 기품이 넘친다. 어깨 부분과 아래쪽에도 국화꽃 무늬 띠를 둘렀다. 매화와 대나무를 그리면서 여러 차례 붓질하여 농담을 표현한 점이 주목된다. 맑은 백자 유약이 고르게 입혀졌고 광택이 있다. 굽다리에는 모래를 받쳐 구운 흔적이 있다.**38**

호림박물관이 수집해온 방대한 양의 토기와 도자기, 그리고 불교 미술품에 비하면 회화는 상대적으로 적지만, 회화사적 측면에서 주목되는 작품들이 상당수 있다. 호림박물관 소장의 회화를 총관해볼 때, 호림박물관이 소장하고 있는 회화 중에서 제일 중요한 작품은 고려 후기의 〈지장시왕도〉이다. 이 작품은 전형적인 2단 구도를 보여준다. 상단에는 반가의 자세로 보주를 들고 있는 지장보살이 크게 그려져 있고, 하단에는 명부판관 시왕 범천과 제석 등의 존재가 대칭으로 표현되어 있다. 고려 후기의 불교 회화인 〈지장시왕도(地藏十王圖)〉 한 점을 제외하면 모두 조선 시대의 작품들이다. 이것들은 대개 산수화, 산수인물화, 영모 및 화조화, 사군자화 등으로 구분된다.

산수화 중에서 눈에 띄는 것은 세 폭의 계회도이다. 이 작품들은 16세기 조선 회화의 변화를 이해하는 데 큰 도움이 된다. 이 계회도 중 사헌부 감찰들의 계회를 그린 〈총마계회도(驄馬契會圖)〉가 주목된다. 상단에 그림의 제목이 쓰여 있고, 중단에는 산을 배경으로 관아의 건물과 나귀를 타고 도착하는 계원 한 명과 그를 맞이하는 인물들의 모습이 묘사되어 있다. 만력 19년이라는 연기가 있어서 1591년에 제작되었음을 말해준다. 〈총마계회도〉 못지않게 관심을 끄는 그림은 두 폭의 〈선전관계회도(宣傳官契會圖)〉이다. 이 그림들의 제작연대는 1590년대일 것이다. 안견파 화풍으로 보이는 작품은 세 폭의 〈이금산수도〉이다. 본래 여덟 폭이었을 것이나 현재 세 폭만이 소장되어 있다. 조선 중기 작품으로는 〈산장수활도(山長水濶圖)〉와 〈주계단안도(舟繫斷岸圖)〉가 있다. 이경윤, 김명국의 작품들은 조선 중기 절파계 화풍의 변모 양상을 보여준다는 점에서 의의가 크다. 새로운 경향을 보여주는 작품으로 정선의 〈사계산수도〉와 심사정의 〈산수도〉 두 폭이 있다. 이경윤의 작품으로 전해지며 그의 화풍을 이해하는 기준작이 되는 〈산수인물화첩〉의 그림도 소장되어 있다. 호림박물관이 소장한 회화는 분야나 주제가 다양하며 대부분 우리나라 회화사 연구에 중요한 자료가 된다.[39]

참소리축음기·에디슨과학박물관, 강릉

우리나라의 박물관 중에 개인이 만든 박물관이 더 알찬 사례로 참소리축음기·에디슨과학박물관(도판 34)을 들 수 있다. 축음기박물관의 소장품은 세계의 어디에 내놓아도 손색이 없다. 이곳에는 세계적으로 유명하기로 꼽히는 축음기가 많을 뿐 아니라, 그 기기들이 본래의 선율을 되살려 주고 있다.

1992년에 개관한 축음기박물관은 세계 유일의 오디오박물관이다. 일찍부터 축음기와 인연을 맺은 설립자 손성목 관장은 1974년 사우디 왕실로부터 세계적으로 희귀한 축음기인 EMG IMNN을 매입하면서 본격적인 수집을 시작했다. 이후 세계 60여 개국을 돌아다니며 축음기 수집에 열정을 쏟았다. 손성목 관장은 몇 남지 않은 명품 〈아메리칸 포노그래프〉가 있다는 말만 듣고 1984년에 아르헨티나로 갔다. 그해 8월, 세 번째로 아르헨티나로 건너가 치열한 경쟁 끝에 〈아메리칸 포노그래프〉를 경락받을 수 있었다. 어렵게 손에 넣은 만큼 많은 축음기 중에서도 〈아메리칸 포노그래프〉에 가장 애착이 간다고 한다. 그는

[도판 34] 참소리축음기박물관의 내부 전시 ⓒ참소리에디슨축음기박물관

이제 해외 수집가들 사이에서도 축음기에 미친 사람으로 통한다고 한다.

　이 박물관에는 세계 16개국에서 만든 3천여 점의 축음기 가운데 총 천 4백
여 점을 보유하고 있으며, 미국 워싱턴에 있는 에디슨박물관보다도 에디슨이
만든 축음기 진품들을 더 많이 소장하고 있다. 또한 이 박물관에는 축음기뿐만
아니라, 축음기 이전에 사람들이 음악을 들었던 뮤직박스와 초창기 라디오, 텔
레비전까지 전시되어 있어 음향기기의 산 교육장이다. 틴호일에서 시작된 축
음기는 120년 동안 많은 이들의 손을 거쳐 변신에 변신을 거듭하며 첨단 음향
기에 이르렀다. 참소리축음기박물관의 특징은 에디슨의 틴호일에서부터 100
년 전 우리 조상들이 지녔던 축음기, 오늘의 최신 음향기기에 이르기까지 세계
16개국에서 만들어진 축음기가 모두 한자리에 모여 있다는 것이다. 따라서 각

국의 특성에 따라 발전한 축음기의 다양한 모습을 비교할 수 있다. 또한 박물관 안에 전시된 제품들은 모두 작동이 가능한 것으로 직접 소리를 감상할 수 있어, 살아 숨 쉬는 박물관이라 할 수 있다. 본관 제3전시관에는 감상실이 따로 마련되어 있어, 초창기 축음기에서부터 최신 첨단 오디오를 비교하고 감상할 수 있는 좋은 기회를 제공하고 있다.

이 박물관은 본관, 에디슨관, 뮤직박스관으로 구성되어 있다. 본관에는 제1전시실부터 제3전시실까지 있다. 제1전시실은 각 시대의 명품들이 전시되어 있고, 제2·3전시실에는 축음기의 발전과정을 볼 수 있는 초기의 축음기, 외장형 나팔 축음기(원통형, 원반형), 내장형 나팔 축음기(캐비닛형 축음기)가 있다. 특히 이곳에는 최초의 텔레비전(베어드의 30라인 텔레비전), 30~40년대 텔레비전, 라디오가 전시되어 있는데, 이러한 초창기 텔레비전을 통해 오늘날의 방송을 시청해 보는 것도 흥미롭다. 제2전시실에는 초기 원통형 실린더가 오늘날의 원반형 레코드판으로 대체되면서, 편리한 기능과 멋스러움을 추구해가는 축음기의 발달과정을 확인해 볼 수 있다. 제3전시실에는 주로 근대의 축음기들이 전시되어 있다. 그 가운데는 일제 강점기에 우리나라에 들어온 포터블 축음기도 포함되어 있다. 또한 종이·나무·금속 등 재질에 따라 음색을 달리하는 축음기인 혼(horn)의 변천사도 살펴볼 수 있다. 무엇보다 제3전시실에는 음악감상실이 마련되어 있어, 축음기 소리에서부터 현대의 CD, LD까지 기기 발전의 100년 과정을 역사 설명회와 소리 감상회를 통해 즐길 수 있는 좋은 기회를 가질 수 있다.

에디슨관에는 100여 점에 이르는 에디슨의 발명품과 최초의 축음기 틴호일(Tin Foil)을 비롯해 축음기 100여 점이 전시되어 있다. 발명품 가운데에는 영사기와 에디슨이 최초로 발명한 벽 부착용 소켓 전구가 있다. 이 소켓 전구는

1879년 에디슨이 무명실에서 얻은 탄소 필라멘트를 공기 중에서 유리 전구 속에 넣어 전류를 통하게 하는 데 성공한 것이다. **40**

한국 카메라박물관, 과천(도판 35)

'카메라의 모든 것'을 볼 수 있는 곳이 한국에 있다. 서울 지하철 4호선 대공원역에서 내려 몇 발자국 걸음을 옮기면, 카메라 렌즈를 형상화한 건물이 금방 눈에 들어온다. 렌즈 경통의 단면을 본떠 카메라의 조리개와 후드가 조화를 이루고 있는 모양이다.

"카메라박물관은 국내에서는 잘 알려지지 않았지만, 외국에서는 상당히 유명한 축에 들어갑니다. 이곳은 개인이 만든 박물관 중에는 소장품의 질이나 양이 세계 선두에 있다고 자부합니다. 사진을 하다 보니 카메라박물관을 만들게 됐지요. 카메라를 수집하는 것은 렌즈의 특성에서부터 시작됐습니다. 렌즈가 표현하는 것이 모두 다르다 보니 거기에 매료돼, 다양한 종류의 카메라를 사면서 시작됐습니다. 요즘 부쩍 사진에 관심을 가지는 사람들이 많아졌죠. 하지만 '사진'에 관심이 있는 것이지 '카메라'에 대한 관심은 아직 아니지요. 조금 더 시간이 지나야 카메라에 관심을 가질 것 같군요. 태어난 아기가 '잘생겼네', '못생겼네'라고만 하지 정작 아기가 잉태하는 과정, 환경에는 관심이 없지요. 국민의 의식 수준, 경제력 등이 좀 더 향상되면 카메라에 관심이 커질 겁니다. 목돈으로 덜컥 비싼 것만 사는 수준이 아니라, 카메라의 역사와 발전과정도 알려고 할 것입니다."

"처음부터 나 카메라 수집한다, 하고 시작하는 사람이 어디 있겠어요, 그냥 좋은 카메라 써보고 싶은 욕심에 이것저것 사 모으다 보니 수집가가 된 게지

[도판 35] 카메라박물관의 전시 모습 ⓒ한국카메라박물관

요. 1979년 안동 사진동호회에 발을 들여놓으면서 카메라 수집을 시작한 셈이
지요. 그땐 내 나이 서른도 안 되었을 때라 주머니에 돈이 없었지요. 그 후 형편
이 나아져서야 본격적으로 수집을 시작했지요. 해외여행을 가서도 꼭 그 나라
에서 만든 카메라를 구해와야 직성이 풀렸습니다. 사진을 좋아해 카메라를 바
꿔 사용하다가 되팔지 않다 보니 많은 카메라를 갖게 됐지요. 카메라는 고급 예
술품이죠. 수학적 원리, 광학 기술 그리고 미적 디자인까지 집대성되어 있지요.
40년 전부터 취미생활로 카메라를 수집하다가, 한국에 카메라 박물관을 건립해
야겠다는 마음을 먹은 후, 본격적으로 세계 곳곳을 다니며 카메라를 모으기 시
작했습니다. 군용카메라부터 1800년대에나 볼 수 있는 희귀하고 큼지막한 카
메라까지. 1993년에 박물관을 만들어야겠다고 생각했습니다."

"그전에는 나에게 필요한 카메라를 모아 왔지만, 그 이후부터는 적극적으로 박물관에 필요한 카메라를 수집하기 시작했습니다. 퀄리티를 높일 수 있었던 것은 경매였습니다. 영국 크리스티, 오스트리아 라이카 샵에서 하는 경매와 뉴질랜드, 미국, 아르헨티나, 독일 등에서 하는 경매에서 수준 높은 카메라를 구할 수 있었습니다."

사진작가 김종세관장의 후일담이다. 이곳에는 19세기 중반부터 1990년까지 세상에 선보였던 각종 카메라, 관련 기기와 자료 등 약 1만 5,000여 점의 유물이 보관돼 있다. 보관 중인 카메라에는 원조 격인 '카메라 옵스큐라(Camera obscura ; 기원전 출현한 카메라의 원조 격으로 어두운 방의 지붕이나 벽 등에 작은 구멍을 뚫고, 그 반대쪽 하얀 벽이나 막에 외부의 실제 모습을 거꾸로 찍는 장치)'와 '카메라 루시다(Camera lucida ; 프리즘과 거울 또는 현미경을 이용하여 물체의 상을 종이나 화판 위에 비추어 주는 장치)'에서부터 최근의 일안 리플렉스 카메라(한 개의 렌즈가 초점 조절용과 촬영용을 겸하고 있는 카메라)에 이르기까지 카메라의 전 역사를 아우른다. 그 밖에도 유리 원판 필름과 목조 사진기, 인화물과 각종 액세서리 등 카메라와 관련된 각종 기기와 사진들도 보유하고 있다. **41**

제1전시실(1층)에는 소형·스파이 카메라 특별전이 열리며, 제2전시실(2층)에는 카메라가 발명된 1839년부터 2000년까지를 10년 단위로 나누어 각 연대를 대표하는 카메라 500여 점이 전시돼 있다. 교육과 체험 등 다목적인 제3전시실(지하 1층)에서는 옛날 인화 장비 특별전과 사진 만들기 체험 프로그램 등이 관객들을 맞는다. 가장 많은 카메라가 전시되고 있는 2전시실의 각 카메라에는 생산 연도와 제작사, 셔터속도와 노출 등 기기적 특성을 적어 놓아 관람객의 이해를 돕고 있다. 카메라에 관심이 있는 사람이라면 카메라에 대한 정보를 충분히 알 수 있다. 연대별로 나뉜 유리 전시장의 하단에는 당시 벌어졌던 우리나라와 세계의 역사적 사건과 흐름을 간단하게 적어 놓아, 시대적 배경과 카메라를 연결하여 이해를 돕고 있다. 1910년경 영국에서 제작된 맘모스 카메라의 거대한 흑백사진이 걸려 있는 박물관 입구에 들어서면, 카메라와 총을 결합한 듯 독특한 형태의 '콘탁스 II 라이플' 카메라가 관람객을 맞이한다. 1937년 독일 자이스 이콘 사에서 제작된 이 카메라는 방아쇠를 당기면 셔터가 작동되는 구조로, 총 4대만 제작된 희귀품이다. 콘탁스 II 라이플을 살 때는 카메라를 소장하고 있던 독일인에게 절대 되팔지 않고 박물관에 전시하겠다는 각서를 썼다.

이 밖에도 렌즈 캡을 여닫는 것으로 노출을 조정했던 1850년 프랑스에서 제작된 다게레오 타입 카메라, 제1차 세계 대전에 사용된 것으로 추정되는 항공촬영용 카메라가 있다. 또한 카메라 내부 구조를 궁금해하는 관람객들을 위해 일부 소장품은 분해한 채로 전시하고 있다. 전시품 중에서도 관람객들의 경탄을 자아내는 곳은 미니카메라를 모아 놓은 부스이다. 스위스제 '콤파스' 카메라를 필두로 수십 종의 미니카메라가 전시되어 있다. 콤파스 카메라는 1938년경 제작된 초소형 카메라로, 카메라에서 시도될 수 있는 모든 기능을 담뱃갑 3분의 2만한 크기의 바디에 축약해 기술력의 정수를 보여준다. 롤렉스 시계보다 더 정교하게 만들어졌다. 2001년에 구한 이 카메라에 대한 관장의 애착은 특별하다. 이 밖에도 1905년에 제작되어 각국 스파이들이 몰래 갖고 다녔다는 회중시계 스파이 카메라, 1948년 독일에서 제작된 손목시계형 카메라, 영화 '로마의 휴일'에 등장한 라이터형 카메라, 라이카 III F와 니콘 F 모델을 3분의 1 크기로 축소해 무게가 채 100g도 되지 않는 미니카메라 등 희귀한 미니카메라들이 눈을 즐겁게 한다.[42]

4

박물관과 건축;
예술성과 기능성

박물관 건축은 꿈을 담는 그릇

21세기는 바야흐로 모든 건축이 다양하게 발전하는 시대로 설정할 수 있다. 공간을 만드는 과거의 고정된 틀에 박힌 건물이 아니라, 건축가의 자유롭고 창의적인 아이디어로 다양한 건축물들이 생기기 시작했다. 산업 혁명 이후 도시화가 급속히 진행되면서, 수평으로 낮고 넓게 세워져 왔던 많은 건물이 '수직상승'으로 방향을 바꾸고, 하늘을 향해 건물의 최고 높이를 크게 올려왔다. 여기에는 뼈대가 되는 철근과 보충재 콘크리트의 활용으로 대변되는 현대의 건축공법이 크게 이바지하였다. 그러나 오늘날 주요 도시의 밀집화 현상을 유발했던 수직상승의 추구는 더 이상 건축의 주된 관심이 아니다. 수직상승에는 물리적이고도 역학적인 한계가 있기 때문이다. 특히 건축의 예술성을 선도하는 '박물관 건축'에 있어서 입방체를 차곡차곡 쌓아 올라가는 형태의 건축은 이제는 쉽게 찾아보기 어렵다. 박물관의 기능상, 높이보다는 내부 공간의 기능성과 활용 방향에 더 주목하기 때문이다. 또한 건축공학적인 높이보다는 예술적 조형성을 강조하여, 탈입방체거나 대형 조각 혹은 특정 인물이나 사건을 기념하기 위한 설치작품과 같은 형태의 박물관들이 속속 들어서고 있다. 두바이의 부르즈 할리파처럼 초고층 건물의 건립을 통해 중력을 거스르는 인류의 도전이 계속되고 있기는 하지만, 오히려 상자를 쌓아 올라가는 형태의 수직상승보다는 빌바오의 구겐하임 미술관처럼 불규칙한 부정형의 형태 속에서 건축의 예술성을 탐색하는 데에 더 많은 관심이 쏠린다. 그러한 시도 속에는 건축가의 물리학적 지식과 더불어 예술적인 조형 의지가 강하게 담겨 있기 마련이다.

근대 이후 박물관 건축은 일반 건축과는 성격이 크게 다르다. 과거 박물관은 구시대의 궁전(예: 루브르 박물관)이나 별장(예: 예르미타시 미술관) 등을 전시 공간으로 이용하는 경우가 많았다. 궁전이나 별장 등의 건물주가 바뀌고 건물의 기능이 변하면서, 비워진 공간을 채우기에 적합한 대상으로 박물관 전시품이 제일 잘 어울렸기 때문이었다. 많은 나라들이 그들의 문화유산을 크고 잘 알려졌으며 안전한 공간인 궁전에 넣어 보여주기 위하여 궁궐건물을 이용하였다. 대영 박물관, 메트로폴리탄 박물관 등은 그런 흐름을 이어받은 대표적인 '궁전형 박물관'이다. 이후 시대가 바뀌면서 건축이 기능성과 예술성 위주로 설계가 되면서, 박물관은 예술품을 담는 '용기(容器)'로서 새로운 형태를 찾아 건축적인 개성을 발휘하기 시작했다. 지금은 박물관 건축이라 하면 누구나 고색창연한 옛 건물보다는 으레 예술적 감각을 가진 새로운 현대식 건물을 가져야 한다고 생각한다. 특히 외형상으로 예술적 표현을 중시하고 있는 현대의 박물관 건축은 수직의 입방체가 아니라, 자유분방한 대형 입체 조각 같은 조형적인 형태를 더욱 선호하고 있다. 그 대표적인 건축물 중의 하나가 빌바오에 있는 구겐하임 미술관이다.

구겐하임은 세계화 전략(7개의 전시관이 차례로 건립될 계획이며, 인천 송도지구에도 건립될 예정이었다.)의 하나로, 1997년에 스페인의 항구도시 빌바오에 미술관을 건립 및 개관하였다. 당시 세계인의 이목을 끌었던 점은 미술관의 독특한 외관에 있었다. 구겐하임 미술관의 본부인 뉴욕 구겐하임 미술관(1939년 건립, 프랭크 라이트 설계)은 달팽이 모양으로 된 독특한 외관 덕분에 유명해졌다. 특이한 외관으로 뉴욕의 예술 랜드마크가 된 이 미술관은 구조의 특성상 전시에는 그다지 효과적이지 않았다. 그런데도 박물관 건축의 상징적 중요성과 그에 따른 사회적 파급효과에서 자신을 얻은 구겐하임 측은 건축을 박물관의 가장 중요한 표현 수단으로 보고 있었다. 이를 위해 그들은 과감하게 유대계 미국 건축가 프랭크 게리에게 빌바오 구겐하임 미술관의 설계를 맡겼다. 금세기 최고의 건축가의 한 사람인 게리의 명성과 실력을 믿고 과감하게 그의 설계를 수용하였다. 서울에도 한때 삼성 측에서 게리에게 리움미술관의 설계를 맡겼다는 이야기가 있었으나 결국 성사되지는 않았다. 이유가 무엇이었든 간에 절호의 기회를 놓친 정말 아쉬운 일이다.

해체주의 건축가 프랭크 게리는 이전에 발표한 일련의 작품으로 '건물 같지 않은 건물', '비정형의 건축'으로 유명해졌고, 건축이라는 한계를 뛰어넘어 그의 작업이 건축보다는 오브제 즉 조형물로 받아들여지기를 원했다. 그는 건물이 상자 모양이어야 한다는 고정관념에서 벗어나, 작품을 'Metal Flower' 즉 금속으로 만든 꽃과 같이 자유로운 형태를 구현하고자 했으며, 이는 빌바오 미술관의 별명이 되었다. 또한 항구도시 빌바오를 의식해서인지 멀리서 보면 돛배

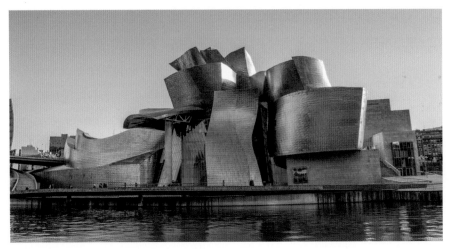

[도판 36] 빌바오의 구겐하임 미술관 ©Shutterstock

를 연상시키는 외관을 채택한 이 미술관(도판 36)은, 일반 대중에게 공개되자마자 대번에 명성을 얻기에 이르렀다. 이는 건조하고 위압적인 수직상자 모양으로 된 도시 건축물들에 식상해하던 많은 이들에게 흥미로운 볼거리를 제공한다는 점에서 뉴스의 초점이 되었다. 구겐하임 측과 시드니의 오페라하우스처럼 미술관이 명물이 되기를 원했던 빌바오 당국은 서로 의기투합했고 계산이 맞아 떨어진 셈이다.

프랑스의 퐁피두 대통령이 모험적으로 시도했던 보부르 센터가 의외로 대성공을 거두어 방문객 몇억 명을 넘긴 지도 오래되었다. 개관 직후에는 보수적인 평론가들의 극심한 혹평을 받았지만, 보부르 센터(훗날 퐁피두 대통령의 이름을 따서 퐁피두 센터로 개명함)는 보부르 지역이 빈민가에서 상당수의 관광객이 반드시 들렀다 가는 명소로 탈바꿈하는 결정적인 계기가 되었다. 에펠탑처럼 어딘가 파리와는 어울리지 않는 듯이 보이지만, 이상한 외관을 가진 미술관이 바야

흐로 세계적인 명소로 탄생하게 된 것이었다. 뛰어난 박물관 건축에는 그런 엄청난 효과가 있는 것이다.

제약이 너무 많아서는 좋은 건축물을 가질 수 없다. 문제점을 개선하거나 국제공모를 개최하지 않는 한, 우리에게 그런 일은 먼 나라 이야기이며 꿈에 그칠 뿐이다. 우리나라에서는 쓸데없는 간섭을 많이 해서 설계의 예술성을 크게 살리지 못하는 경우가 많기 때문이다. 좋은 건축은 시대적 요구에 바탕을 두어야 하고, 발주자 측과 건물의 설계자 그리고 전시품을 보유한 박물관의 전문가 등의 이상적인 상호협력이 대단히 중요하다. 설계에서도 건축가의 자유로운 표현 의지가 성패를 좌우하는 매우 중요한 요소다. 훌륭한 건축은 언제나 시대를 앞서가기 때문이다. 박물관 건축이 특히 더 그렇다. 그러한 면에서, 박물관 건축은 단순히 고대 유물을 담는 궁전이나 미술품을 전시하는 상자형 수직 건물

[도판 37] 구겐하임 미술관, 빌바오의 내부 모습 ⓒShutterstock

이 되어서는 곤란하다. 박물관 건축은 그 자체가 이야기가 있는 전시의 연장선 위에 있으며, 당대의 건축 예술과 공학 기술의 총화라고 할 수 있다. 파급 효과 또한 영화관이나 쇼핑몰 정도의 문화 유락 시설 수준에 머무르지 않는다. 오히려 죽어가는 도시를 되살리는 활력 넘치는 문화 관광 자원의 역할로 중요성이 주목받고 있다.

60만 인구였던 작은 도시 빌바오는 빌바오 구겐하임 미술관(도판 37)이 개관한 후 연간 수백만이 몰리는 유명한 관광지가 되었고, 빌바오 당국은 재정적인 성공은 물론이고 쇠락해가는 도시의 관광지화 전략에서 대성공을 거두었다. 빌바오 미술관은 한쪽으로는 아름다운 박물관 건축이면서, 다른 한쪽에서는 일변한 도시의 모습과 더불어 상품성을 결정짓는 중요한 요소로 자리를 잡게 되었다. 건축사적으로는 고정관념을 뛰어넘어, 미래의 박물관 건축을 이끌고 예시하는 대표적인 사례가 되었다. 빌바오 미술관은 뉴욕이 그랬듯이, 생기를 잃어가던 빌바오의 핵심 랜드마크가 되어 미술관 건물 하나가 도시의 이미지를 크게 바꾸었다.

보도에 따르면, 일본의 가나자와시는 박물관장을 부시장으로 영입하며 그에게 전권을 주어, 도시 전체를 박물관 위주로 리모델링을 하는 모험을 한다고 한다. 또한 2004년 공모를 통해 가나자와 21세기 미술관의 설계를 '세지마 가즈요-니시자와 류에'라는 젊은 건축가 팀의 합작을 당선시키면서 미술관의 개방적인 모습을 내보였다. 이런 시도는 1971년 퐁피두 센터의 현상 설계에 당선된 '리차드 로저스-렌조 피아노'의 경우가 선구적이었다. 당시 파리는 퐁피두 센터가 퇴색되어가는 지역에 문화적인 생기를 크게 불어넣을 수 있다고 보고, 공조 시스템과 배관 등 내부가 과감하게 드러나는 작품을 설계한 로저스-피아노의 응모작을 당선시킴으로써 세간의 이목을 집중시켰다. 파리는 과감한 디자인이 도시를 크게 바꿀 수 있다는 탁월한 선택을 한 결과, 미국으로 향하던 세계 미술의 흐름을 다시 파리로 돌아가도록 모험을 시도하여 대성공을 거두었다. 가나자와 당국도 그런 효과를 기대하며 그들의 도시 개조 프로젝트를 진행하는 것이다.

박물관 건축은 빌바오 구겐하임 미술관처럼 시대를 앞질러 나가서 미래형 건축의 모범을 보이거나, 도쿄에 있는 에도-도쿄 박물관같이 민족 건축(신사)을 부각하는 예도 있고, 테이트 모던 미술관(구 발전소)이나 오르세 미술관(구 철도 역사)처럼 리모델링 작업 후 과감한 변신으로 관심을 끌기도 한다. 박물관 건축은 과학과 예술을 동시에 소화할 수 있으며, 건축을 통해 박물관의 기능성과 예술성을 동시에 해결하여 사회가 요구하는 시대적인 기대에 크게 부응한다. 그런 점에서, 우리나라 박물관 건축에 대해서는 아쉬움이 크다. 우리가 세계적인 건축가에게 건축을 맡기기란 불가능에 가깝다. 왜 우리는 박물관 건축이라면 반드시 '한옥-기와집 지붕'을 올려야만 했는가. 기와집의 건축적 특성을 활용해야 할 건축가들이 한옥을 그대로 흉내만 내고, 한국적이라고 억지를 부렸던 것은 아닐까. 그런 시도가 우리 건축을 위해서인가, 아니면 국내 건축가나 건축계의 이익을 위해서인가. 이런 한계를 극복하지 못한다면, 우리나라에 좋은 박물관, 멋있는 박물관, 관광객이 그 박물관 건축 하나만을 보려고 일부러 찾아오는 박물관은 영원히 생길 수 없다. 일본의 유명 건축가들이 그들의 전통 건축의 구성 요소를 현대식으로 해석하여, 전환 적용한 설계를 바탕으로 세계를 휘젓고 있다는 사실을 참고해야 할 것이다.

국립중앙박물관 건물이 빌바오 효과와 같은 성과를 내고 있는지, 혹은 그런 종류의 논의가 의미가 있는지는 재론의 여지가 있다. 왜 우리나라에는 빌바

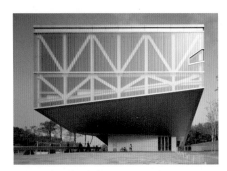

[도판 38] 서울대학교 미술관
ⓒwww.gettyimageskorea.com

[도판 39] 경기도 미술관 ⓒ경기도

오 구겐하임 미술관이나 루브르 피라미드처럼 세계적으로 내세울 만한 훌륭한 박물관 건축이 없는가. 역사가 짧아서인가, 제도가 뒷받침되지 못해서인가, 의지가 없어서인가, 능력이 모자라서인가. 최근 국내에도 외국 건축가의 박물관 건축작품이 하나둘 나타나기 시작하고 있다. 리움미술관(장 누벨-마리오 보타-렘

[도판 40] 안도 다다오가 설계한 뮤지엄 산과 워터가든 ⓒ(재)한솔문화재단 뮤지엄 산

쿨하스 3인 합작)을 비롯해서 서울대학교 미술관(렘 쿨하스, 도판 38), 경기도 미술관 (귀도 카날리, 도판 39), 미술관 산(안도 다다오, 도판 40) 등이 있다. 괄목할 만한 성과가 보이지는 않지만, 우리나라 박물관 건축을 한 단계 끌어올리는 데에 기여하는 것만은 틀림없다. 우리는 선진 설계를 먼저 배우고, 그 토대 위에서 우리 건축의 특성을 반영한 '한국식 박물관 모델'을 창출해 나가야 할 것이다.

인류는 희귀한 물건을 수집하고 감상하면서 즐거움을 느낀다. 이런 성향이 공간 활동으로 구체화할 때, 박물관이라는 특별한 건축물이 출현한다. 박물관은 자연유산 및 인류가 생산한 문화유산을 수집-보관-조사-연구하면서, 이를 일반에게 제공하기 위해 전시를 포함하여 다양하게 활동한다. 현대에 와서 박물관의 기능은 복잡하고 다양해졌으며, 사회가 발전할수록 이러한 기능들은 더욱 진화하게 되어 있다. 시대가 발전함에 따라 박물관은 여러 종류의 시설들이 필요하게 되었는데, 이들이 제 기능을 수행하기 위해서는 박물관의 설립 단계에서부터 체계적인 고려가 이루어져야 한다. 이러한 고민이 집약되어 나타나는 공간이 바로 '박물관 건축'이다. 박물관은 일반 건물을 짓는 것보다 훨씬 더 어려운 작업이며, 시대의 변화에 맞게 박물관 건축 역시 진화 발전하는 모습을 보여야 한다. 건축사적으로 볼 때, 박물관은 미래의 건축 지향점을 선도하는 역할을 해왔기 때문에, 건축공학적인 진취성과 건축미의 차별성을 담아내는 역할을 함께 수행해야 한다. 또 박물관 입지를 고를 경우, 박물관이 담아내는 문화적 자긍심과 함께 지역에 미치는 경제적, 문화적 파급효과를 고려해야 할 것이다. 박물관을 건립하는 데에 있어서 단순히 외관을 아름답게 만들거나 내부 공간을 효율적으로 설계하는 것 등이 문제 해결의 전부는 아니다. 유물의 보관이나 전시가 효과적으로 이루어지도록 필수 공간들을 조성하는 동시에, 유물을 담는 '그릇'으로서의 고유한 특징을 드러내도록 외관을 만들어가야 한다.

미술품의 수집과 보관의 장소로 박물관을 본다면, 고대 그리스에서 기원을 찾을 수 있다. 이 시기에는 신에게 바치는 제물로 귀중품들을 수집하였는데, 이를 보관하는 수장 공간이 신전 내부에 생기기 시작하였다. 아테네 프로필라이아(Propylaea)의 피나코테케(Pinakotheke)나 알렉산드리아 왕궁의 뮤제이온(Mouseion) 등이 대표적인데, 이러한 경향은 이후 교회를 중심으로 이루어지게 된다. 교회 주도의 수집을 대표하는 사례가 바티칸 박물관이다. 이곳에는 역대 교황들이 수집한 많은 성물 혹은 예술품들이 보관되어 있다.

르네상스의 시작과 함께 수집-보관 활동은 점차 종교적인 목적을 넘어 개인적인 투자와 완상 차원으로 변해갔다. 상업의 발달로 축적된 엄청난 부를 바탕으로 미술품을 대하는 자세가 크게 변했다. 피렌체의 메디치 가문에서 본격적으로 시작된 예술품 수집 행위는 이전과는 달리 가문에 대한 자긍심의 고양이 주된 목적이었고, 이러한 현상은 유럽 왕실과 귀족 가문에 급속도로 퍼져 나갔다. 16세기에 수집은 단순한 자기만족을 넘어 타인에 대한 과시로 이어졌고, 이때부터 소장품을 자랑할 목적으로 체계적인 '전시'가 시작되었다. 개인적인 자랑이 아니라 대중 앞에 전시품을 드러냄으로써 자신감을 북돋우는 계기가 되었다. 이를 위해서는 필연적으로 수집품들이 수장고에서 나와서 전시될 특정 공간을 만들어야 했는데, 중정(中庭)이나 로지아(Loggia), 캐비닛(Cabinet)과 갤러리(Gallery) 등이 바로 이러한 목적으로 활용된 공간들이다. 이 중 박물관 건축에서 특히 주목하여야 할 공간은 바로 캐비닛과 갤러리이다. 두 공간 모두 보관과 전시를 위한 공간이지만, 공간의 크기와 전시물의 종류에 따라 상당한 차이를 보였다. 캐비닛은 희귀품, 자연물 혹은 그림 등 비교적 소규모의 수집품을 전시하는 규모가 작은 공간이지만 갤러리는 보다 큰 크기의 예술품들을 전시하는 크고 긴 형태의 공간을 의미하였다. 특히 갤러리형의 공간은 17~18세기 초

[도판 41] 루브르 그랜드 갤러리의 옛 모습(좌)과 현대 모습(우) ⓒShutterstock

의 궁전 건축에서 빠지지 않고 등장하는데, 루브르의 '그랜드 갤러리'와 베르사유의 '거울의 방'이 대표적이다. 루브르 갤러리(도판 41)를 보면, 옛날의 모습(좌)이나 현대(우)가 공간 활용이나 채광 등 기본적인 차이 없이 전시 방법만 다름을

[도판 42] 베를린의 알테스 뮤지엄 ⓒShutterstock

알 수 있다.

초기의 박물관은 궁궐 공간에 수집한 유물을 전시한다는 속성 때문에, 불가불 고전적 건축양식을 차용할 수밖에 없었다. 또 자연광에 의존하는 채광 방식으로 인하여 단층 또는 부분적인 2층 구조를 채택할 수밖에 없었다. 대영 박물관이나 루브르 박물관 등이 대표적인 예에 속한다. 한편 고전 양식의 연장선상에서 로툰다(Rotunda)를 중심으로 한 대칭적 구조가 유행하게 되는데, 이를 처음 제안한 사람은 프랑스의 건축가 불레(Étienne-Louis Boullée, 1728~1799)였다. 그는 사각형 중앙에 대형 로툰다를 두고, 귀퉁이에 네 개의 갤러리를 두는 방식을 제안하였다. 이 개념은 많은 건축가에게 계승되었는데 대표적인 사례가 베를린의 알테스 뮤지엄(Altes Museum, 도판 42)이다. 신고전주의 건축가 칼 프리드리히 쉰켈(Karl Friedrich von Schinkel, 1781~1841)은 중앙에 2층 로툰다를 두고 양옆에 2개의 갤러리를 배치함으로써 내부의 장엄함을 연출함과 동시에 건물의 기준점 역할을 시도하였다. 나아가 갤러리 수를 2개로 줄이고 길게 만들어 관람할 때 간결성과 편의성을 높이고 있다. 이러한 고전주의식 박물관 건축은 유럽과 미국 박물관 건축의 모델이 되어 보편화되었다. 시카고의 필드 자연사박물관(The Field Museum of Natural History)은 높은 기단 위에 로툰다를 중심으로, 좌우 대칭형 구조를 취하여 박물관의 권위적인 모습을 표현하고 있다.

로툰다식 구조 외에 복도를 활용한 구성 역시 이 시기 박물관 건축에 빈번하게 나타나고 있다. 복도식은 1581년에 건립된 우피치 미술관(Galleria degli Uffizi, 도판 43)에서 처음 선보이는데, 모든 전시실이 복도를 사이에 두고 마주 보도록 설계되었고, 전시실 간 동선 이동이 쉽도록 계획되어 있다. 이러한 방식은 더욱 발전하여 1836년 클렌체(Franz Karl Leopold von Klenze, 1784~1864)의 알테 피

[도판 43] 우피치 미술관 ⓒShutterstock

나코텍(Alte Pinakothek, 도판 44)에 이르러서는 매우 획기적인 공간으로 나타난다. 먼저 건물 전체를 3개의 열로 구분하고, 이 중 남쪽 열을 복도로 활용하는데 관람객은 이 복도를 따라가다가 언제든지 북쪽 전시실로 갈 수 있다. 이러한 구조는 동선 선택의 자유를 제공함과 동시에, 주 통행로를 명확히 하여 관람 순서를

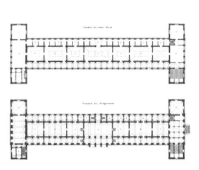

[도판 44] 알테 피나코텍미술관(ⓒShutterstock)과 평면도

[도판 45] 미국 국립항공우주박물관 ©Shutterstock

제시하고 있다. 이는 오늘날에도 자주 이용되는 방법이다. 관람 동선이 규칙적으로 고안된다는 점은 박물관 건축에 있어 대단히 중요한 요소이다.

산업화 이후 정형화되던 박물관 건축은 20세기에 들어서자 점차 해체되는 양상을 보였다. 이는 건축 자체의 획기적인 개념 변화이자, 새 시대의 요구에 부응하려는 건축가들의 진취적인 노력이다. 박물관 건축은 건물 자체에 전시 내용을 상징화하거나 예술성을 추구하는 방향에 초점을 맞추고 있다. 따라서 그 모습은 정해진 틀에서 벗어나 변화가 있는 다원성을 보이거나 독특한 기하학적 형태를 띠기도 한다. 이는 박물관 건축사에 있어서 매우 획기적인 진전이다. 전시의 목적성을 살린 건축으로 미국의 국립항공우주박물관(National Air&Space Museum, 도판 45)을 들 수 있다. 이 박물관은 디테일까지 보여야 하는 항공기나 관련 기계를 실감이 나게 전시해야 한다는 어려운 전제가 있었다. 이

[도판 46] 펠릭스 누스바움 하우스 ⓒShutterstock

문제를 해결하기 위해 유리를 사용하여 전시 공간이 실제보다 넓게 보이게 하고 시야가 확 트여서 시원한 느낌을 주게 하였다. 또 1, 2층 공간을 하나로 만들어 대형 기계 전체를 볼 수 있게 하였으며, 다양한 각도에서 전시물을 감상할 수 있게 설계하였다.

박물관 건물이 상징성을 가지는 대표적인 예를 꼽자면, 누스바움 하우스(Felix Nussbaum Haus, 도판 46)를 들 수 있다. 이 박물관에는 아우슈비츠에서 처형된 유대계 독일 작가 누스바움(Felix Nussbaum, 1904~1944)의 작품을 전시하는데, 부정형 창을 교차 설치하여 긴장감을 조성하거나 천장에 창을 두지 않아 우울한 과거사를 연상시키는 분위기를 자아내고 있다. 이는 작가의 정서적 특성을 건축적으로 표현하려는 노력의 결정체이다. 한편 귄터 베니쉬(Günter Behnisch, 1922~2010)가 설계한 독일 프랑크푸르트의 국립우편통신박물관(Museum für Kommunikation Frankfurt)은 유리를 사용하여 누구라도 접근이 쉽도록 설계되었는데, 이는 박물관 건축의 권위에 도전한다는 의미를 나타낸다. 또 네덜란드의 뉴랜드 폴더 뮤지엄은 도시의 과거를 상징하기 위해 대포와 망원경을 닮은 원통형의 모습을 하고 있다. 박물관의 상징성을 건축의 구조로 표현하고자 하였다.

박물관 건축에 큰 영향을 끼친 인물로 르 꼬르뷔지에(Le Corbusier, 1887~1965)와 미스 반 데어 로에(Mies van der Rohe, 1886~1969)를 꼽을 수 있다. 두 건축가 모두 정형화된 박물관 구조를 탈피하려고 하였지만, 결과는 그들의 의도와는 정반대로 나타났다. 르 꼬르뷔지에는 기획된 동선과 전형적인 단면을 강조하는

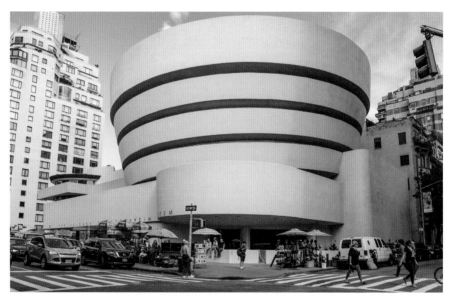

[도판 47] 뉴욕 구겐하임 미술관 ©Shutterstock

데, 이것이 잘 드러난 것이 문다네움 미술관(Mundaneum museum) 계획과 무한성
장박물관 계획이다. 여기에는 중앙의 대형 중정(Atrium)과 나선형 램프가 중심
공간으로 구성되었는데, 단일한 동선을 관람객에게 강요한다는 문제점이 있다.
단일동선은 박물관 전시개념의 파악과 관람객의 자율성을 침해한다는 약점이
있기 때문이다.

　　이러한 단점을 장점으로 바꾸어, 르 꼬르뷔지에의 건축은 프랭크 라이트
(Frank Lord Wright, 1867~1944)의 뉴욕 구겐하임 미술관(도판 47)이나 덴마크 루이지
애나 미술관(도판 48)으로 계승되었다. 뉴욕 구겐하임 미술관은 중앙에 로툰다
를 두고 수직 나선형 계단을 설치함으로써, 소용돌이의 중심 같은 통합적 공간
의 배치를 시도했다. 특히 로툰다에 서비스 영역을 접합하거나 대규모 전시물
을 배치하는 등 중심 공간의 활용을 의욕적으로 시도했다. 이는 박물관 건축에
있어서 놀라운 변신 중의 하나였다. 구겐하임은 달팽이 모양의 특이한 외관과

[도판 48] 루이지애나 미술관의 내부 전시 ⓒShutterstock

로툰다 활용에 있어서 새 지평을 열었고, 그 모험은 대성공을 거두었다.

덴마크 코펜하겐에 있는 루이지애나 미술관에서는 중정 벽면을 내부가 훤히 들여다보이는 유리로 처리함으로써 미술관 전체의 모습을 파악하기 쉽게 하여 나선형 구조의 문제점을 극복하였다.

미스 반 데어 로에의 경우, 이와는 반대로 내부 공간을 활용할 수 있도록 짜임새 있는 구성을 시도하였다. 모더니즘 건축의 대표 주자답게 강철과 유리로 구성된 건물을 통해, 오늘날 현대 건축에 지속적인 영향을 미치고 있다. 대표적인 사례로 소도시를 위한 박물관과 베를린의 신국립미술관(Neue National Galerie, 도판 49)이 있는데, 그는 여기에서 단일한 지붕 아래 여러 공간이 가변적으로 활용될 수 있음을 보여주려 했다. 강철 지붕 구조는 무게만도 무려 1,250톤이나 되고 전체가 통으로 이루어져 있다.

기능을 중시하는 건축 설계의 기원은 1851년에 조경가 팍스톤(Joseph Paxton, 1801-1865)이 만국박람회에 출품한 수정궁 박물관이다. 이후 렌조 피아노

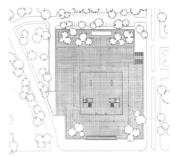

[도판 49] 베를린 신국립미술관의 외관(좌, ⓒShutterstock)과 내부 구조(우)

(Renzo Piano, 1937~)와 리처드 로저스(Richard Rogers, 1933~)의 퐁피두 센터(도판 50)라는 새 개념의 박물관 건축으로 계승된다. 퐁피두 센터의 경우, 건물의 내부 결합 구조와 설비 시스템을 외부에 노출하고 에스컬레이터를 외벽에 연결함으로써 기계, 건축, 장치의 경계를 무너뜨리는 파격적인 시도를 하였다. 이는 미술관을 미술품을 담는 건축 즉 '전시의 용기(容器)'가 아닌 '전시의 장치물'로서 정의함으로써, 미술관 건축을 완전히 새로운 시각에서 바라보게 하려는 시도였다.

미스 반 데어 로에 스타일의 박물관 건축은 박물관 운영에 있어서는 적합하지 못하다는 비판을 받았다. 예술품을 전시하고 감상토록 하는 박물관 본래의 목적으로 보았을 때, 전시 공간과 이를 구획하는 벽, 출입구와 복도 등 공간이 제한되어야 했기 때문이다. 그러므로 현대의 박물관 건축에서는 로툰다식 혹은 복도식 구조가 등장할 수밖에 없었다. 로툰다식 구조는 스티븐 홀(Steven Holl, 1947~)의 헬싱키 현대미술관에 등장하는데, 원형의 로툰다가 등장하지는 않지만 장방형의 중심 공간이 두드러진다. 이 공간은 서비스 및 교육 영역과 결합하여 전시실 간의 수평적 동선과 수직적 통합을 이뤄낸다. 우리나라의 과천 국립현대미술관(도판 51) 또한 중앙에 로툰다를 이용한 대공간의 사례를 보여주고 있다. 복도식 구성의 경우 파리 오르세 미술관을 디자인한 가에 아울렌티(Gae

[도판 50] 퐁피두 센터의 외관(좌, ⓒShutterstock)과 내부 구조(우, ⓒShutterstock)

[도판 51] 과천 국립현대미술관 내부 ©국립현대미술관

Aulenti, 1927~2012)와 라파엘 모네오(José Rafael Moneo Vallés, 1937~)의 사례가 있다. 아울렌티는 퐁피두 센터 현대미술관을 방으로 재구성하면서, 전시실 사이에 복도를 설치하였다. 여기에서 복도의 폭을 크게 넓혀, 이를 통해 수직적인 시각의 축을 강조하고 있다. 모네오는 헬싱키 현대건축박물관에서 복도를 크게 확대하여 여기에 서비스 휴식 전시 등의 다양한 기능을 적극적으로 접목시키고 있다.

2000년대에 들어오면 복도형과 로툰다형의 결합 형태도 등장하는데, 스위스의 헤어초크 & 드 뫼롱 건축사무소(Herzog & de Meuron Architekten)의 대표인 젊은 건축가 헤어초크(Jacques Herzog, 1950~)와 드 뫼롱(Pierre de Meuron, 1950~)이 합작한 런던의 테이트 모던 미술관이 대표적이다. 테이트 모던은 화력발전소를 새로운 현대미술관으로 개축해서 런던의 새 이정표를 만들었다. 우리나라에는 삼성 리움미술관(도판 52)에서 3명의 건축가에 의해 다양한 양식의 혼합이 이루어지고 있다. 즉, 한국 고미술을 다루는 1관(마리오 보타, Mario Botta, 1943~)에는 로툰다를 활용한 공간구조를, 현대 미술을 다루는 2관(장 누벨, Jean Nouvel, 1945~) 및 중심 건축가인 렘 쿨하스(Rem Koolhaas, 1944~)가 채택하였으며 앞의 둘을 아우르는 아동교육문화센터가 있다.

박물관에서 입지 문제는 건물의 내외 측면과 더불어 중요한 사안이다. 현재 박물관의 입지 선정은 '거시적 관점'과 '미시적 관점'이라는 두 가지 기준으로 이루어지고 있다. 거시적 관점은 박물관을 도심에 세울지 전원 지역에 세울 것인지를 결정하는 문제이다. 미시적 부지 선정은 주변 환경(거주지 지역, 사유지, 교통 등)을 고려하여 부지를 결정하는 것이다. 박물관의 입지와 관련된 작업으로

[도판 52] 리움미술관 전경 ©리움미술관

빌바오의 사례를 들 수 있다. 빌바오는 조선소로 유명했지만, 재개발 이전에는 겨우 명맥만을 유지하고 있었다. 도시를 활성화하기 위하여, 빌바오는 도시 재개발 사업에 박물관을 포함했다. 빌바오에 구겐하임 분관이 건축되자마자 세계의 주목을 받았다. 이 박물관은 빌바오 경제를 성공적으로 되살려 놓았다. 이 프로젝트를 통해 빌바오는 세계적인 문화 도시로 거듭나게 되었다. 박물관 건설이 도시의 면모를 크게 바꾸고 수많은 관광객을 끌어들일 수 있다는 사례를, 퐁피두 센터 이후 구겐하임 빌바오가 성공적으로 만들어냈다.

스위스 바젤(Basel)은 인구 20만 명의 소도시에 26개의 박물관을 보유하여 많은 방문객을 끌어들이고 있다. 파리의 경우, 1977년부터 1989년까지 루브르 박물관, 오르세 미술관, 라빌레트 과학관 등 대형 박물관을 중심으로 하는 대규

[도판 53] 워싱턴 내셔널 몰의 전경 ⓒShutterstock

모 프로젝트를 통해 문화강국으로 확실히 자리를 잡았다. 뮤지엄 컴플렉스를 조성하면 도시의 인상을 문화-위락-예술의 도시로 바꿀 수 있다. 워싱턴 D.C는 내셔널 몰(National mall, 도판 53)에 국립박물관 및 스미스소니언 박물관 등을 모아서 정치 중심의 도시에서 문화 도시로 전환을 모색하였고, 뉴욕은 센트럴파크에 뉴욕 자연사박물관과 메트로폴리탄 미술관 등 뮤지엄 콤플렉스의 조성을 통해 자연과 문화의 조화를 기획하였다. 뮤지엄 콤플렉스는 이미지 변화뿐 아니라 관광객 유치에도 도움을 주는데, 영국이나 프랑스 등 선진국들은 뮤지엄 콤플렉스를 통해 박물관으로 사람들을 다시 불러 모으는 데에 성공하고 있다.

현대의 박물관 건축은 외관에서 비정형적 측면을 강조하여 도시의 속성을 상징적으로 특화하고, 나아가서는 기하학적인 형태를 보이는 등등 개별화된 특성을 보인다. 내부 공간은 로툰다 시스템과 복도식 구조를 살리면서 계획되고 있다. 입지에 있어서는 특징 있는 지역 박물관의 건설과 뮤지엄 콤플렉스의 계획이 두드러지는 양상을 보인다. 미래의 박물관 건축 역시 이러한 경향성을 유지하고 발전시키는 방향에서 이루어질 것이다. 그러나 박물관의 유물 수집·보관·전시의 기능을 고려한다면, 박물관 건축이 오로지 조형성만을 추구하기는 어려울 것이다. 박물관 유물의 숫자가 증가하고 박물관의 사회적 기능이 확대되면서, 기존의 보관 공간과 전시 공간을 넘어선 교육이나 서비스 등의 기능들이 별도로 고려되어야 한다. 전시관이나 수장고의 기능을 침해하지 않으면서 이런 공간이 들어갈 수 있으며, 그렇게 되려면 박물관 건축을 계획하는 단계에서부터 이러한 공간을 염두에 두고 설계되어야 할 것이다.

오늘날에는 특히 사이버 전시의 구현도 염두에 두어야 한다. 최근 기술이 발전하여 유물을 직접 진열하는 대신 컴퓨터 그래픽 등으로 사이버 공간에서 전시할 여건이 마련되고 있다. 특히 해외 박물관처럼 쉽게 갈 수 없는 경우 사이버 전시는 효과적일 것이다. 따라서 과거 박물관 건축에 대부분을 차지하던 전시 공간이 축소 대체되거나, 건축 자체가 소형화될 가능성도 존재한다. 또 한편으로 갈수록 지역박물관이나 뮤지엄 콤플렉스가 많이 생길 것이다. 도심을 벗어난 부지를 선택함으로써 지역적 불균등을 해소하고, 해당 지역의 문화적 가치를 높이는 방안이 고려될 수 있다. 뮤지엄 콤플렉스의 조성은 단순히 박물관을 여러 개 짓는 수준이 아니라, 기존 시설을 전용하는 방법이나 이미 박물관이 있는 지역에 박물관을 추가로 신축하는 방법 등을 통해서도 가능하다. 박물관 건축이 박물관 건물 하나를 짓는 것으로 끝나지 않고, 정보 센터나 레스토랑 등 방문객들의 편의를 위한 다양한 시설과 함께 조성될 수도 있다.

(1) 외국박물관 건축의 사례

[궁전형]
루브르 박물관, 파리(Le Grand Louvre, Paris)

-피에르 레스코(Pierre Lescot, 1515~1578)와 쟝 구종(Jean Goujon, 1510~1567) 설계

[도판 54] 루브르 박물관 전경 ⓒShutterstock

루브르 박물관(도판 54)은 옥스퍼드의 애슈몰린 박물관(1683)이 세워진 이후 드레스덴 미술관(1744), 바티칸 박물관(1784) 등과 비슷한 시기에 문을 연 유서 깊은 박물관 중의 하나이다. 원래 루브르는 12세기 말 프랑스가 국가 체제를 확립해가는 과정에서 건물이 세워졌다. 필리프 2세(Philippe II, 1165~1223, 재위 1180~1223)는 지금의 쿠르 카레(Cour Carée) 남서쪽에 루브르 탑과 성채를 지을 것을 명령하였다. 루브르는 16세기에 프랑수아 1세(François I, 1494~1547, 재위 1515~1547)의 지시하에 탑을 허물고 궁전을 재건축하는 큰 변화를 겪게 되었다. 동시에 르네상스 거장들의 작품을 중심으로 미술품 수집이 추진되었다. 1594년 앙리 4세(Henri IV 또는 Henri le Grand, 1553~1610, 재위 1589~1610)는 튈르리 궁전(Palais des Tuileries)을 루브르와 연결하여 하나로 만들었다. 17세기에는 건축가 르메르시에(Jacques Lemercier, 1585~1654)와 르보(Louis Le Vau, 1612~1670)가 쿠르 카레의 북쪽과 남쪽 회랑을 건축하면서 안뜰을 크게 확장하였다. 태양왕 루이 14세(Louis XIV 또는 Le Roi Soleil, 1638~1715, 재위 1643~1715)는 전통을 계승하는 차원에서 수많은 걸작품을 수집하였다.

18세기 들어 파리는 유럽 미술의 중심지가 되었지만, 루이 15세(Louis XV, 1710~1774, 재위 1715-1774) 때 왕실 컬렉션은 거의 늘어나지 않았다. 이즈음 루브르는 왕궁이 아닌 '박물관 건물'이라는 인식이 싹트기 시작했고 왕실 컬렉션 중 일부가 공개되기도 했다. 제2제정(1852~1870)은 건축적으로 중요한 시기였다. 오스만 남작(Georges-Eugène Haussmann, 1809~1891)은 1883년에 카루젤 광장(Place du Carrousel)에서 에투알 개선문까지 확 트인 전망을 만들었다. 또한 1857년에 쿠르 나폴레옹을 사이에 두고 두 개의 부속건물이 북쪽으로 뻗어나가 새로운 루브르가 축조되었다. 이 건물 안에 회화 전시실이 만들어졌고, 이 전시실을 채우기 위해 작품을 사들였다. 동시에 미술관 건축과 전시 구조도 개선되었다. 1970

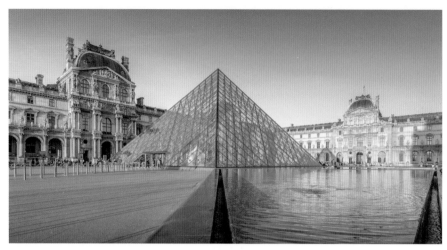

[도판 55] 루브르 박물관과 글라스 피라미드 ©Shutterstock

년대에 들어 루브르의 소장품이 많아졌으며, 방문객의 수도 크게 늘었다. 방문객들의 입장 편의와 미술관 건물의 개축을 위하여 대대적인 변모가 요구되었다. 전시실 재배치 작업은 1984년 '그랑 루브르 계획'으로 정점에 이르렀다. 박물관 전체 면적은 40ha 이상 확장되었으며 전시실은 6만 ㎡를 차지하고 있다.[43]

1989년에 만들어진 글라스 피라미드(도판 55)는 박물관의 대표적인 상징물이 되었다. 박물관으로 들어가는 입구인 이 피라미드형 건조물은 중국계 미국 건축가 I. M. 페이(Ieoh Ming Pei, 貝聿銘, 1917~2019)가 설계하였다. 관람객들은 유리 피라미드를 통해 지하로 내려갈 수 있으며, 세 개의 전시관 즉 북쪽의 리슐리외 관, 쿠르 카레 주위에 축조된 쉴리 관, 그리고 센강 강변의 드농 관으로 들어가게 된다. 루브르 박물관은 원래 궁전을 개조한 것이라 박물관으로 기능하기에는 크게 미흡했다. 이에 미테랑 대통령은 1981년에 루브르궁에 있던 재무성을 이전하고 루브르를 대대적으로 개축하기 시작했다. 설계자는 중국계 미국인 건축가 I. M. 페이로 결정되었다. 개조 계획 중 압권인 글라스 피라미드는 진입부가 필요하여 시도되었다. 그러나 기존 건축과 유리 피라미드의 극단적 부조화로 인해 논쟁이 벌어졌다. 개조된 루브르는 지원 시설이 확대되고 서비스 영역이 크게 확충되었는데, 진입부가 새로 조성되면서 동선이 대폭 개선되었다.

글라스 피라미드는 밑변 35m, 높이 121m이며 각도는 51.7°이다. 형태는 삼각추의 모양을 보이는데, 그 형태를 보고 '피라미드'라는 호칭이 붙었다. 디자인 콘셉트는 본건물과 대비해 가벼운 구조가 요구되었으며 투명한 물색 유리를 사용했다. 구조는 스페이스 프레임을 피해 가늘고 긴 와이어가 자유자재로 돌아가도록 했다. 재료는 모두 스테인리스 스틸이다. 나폴레옹 광장 아래 110m×220m 면적에 지하 2층으로 된 공간을 만들고, 서비스 공간과 수장고, 관리 기능들을 배치했다. 역사적 맥락을 고려하여 지상 부분은 간결하게 하고, 광장의 성격을 부여함으로써 도시 안에서 이 장소를 소생시키려는 의도를 살려내었다. 설계의 방향은 현대적인 건축으로 강한 대조를 이루도록 하여 언밸런스하면서도 조화로움을 꾀했다. 광장의 중심에 피라미드를 두고, 그 주변에 삼각형의 연못을 배치하였다. 유리와 물이라는 두 요소는 겨울 파리의 어두운 하늘과 여름의 푸른 하늘을 반영하려는 의도였다. 피라미드를 설치함으로써 이 입구는 거대한 공간이 되었다. 자연광에 의하여 지하공간의 결점인 시공간 감각의 상실이 줄고, 루브르궁을 투시하여 볼 수 있어서 지하에 있다는 느낌을 없앴다.[44]

대영 박물관, 런던(The British Museum, London)

1753년에 한스 슬론 경(Sir Hans Sloane)의 수집품에 왕실 컬렉션이 추가되면서 대영 박물관이 설립되었다. 박물관의 위치는 18세기 중엽 몬태규 저택 자리로 로버트 스머크 경(Sir Robert Smirke RA, 1780~1867)은 저택을 가건물로 사용하면서 증축계획을 진행하였다. 박물관은 19C 신고전주의 건축이며 인접한 도서관은 로버트 스머크의 동생인 시드니 스머크 경(Sydney Smirke RA, 1797~1877)이 설계했다. 박물관은 계속 확장되어 넓은 부지를 점유하였다. 조지 샌더스는 1804년부터 타운리 갤러리를 건립하여 고대 이집트 전시관으로 사용하였다. 로버트 스머크 경은 1823년에서 1852년 사이에 새 건물을 기획했으며 1845년에 동생에게 진행을 위임하였는데, 신축건물은 남쪽 파사드의 완결을 앞두고 있었다. 이 파사드는 신 그리스 양식을 따랐으며 통념에 따라 바깥에 정원이 있었다. 19세기 중엽 존 테일러 경은 박물관 북쪽에 화이트 윙(White Wing)으로 알려진 새 서비스 공간을 기획하였다. 박물관 확장 계획은 역사적 건물을 보존하기 위한 법안으로 축소되었다. 대영 박물관(도판 56)은 1964년부터 많은 전시회를 열기 시작했으며 전시 공간도 새로이 단장하였다.

    존 윌슨 경은 1975년부터 '뉴 윙'으로 알려진 공간을 새로 개관하였다. 엘리자베스 2세 때 중정을 없애고 실내 광장으로 만들었는데, 박물관 서비스를 제공하기 위해서 기념품 판매점과 커피 전문점이 있는 산책로로 탈바꿈하였다. 건축가 노먼 포스터는 1994년에 런던의 새로운 구조물을 야심 차게 기획하였다. 그의 작품인 그레이트 코트는 유리 돔으로 된 커다란 실내 광장이며, 밀레니엄 다리와 런던시청, 스위스 보험회사 건물과 함께 런던 스카이라인을 이루고 있다. 대영 박물관 중앙 열람실은 스머크 경의 기획에 따라 주변의 파사드들과 마주하고 있다. 박물관의 기존 열람실 주변에 금속제 천장 구조물이 설치되었다. 이 구조물 위에 유리 패널들이 부착되어 빛의 공간으로 다시 태어났다. 포스터의 프로젝트는 에드워드 7세 갤러리와 더불어 박물관 건축의 한계를 뛰어넘었다. 박물관이 도시 계획에서 중심 역할을 담당하게 하는 동시에, 소장품

[도판 56] 대영 박물관 전경 ⓒShutterstock

공간과 다른 공간의 사용에 있어 새로운 모델을 제시하고 있다. 대영 박물관의 250주년을 계기로 방문객을 위한 서비스는 웰컴 갤러리와 왕립도서관의 재건축을 통해서 구현되었다.**45**

　　초기에 박물관은 한스 슬론 경의 분류체계에 따라 인쇄본과 판화, 고서와 메달, 그리고 자연사 관련 유물과 '흥미를 유발하는 소장품'으로 나누어 관리하였다. 또한 1807년에 고고학 부서가 설립되면서 자연 과학 유물과 그 외의 것들로 나눌 수 있었다. 1년 후 인쇄본과 소묘 분야가 고고학부에 포함되어 독립된 부서로 승격했다. 1861년 고고학 부서는 동전과 메달, 그리스와 로마의 고전 작품 및 동양 고전 작품으로 분야가 나누어진 상태였다. 동양 분야는 1866년에 아시리아와 이집트의 고전을 담당하는 부서로 신설되었으며, 동양 고전 작품 분야의 하부 부서에 속하던 민속학과 고대 영국, 중세 분야도 독립 부서가

되었다. 1912년에 동양 예술 분야의 인쇄본과 소묘에 관한 하부 부서를 설립하였고, 1921년에는 도자기와 민속학을 다루는 부서를 신설하였다. 민속학 분야는 1946년에 동양의 고전 예술을 담당하는 부서에서 분리되었다. 1955년엔 고대 이집트와 아시리아를 담당하는 부서가 고대 이집트와 서아시아의 고대로 분화하였다. 또한 1969년에 고대 영국과 중세는 선사 시대와 로마-영국, 그리고 중세와 이후 시대로 나누어 분류되었다. 이에 따라 박물관의 각 부서는 담당하던 내용에 큰 변화 없이, 고대 이집트, 고대 서아시아와 유럽의 중세와 근대, 선사와 유럽의 고대를 담당하는 부서로 나누어졌다. 마지막 두 부서는 2003년에 통합되었고, 고대 일본과 동양의 예술품들은 현재 아시아 담당부에서 관리하고 있다.**46**

알테 피나코텍 미술관, 뮌헨(Alte Pinakothek, München)

알테 피나코텍 미술관(도판 57)은 비텔스바흐 가문에서 수집했던 바이에른의 회화를 위해 건립되었다. 미술관에는 19개의 대형 전시실과 47개의 소형 전시실에 그림 약 700점이 전시되어 있다. 조토에서 프라고나르, 또 이탈리아 중세 성화부터 프랑스 로코코 회화까지 아우르며, 렘브란트가 23세 때 그린 〈자화상〉도 소장되어 있다. 알테 피나코텍 미술관은 16세기에 수집을 시작하였으며, 레오 폰 클렌체가 1826년 건설을 시작하여 1836년 개관하였다. 루트비히 1세(Ludwig I, 1786~1868)는 뮌헨을 독일 미술의 중심지로 바꿔 놓았고, 이탈리아를 방문하여 작품을 수집했다. 미술관 건물은 고전주의적 외관과 전시실 덕분에 감탄을 불러일으켰고, 제2차 세계 대전 폭격으로 부서진 건물은 전후에 보수되었다. 건물을 복구하면서 소장품 배치를 바꾸었다. 알테 피나코텍은 14세기에서 18세기 거장들의 작품을 소장하고 있다. 루트비히 1세가 광적으로 수집하기도 했지만, 16세기부터 귀한 작품들을 모으기 시작했다.

프랑스 혁명은 귀족들이 수집한 예술품을 시민에게 개방하는 역할을 했는데, 루트비히 1세도 프랑스의 예를 따라 국민에게 개방했다. 전시실은 내부가 환히 밝혀지는 구조라서 고대와 르네상스의 회화를 전시하기에 적합했다. 프란츠 폰 레버 관장은 1875년에 이탈리아와 독일의 초기작품을 복귀시키는 일에 착수했다. 그는 국가 보조금으로 안토넬로 다 메시나(Antonello da Messina, 1430~1479)의 〈수태고지의 마리아〉, 레오나르도 다빈치의 〈카네이션을 든 성모〉, 프란스 할스(Frans Hals, 1580~1666)의 〈빌럼 크루스의 초상〉 등 중요한 작품들을 구매했다. 알테 피나코텍은 재정 부족을 타개하기 위해 1946~1950년에 유럽 주요 국가의 수도에서 전시회를 개최했다. 1953년에는 렘브란트의 〈젊은 날의 자화상〉이 컬렉션으로 편입되었다. 1961년에는 동쪽 윙이 대중에게 공개되었고 3년 후 서쪽 윙을 개편하는 공사도 마무리되었다. 할도르 쇠너 관장의 노력으로 알테 피나코텍은 벡셀 은행 등과 협력을 시작했고, 은행 측은 중요한 작품을 미술관에 양도했다. 부세(François Boucher, 1703~1770)의 〈강 풍경〉과 그뢰즈(Jean-Baptiste Greuze, 1725~1805)의 〈시계의 탄식〉을 비롯하여 스페인과 프랑스의 작품을 포함한다. 은행과의 협력 덕분에 적어도 1971년까지 새로운 작

[도판 57] 알테 피나코텍 미술관 전경 ⓒShutterstock

품들을 구입할 수 있었다.[47]

프라도 미술관, 마드리드(MUSEO NACIONAL DEL PRADO, Madrid)

프라도 국립미술관(도판 58)은 1785년 카를로스 3세(Carlos III, 1716~1788)의 명에 따라 신고전주의 건축가로 알려진 빌라누에바(Juan de Villanueva, 1739~1811)가 박물관과 자연 과학 연구 단지로 활용하기 위한 건물을 설계하고, 35년이 흐른 후 마침내 프라도 미술관이 탄생하게 되었다. 또한 네오클래식 양식의 미술관을 건립함과 더불어, 주변 시가지를 개발하는 공사에도 착수하여 파세오 델 아르떼도 당시 함께 조성되었다. 프라도 국립미술관은 1819년에 '왕립 회화 및 조각 미술관'이라는 이름으로 개관하였으며, 페르난도 7세(Fernando VII, 1784~1833)가 선조로부터 물려받은 막대한 미술품을 이곳에 전시하면서 역사가 시작되었다. 과거에 왕이나 귀족들은 도시에서 떨어진 초원에 있는 수도원이나 저택에

[도판 58] 프라도 미술관 ⓒShutterstock

자신들이 보유한 유물이나 작품을 전시하여 부를 과시하였기 때문에, 이 미술관의 이름은 스페인어로 초원을 뜻하는 'Prato'라는 말에서 유래한 프라도 미술관으로 정해졌다. 이후 작품들은 1868년에 국유화되고 그때부터 프라도 국립미술관이 되었다. 19세기 말에 국가 소유로 이관되면서 다른 미술관에 소장되어 있던 작품을 기증받아 규모는 더욱 확장되었다. 또 종교기관 재산법에 의거, 종교기관에서 소유하고 있던 작품들을 환수 조치하여 명실공히 스페인 최대 규모의 미술관으로 자리를 잡았다. 그러나 페르난도 7세가 이 건물을 회화와 조각을 위한 전용 미술관으로 결정하였다.

프라도 국립미술관은 19세기의 본관 건물로는 전시나 수장 공간 등이 부족하여 헤로니모 성당 쪽으로 개축하여, 미술관이 크게 둘로 나누어졌다. 기존 공간은 상설전 등에 쓰이고 새 건물은 특별전 개최와 레스토랑, 강당 등으로 쓰인다. 프라도 미술관은 건물 안내도에 어느 구역에 어떤 작품이 있는지 색상별로 표시되어 있다. 또한 근방에 있으며 20세기 미술품을 전시하는 '퇴임한 왕의 궁전'과 군사 박물관이던 '왕국의 궁전'을 미술관으로 흡수하였다. 마지막 증축은 2007년에 라파엘 모네오(Rafael Moneo, 1937~)가 설계한 지하구조물이다. 이곳은 본관과 신관을 연결하며, 증축된 16,000㎡의 전시실에 400여 점의 작품이 전시되어 있다.

프라도 미술관의 전시실은 4개 층 84개로 1층 등 50여 개 전시실에 유명한 작품들이 집중되어 있다. 1층에는 스페인이 자랑하는 국보급 미술 작품들이 모여 있다. 15~16세기 이탈리아 화파의 작품과 17세기 스페인 화파의 작품 및 고야를 비롯한 18세기 스페인 화파의 작품이 전시되어 있다. 소장품은 유럽을 대표하는 작품들이며, 회화 외에도 조각·가구·스케치·판화·동전·메달 등과 보

석류가 전시되어 있다.**48**

예르미타시 미술관, 러시아(Эрмитаж, Russia)

예르미타시 미술관은 상트페테르부르크에 있으며, 소 에르미타시 겨울궁전(도판 59) 등 5개의 건물로 구성되어 있다. 전 세계 미술품을 고루 소장한 예르미타시는 바로크 양식의 궁전으로, 황제의 거처였던 겨울궁전(설계자 ; 프란체스코 바르톨로메오 라스트렐리, Francesco Bartolomeo Rastrelli, 1700~1771)과 통로로 연결되어 있다. 예카테리나 2세는 겨울궁전을 프랑스어 '에르미타시'(은둔지)라고 즐겨 불렀으며, 궁전 옆에 '소(小) 예르미타시'와 '구(舊) 예르미타시'를 세우고, 운하를 따라 연결해 라파엘 회랑과 예르미타시 극장을 만들었다. 예카테리나 2세가 1764년에 미술품을 수집한 것이 예르미타시 미술관의 기원이다. 초기에는 왕족의 수집품을 모았으며 19세기 말 일반에 개방되었다. 미술관은 러시아 황제의 주요 거주지였다. 유럽 13세기 이후 작품들이 본관 1·2층에 모여 있고, 고대 이집트관은 본관 1층의 입구에 있다. 예르미타시 미술관의 방문은 러시아의 문화와 역사를 접하는 지름길이다.

예르미타시 미술관은 표트르 대제가 1703년에 건설한 근대도시 상트페테르부르크에 있는데, 도스토예프스키는 상트페테르부르크가 '추상적 기획도시'의 매력을 갖고 있다고 했다. 이곳은 동유럽의 전통이 보존됨과 동시에 바로크와 신고전주의로 대변되는 서유럽의 전통도 공존한다. 특히 이탈리아 건축가들을 통해 이 도시는 전통의 바탕 위에 새로운 모습으로 태어났다. 예르미타시 미술관을 구성하는 다섯 건물은 이런 특성이 잘 반영되었으며 중요한 역사적 상징물로 남아 있다. 미술관은 소장품을 원시 문화, 동양 문화와 예술, 고전 예술과 러시아 유럽의 예술 두 분야와 고대 동전 분야로 분류해 전시하고 있다. 1837

[도판 59] 예르미타시 겨울궁전 ⓒShutterstock

에는 겨울궁전이 화재로 탔는데, 예술작품들은 피해가 없었으며 이후 15개월 동안 궁전을 새로 짓게 되었다. 화재는 건물을 개축하는 계기가 되었으며, 새 건축은 니콜라이 1세(Nikolai I, 1796~1855)가 유럽식 박물관을 모델로 짓도록 했다. 이름을 '예르미타시'라고 명명했으며, 1838년에 레오 폰 클렌체(Franz Karl Leopold von Klenze, 1784~1864)가 설계하였다. 겨울궁전 옆에 지어진 신 예르미타시는 우아한 장식들로 채워졌으며, 정면부의 조각과 내부 장식 문양에 양식적 통일성을 주었다. 미술관은 1852년 새롭게 개장하면서 56개의 전시실을 갖게 되었다.

메트로폴리탄 미술관, 뉴욕(Metropolitan Museum of Art, New York)

메트로폴리탄 미술관(도판 60)은 대영 박물관과 루브르 박물관과 더불어 세계 3대 박물관으로 꼽힌다. 로마 신전을 연상케 하는 5만 7천여 평의 웅장한 메트로폴리탄 미술관은 외관부터가 범상치 않다. 선사 시대로부터 20세기 미국 현대 미술을 아우르는 컬렉션 200만 점은 5천 년 인류 역사 바로 그 자체이다.

외교관 존 제이(John Jay)는 1866년 독립기념일 파티에서 문화·교육 기관으로서 박물관의 필요성을 제안했다. 그가 미국인들의 마음을 움직인 키워드는 '자존심'이었다. 그는 "프랑스가 '루브르'를 국가의 상징으로 가꾸듯이, 우리도 이에 버금가는 멋진 박물관을 설립해 미국의 자존심을 회복하자."라고 역설하였다. 이 행사에 참석한 사업가와 예술인들은 뉴욕 중심가에 박물관을 건립하기로 뜻을 모았고, 1870년 뉴욕 5번가 도드워스 빌딩에 메트로폴리탄 미술관이 세워졌다. 그러나 장소가 협소해 맨해튼 5번가 더글러스 맨션으로 옮겨 둥지를 틀었다.

메트로폴리탄 미술관은 1870년에 법인체가 되었고 2년 후에 개관했다. 1880년에 지금의 센트럴파크 5번가 82로 이전하였으며 윌리엄 모리스 헌트가 설계하여 1902년에 완성되었다. 1954년에는 대규모로 개축하여 현대식 전시장을 갖췄다. 그 후 맥킴, 미드 & 화이트 건축회사가 몇몇 건물을 설계해 지었으며, 1980년에는 건축가 케빈 로시와 존 딘켈루 등이 옛 건물을 빙 둘러 약 1만 6,000㎡ 규모로 증축한 미국관을 지었다. 또한 이들은 1975년에 레먼 관을, 1978년에는 마이클 C. 록펠러 관과 새클러 관을 설계했으며 유럽관도 기획했다.

작품들은 17개 부문으로 나누어 전시되어 있다. 먼저 1층에는 미국 작가들의 미술품을 볼 수 있는 미국 전시관, 무기와 무구 전시관(피어폰트 모건 윙) 아프리카·오세아니아 전시관(록펠러 윙) 이집트 미술과 유럽 조각 및 장식미술품, 그리스·로마 미술, 중세미술, 근대미술 등을 진열한 전시관이 있다. 2층에는 유럽 미술의 진수를 한눈에 볼 수 있는 유럽회화 컬렉션을 비롯해, 한국·중국·인도의 미술품을 모아 놓은 동양과 아시아 전시관, 미국 식민지 시대부터 20세기

[도판 60] 메트로폴리탄 미술관 ⓒShutterstock

초까지 시대별 대표적인 방을 재현한 아메리칸 전시관 등이 자리하고 있다.

또한 메트로폴리탄 미술관은 이집트·바빌로니아·아시리아 극동과 근동, 그리스와 로마, 유럽 및 발견 이전의 아메리카와 뉴기니 그리고 미국의 귀중한 예술품을 소장하고 있다. 그 종류는 건축·조각·회화·드로잉·판화·유리제품·도자기·직물·금속세공품·가구, 무기, 갑옷, 악기 등등 다양하다. 1964년에 지은 토머스 J. 제퍼슨 도서관은 예술과 고고학 자료를 소장하고 있다. 중세 유럽 미술은 센트럴 파크 종합건물과 포트 트라이언 파크에 있는 메트로폴리탄 중세미술관인 분관 클로이스터스에 진열되어 있다. 1938년에 개관한 분관 클로이스터스는 중세 수도원과 교회 건축들에서 따온 여러 부분으로 구성되어 있다.**49**

메트로폴리탄은 방대한 컬렉션을 바탕으로 매년 30여 개의 기획전을 개최한다. 고흐, 드가, 쇠라와 중국, 비잔틴 미술 등의 기획전은 관람객들로부터 큰 호응을 얻은 전시들이다. 이와 함께 뉴욕 시민, 미국인 나아가서 전 세계인을 대상으로 100여 개가 넘는 교육 프로그램을 운영하고 있다. 또한 각지를 순회하는 '찾아가는 박물관'을 운영하며, 매년 수천 점의 작품을 외국에 임대해 전 세계인에게 문화를 향유할 기회를 제공하고 있다.

도쿄 국립박물관(Tokyo National Museum, Tokyo)

에도 시대의 미술을 중심축으로 하는 도쿄 국립박물관(도판 61)은 문부성이 1872년 신사 건물에 일본 미술품을 전시하면서 출발했다. 메이지 5년 박람회를 계기로 도쿄 국립박물관이 창립되었다. 이 박람회에서 동물 박제와 표본, 황실 기물 등 600점 이상의 물건을 모았다. 이때 유리 케이스를 사용한 전시가 주목받아 관람자를 15만명 이상 유치했다. 정기적으로 박람회가 개최되었고, 정부

[도판 61] 도쿄 국립박물관 ⓒShutterstock

주도의 박람회는 물건을 수집하고 전시하는 것 외에도 산업 발전을 목적으로 서양의 기술도 소개되었다. 1886년에 도쿄 제국박물관이라는 이름으로 문을 열어, 1909년에 새 건물로 옮겼다. 오늘날의 도쿄 국립박물관은 1939년에 테이칸 양식(帝冠樣式)으로 새로 지은 건물로, 당시 일본에서 유행하던 양식이다. 1947년에 공식적으로 국립박물관이 되었다.

박물관은 관동 대지진 때 표경관을 제외한 건물 대부분이 극심한 피해를 보았다. 현재의 본관은 지진 후 재개관되었다. 2차 세계 대전 후 만들어진 신헌법으로 정부 소관이 되고, 쇼와 27년(1952년)에 도쿄 국립박물관으로 개명하였다. 이후 복구 활동이 진행되어 '법륭사 보물관', '동양관', '자료관' 등 새로운 시설들이 완성되었다.

도쿄 국립박물관은 다섯 개의 건물로 구성된다. 모두 우에노 공원에 있는데, 여기에는 도쿄의 주요 박물관들이 모여 있다. 도쿄 국립박물관의 평성관(平成館, 헤이세이칸)에는 고고학 유물이 전시되어 있다. 동양관은 아시아 미술품을 전시한 곳으로 한국과 중국, 인도의 미술을 주로 갖추었다. 법륭사 보물관은 법륭사(法隆寺, 호류지)에서 옮겨 온 유물들을 전시한 곳인데, 칠기·그림·직물·가면 등이 있다. 표경관(表慶館, 효케이칸)은 특별전을 위한 건물이다. 도쿄 국립박물관 본관은 2층 건물이며 일본 미술을 시대순으로 전시했다. 본관은 공모로 뽑힌 설계안으로, 좌우 대칭의 동양풍의 양식 건물로 중요 문화재로 지정되었다.[50]

[창조형]
퐁피두 센터, 파리

퐁피두 센터는 1977년에 준공한 복합문화시설로, 파리 보부르 지역에 위치하여 '보부르(Beaubourg) 센터'라고도 부른다. 앙드레 말로는 문화부 장관으로 재직할 당시 인적이 뜸한 궁전 자리에 20세기 미술품을 전시하는 미술관을 만들 계획이 있었다. 이 계획은 드골의 후임자인 퐁피두가 넘겨받았다. 그는 이 미술관으로 파리가 예술의 중심지로 되살아나기를 원했다. 퐁피두는 1969년 파리 중심부에 문화예술센터를 세울 것을 결정하고, 1971년에 국제 현상 설계에 의해 이탈리아의 렌조 피아노와 영국의 리차드 로저스 건축가 팀의 공동작품(도판 62)이 선정되었다. 시민들의 심한 반발 속에 지어진 이 복합건물은 이후 에펠탑과 함께 파리의 명물이 되었다. 복합문화센터지만 도서관 기능을 제외하면 전시 중심이다.

이 건물은 퐁피두를 기념하기 위해 그의 이름을 따서 명명되었고, 1977년 1월에 개관하였다. 퐁피두 센터 안에는 도서관과 국립현대미술관, 음악·음향연구센터가 함께 있다. 건물은 조립과 해체를 할 수 있는 하이테크 양식으로, 외부로 노출한 기계적 이미지는 현대예술을 구현하고 있다. 1층 대공간에서는 각종 기획전이 열리는데 전시구성이 자유롭다. 현대미술관은 5층에 위치하며 외부 에스컬레이터로 접근한다. 입구 공간은 2개 층을 개방하여 레벨이 다른 전·후면의 진입을 한 공간에서 해결한다. 현대미술관은 20세기 회화 조각 판화 사진 등을 수집하고, 이용자에게 정보를 제공해주고 있다. 음향연구는 전산 전기음향 등에 관한 연구가 중심이다. 각층은 50m×170m 크기에 높이는 7m이고, 바닥은 14cm의 이중구조이며, 필요에 따라 가동 칸막이를 설치하도록 설계되었다. 전시 공간은 칸막이를 설치할 수 있으며, 변경하기 쉬워서 탄력적인 운영이 가능하다. 내부 천장에도 설비를 노출하여 외부의 기계적 미학을 강화하고 있다. 출입구는 전면에서는 1층으로, 후면에서는 지하 1층으로 연결되지만,

[도판 62] 퐁피두 센터 전경 ⓒShutterstock

내부 공간은 하나의 열린 공간이다. 동선은 광장 측으로 노출된 유리 터널 에스컬레이터로 이루어진다.[51]

퐁피두 센터는 획기적인 작품으로 설계 초기부터 논란이 많았다. 미술관으로는 찾아보기 힘든 외관과 널찍한 광장을 두고 시비가 끊이지 않았다. 그러나 건축적으로는 중요한 작품으로 평가받고 있다. 건물 지지 구조와 파이프들은 모두 건물 바깥쪽에 배치되어 있다. 이들은 흰색으로 채색되었으며, 에스컬레이터 등의 운송 수단은 붉은색으로, 전기배선은 노란색, 수도관은 녹색, 공기정화 시스템 파이프는 파란색으로 채색하여 차별화했다. 내부는 구조에 구애받지 않는 유연한 기능을 가진 거대한 공간이 만들어졌다. 붉은색 에스컬레이터는 건물의 전면을 사선으로 지르며 설치되었다. 낯선 입면 유형과 구성은 설계 단계부터 극심한 논쟁의 대상이 되었다. 사람들은 이 건물이 공장처럼 보인다고 생각했고, 이곳에 어울리지도 않고 미술관 용도에 맞지 않는다고 비판하였다. 남쪽에 있는 분수에는 장 팅겔리와 니키 드 생팔의 조각이 있다.

퐁피두 센터는 원래 1일 관람객 5,000명 수준으로 설계되었으나, 수용 능력을 초과해서 1997년 말에 대대적인 수리를 하고 2000년에 다시 개관하였다. 지금은 파리의 미술·문화의 중추로 자리 잡아, 개관 이후 2억 명 이상의 관람객이 방문한 파리의 명물로 부상했다. 문제는 건물의 아름다움이냐 랜드마크적 특성이냐에 있지만, 관람객들은 호기심 반 흥미 반으로 퐁피두 센터를 찾고 있다. 고풍스러운 주변 건물과 대비되는 하이테크 건축은 그 자체가 프랑스의 현대 예술을 상징하고 있다. 전통적인 수법과는 다르지만 우수한 제철 가공법에 따른 거대한 공예 작품이다. 하나하나의 부품을 수제로 제작하여 조립하였기 때문이다. 이러한 공예적인 특성은 무게 120톤 길이 50m의 트러스가 운반되어 조립된 데에서 보듯이 대담한 기술적 성과이다. 건축가는 구조·피막·설비 세 요소로 환원하여 이 건축을 취급하였으며 강관구조·유리벽·원색의 설비로 세 요소를 대비시켰다.**52**

테이트 모던 미술관, 런던(Tate Modern Museum, London)

2000년 5월에 밀레니엄 프로젝트로 건립 및 개관한 테이트 모던 미술관(도판 63)은 산업용 건물을 미술관으로 개조한 최초의 사례이다. 테이트 모던 미술관은 1950년대에 건립된 발전소를 미술관으로 전용하는 계획을 시도했는데, 산업용 건물의 재활용 가능성을 보여주었다. 이후 세계 각지에서 유사한 시도들이 줄을 이었다. 테이트 갤러리는 헨리 테이트 경이 1897년에 건립했으며, 국립영국미술관의 역할을 했다. 그러나 1980년대에 테이트 갤러리가 포화상태에 이르면서 테이트 모던 미술관을 건립하기로 하였다. 새 미술관을 건립할 부지를 물색하던 중, 발전소 건물의 개조 가능성을 찾아내게 되었다. 이 건물은 장소성과 거대한 굴뚝이라는 찾기 쉬운 식별성이 있었다. 발전소 건물의 시각적 형태와 도심 강변의 위치 등 매력적 요소가 발전소를 미술관으로 재활용하려는 의미를 살려줬기 때문이다. 이는 산업 도시를 문화 도시로 전환하고자 하는 추세적인 현상이었다. 1994년 4월 테이트 모던 미술관의 부지가 발표되고 이어 국제 현상 공모가 있었다. 당선작은 스위스의 두 건축가인 헤어초크와 드 뫼롱 (Herzog & de Meuron)이 디자인한 설계안으로 선정되었다. 이들은 독일 지역에서 활동하는 새로운 경향의 건축가로 주목된 바 있다. 이들의 90년대 작업은 두 가지 측면에서 개념을 선명하게 드러내고 있었다. 하나는 단순한 구조의 중첩이며 다른 하나는 미니멀리즘적인 표현이다.[53]

미술관 건축은 뉴욕 구겐하임 이래 과거와는 달리 오브제적 형태를 취하고 있었다. 그런 예로 한스 홀라인이 설계한 뮌헨글라드바흐 미술관이나 I. M. 페이의 루브르 글라스 피라미드 등을 들 수 있다. 거기에 미스의 베를린 국립미

[도판 63] 테이트 모던 미술관 ⓒShutterstock

술관이나 루이스 칸의 킴벨 미술관이 추가될 수 있다. 테이트 모던 미술관의 경우, 튀는 표현보다 기존 건물과의 조화나 시공적인 특성을 유지하는 방향으로 설계되었다. 80년대에 철도역을 개조해 미술관으로 전용한 오르세 미술관의 경우, 건물의 기본 틀은 유지하면서 전시 디자인은 독창적이어서 미술관의 새 지평을 열었던 바 있다. 테이트 모던 미술관은 기존의 이미지를 승화하는 방향에서 처리하여 별다른 충격은 없었다. 실내 공간은 미술품을 감상하는 데 방해받지 않는 보편성을 유지하고 있다.

테이트 모던 미술관에서는 1900년 이후의 근현대 미술품을 전시한다. 전시 공간은 크게 다목적 공간과 레벨 3·5의 상설전, 레벨 4의 기획전 등의 공간으로 구성된다. 상설 전시 공간은 4개의 주제로 나누어져 있는데, 각 주제는 일정한 공간을 가지며 20세기 전반의 전통예술에 초점을 맞추고 있다. 테이트 모던 미술관을 인상 깊게 보여주는 공간은 터빈홀이다. 길이 155m, 높이 35m의 홀은 철골로 인해 마치 산업 시대의 성당과 같은 이색적인 이미지를 자아낸다. 외부와 실내 공간의 중간지대인 이 홀은 새 작품을 전시하는 특별공간이자 퍼포먼스나 무용 등을 공연할 수 있는 다목적 공간이다. 레벨 3과 레벨 4의 높이는 5m 정도로 계획되었으며 천장과 벽은 흰색으로 마감되었다. 이는 미니멀리즘 경향을 의식해서 만들었다. 전시 공간들은 각각 비례가 다르며, 조명도 자연 채광과 인공조명이 달리 조정되어 있다.

전시 공간은 일정 크기의 방으로 구성된 전통적인 전시 공간과 퐁피두 센터 이후 가변성을 가진 대규모 전시 공간으로 나눌 수 있다. 이는 미술관의 방침과 연계하였다. 테이트 모던 미술관은 터빈홀-대 공간과 레벨 3-4-5의 가변 공간 두 가지를 겸하고 있다. 전시 벽은 백색 MDF로 마감되어 있다. 전시 공간

사이의 벽에는 다양한 설비가 들어 있다. 가장 신중하게 고려된 요소는 조명이다. 어떤 전시 공간은 측면에 창이 있으나 대부분은 인공조명에 의존한다. 또한 천장에 조명 공조 보안 화재 장치 등을 숨겨서 시각적 저해 요소를 최소화하고 있다. 전시실은 견고한 벽으로 구획된 방 같은 느낌을 준다. 오르세 미술관이 작품을 살리는 데에는 효과를 냈으나 천장 처리가 미숙했던 데에 비한다면, 테이트 모던 미술관은 완벽한 전시 공간을 만들어내고 있다. 그런 의미에서 테이트 모던 미술관은 리모델링의 성공적 사례라고 말해도 지나침이 없다.

전시품은 테이트 갤러리가 소장하던 20세기 이후의 미술품들이다. 이들을 20세기 전체를 아우르는 4가지 주제, 곧 풍경(사건·환경), 정물(오브제·실제의 삶), 누드(행위·몸), 역사(기억·사회)로 나누어 각각 역사적 맥락 속에서 어떻게 변형이 이루어졌는지를 보여줌으로써, 현대 미술의 중심을 뉴욕에서 런던으로 다시 옮겨 왔다고 평가받기도 한다. 프랜시스 베이컨(Francis Bacon), 앙리 마티스(Henri Matisse), 앤디 워홀(Andy Warhol) 등의 작품과 더불어 영국의 새로운 작가들의 실험적인 작품들도 함께 전시하고 있다. 과거·현재·미래의 현대 미술의 발자취를 볼 수 있는 장소이자, 건축·예술을 느낄 수 있는 현대적인 공간으로 자리매김하고 있다.[54]

슈투트가르트 미술관 신관(Staatsgallerie Stuttgart)
슈투트가르트 국립미술관(Staatsgallerie Stuttgart) 신관(도판 64)은 독일의 대표적인 포스트모더니즘 건축이다. 1977년 설계 공모를 했고, 스코틀랜드 출신의 건축가 제임스 스털링(James Sterling)이 당선되었다. 쾰른과 뒤셀도르프의 미술관도 지은 스털링은 건축사의 어딘가로부터 소재와 형태를 따온다는 특성을 보인다. 이 미술관은 건축물군이 조합된 도시적 스케일이라는 인상을 주며, 다

[도판 64] 슈투트가르트 미술관 신관 ⓒShutterstock

양한 건축 단편들의 집적으로 규정된다. 즉, 입구를 상징하는 박공형 파빌리온과 수평 줄무늬 구성의 외벽, 굽이치는 곡선의 커튼 월, 경사로에 설치된 적 청색 튜브형 핸드레일 등이 어우러져 있다. 갈색의 벽면을 배경으로 파빌리온·핸드레일·커튼월과 개구부에 칠한 적·청·녹·황색이 액센트로 작용한다. 미술관 부지는 아데나워 거리와 우르반 사이에 12m의 레벨차가 있는 곳이며, 국립미술관의 증축과 극장 등을 함께 설계하는 것이었다. 이런 복합적 기능과 두 거리를 연결하는 보행자 도로의 설치가 요구되었다.

스털링은 보행자 전용도로의 설치라는 요소를 건물 중앙에 로툰다를 설치하여, 조각광장과 경사로의 기능을 복합하여 푸는 해법을 제시하였다. 로툰다는 미술관의 공간적 중심이 되어, 통합하는 역할을 하면서 시각적 시퀀스를 만드는 경사로로 디자인하였다. 이 로툰다는 쉰켈의 알테스 무제움, 미스의 베를린 국립미술관, 르 꼬르뷔지에의 카펜터 센터 등을 원용하고 있다. 알테스 무제움의 로툰다 인용은 역사적 사례의 원용과 신고전주의 건축가 쉰켈을 수용하여 맥락을 승계한다는 의미를 갖는다. 이 미술관은 신고전과 근대적 요소가 병립하는 방식을 취하고 있다. 스털링이 "형태가 없는 전통은 무의미하다"라고 말한 바대로, 역사성의 표현을 '형태의 축적'으로 여기는 관점을 드러내고 있다. 원형의 조각광장 대 장방향의 전시장, 석재로 마감된 조적의 표현 대 철골의 캐노피, 신고전주의 대 구성주의라는 대립적 요소의 공존은 그의 이중적 성향을 잘 나타내고 있다. 쉰켈을 차용한 것은 대중적 문화를 표시한다는 점에서 독일적인 전통을 따른 결과이다.

고전적인 동시에 장식적인 캐노피는 쉰켈풍의 배경과 강한 대조를 보이는데, 이것은 1920년대의 데 스틸 차양이 고전적인 배경하에 합성된 것이다. 조각전시장에는 로마네스크 아치를 사용하고 있고, 회화실에는 이집트식의 코니스(Cornice)를 도입하기도 했다. 이렇듯이 근대와 고대가 교묘하게 대면하지만 융화됨이 없이 병치되고 있다. 이러한 계획은 과거와 현재 그리고 원과 사각형의 대위가 극적인 효과를 일으키는 요소로 사용되고 있다.[55] 스털링 신관은 18세기에 지어진 구관과 연결되어 있다. 스털링은 실내공간에 노출된 기둥들을 단순 구조체가 아니라 조형적 요소로 취급하고 있다. 로비에서 경사로로 가는 도중에 있는 연필 형상이나 특별전시실에 있는 버섯형 기둥은 그 자체가 오브제이다. 전시실의 구성은 ㄷ자형으로 천창에 의한 자연채광과 인공조명을 병행한 방식을 채택하고 있다. 이는 80년대 이후 많은 미술관에서 채용하는 방식이다. 전시 공간의 일부에 창도 있어 자연스럽게 밖의 풍경도 보이게 연출되어 있다. 전시실 입구는 게이트처럼 디자인되어 있는데, 그런 점은 탈근대 경향의 건축가다운 디자인이다.[56]

베를린 유대인 기념관, 독일(Jewish Museum, Berlin)

유대인 기념관(도판 65)은 재(在)베를린 유대인 모임 300주년을 기념하여 1971년에 베를린 뮤지엄에서 기획하고 개최한 '성취와 운명(Achievement and Destiny)' 전시를 계기로 건립되었다. 건립을 위한 '유대인 뮤지엄 협의회'가 1975년에 발족하였으며, 소장품이 늘자 추가 공간 확보를 위해 설계 공모를 하여 1989년에 리베스킨트(Libeskind)의 설계안을 선정하였다. 1997년에는 유대인 뮤지엄이 독자 기관으로 승격 및 개관하기에 이르렀다.

이 기념관에서는 형태가 특히 주목되었다. 명칭을 '선(線) 사이에서'라고 했듯이 이 프로젝트는 두 가지 방향으로 진행되었는데, 이는 서로 분리된 독립적 존재라는 의미였다. 2차 세계 대전 후 이 지역은 대규모 주거계획으로 기존 도

[도판 65] 유대인 기념관 ©Shutterstock

[도판 66] 유대인 기념관 측면, 대학살 탑 ⓒShutterstock

시의 흔적은 거의 사라졌다. 그러나 필립 게를라흐(Johan Philipp Gerlach)가 1735년에 건립한 콜레기엔하우스(Collegienhaus)는 남은 건물 중 하나였다. 이 건물이 대폭 수리되어 베를린 뮤지엄으로 사용되었고, 유대인 기념관은 확장을 위해 유보했던 이 건물 남측에 증축되었다.

유대인 기념관은 전시의 주제가 특별하다는 점에서 일반적인 박물관의 형식을 탈피한다. 또한 개념은 기존 형식을 완전히 벗어났다. 리베스킨트는 이 건물을 '다비드 별과 유사한 매트릭스 형상'으로 언급하며 꺾인 벽처럼 보이게 하였다. 외부에는 실내 전시와 연결되는 상징 조형물이 있다. 이 기념관은 유대인 기념관이 갖는 상징성에 큰 비중을 두고 있다. 공간구성(도판 66)은 기존 건물과 지그재그로 꺾인 증축 공간, 대학살 탑 및 이주 정원의 네 공간이 유기적 관계가 있다. 지하층은 개괄적 내용으로 전시가 구성되어 있으며, 경사진 바닥, 미로 형식으로 공간을 구성하여 동선이 복잡하다. 상설 전시는 14개 구역으로 나누어져 있으며, 유대교의 초기에서 현재에 이르는 2,000년 동안의 재독일 유대인 역사와 문화를 다루고 있다. 상설 전시는 3층까지 연결되는 좁고 긴 계단으로 오른 후 내려오게 되어 있다. 관람 동선은 일방적으로 되어 있어서 되돌아가거나 선별적으로 관람하기에는 곤란하다.**57**

디자인의 의도는 아연판 건물의 외피에서 드러나는데, 차가운 금속판의 불규칙한 패턴은 외부의 인상을 강하게 만드는 상징적 요소이다. 대학살 탑도 콘크리트로 마감되어 있으며, 차가운 공간은 기념비적 성격을 강조하고 있다. 여러 유대인 박물관 중에서 유대인의 역사와 삶, 박해 문제를 특징 있게 해석한 박물관으로는 베를린의 유대인 박물관이 유일하다.

이 박물관은 한눈에 들어오는 건축물은 아니다. 위에서 보면 10개의 번개 같은 형태로, 구약의 다윗 왕을 상징하는 별의 깨어진 형태를 보인다. 1,005개의 창은 중요한 표현 요소로 전시 내용을 전달한다. 5층 건물은 막다른 코너와 좁은 통로, 크고 작은 전시실 등으로 차 있어, 관람자는 미로에 들어선 느낌을 받는다. 특이한 각도를 이루는 벽, 길고 짧은 선 형태의 창문과 거기에서 생기는 광선 효과는 상징적이다. 어느 전시실은 텅 빈 곳을 그대로 두었다. 여기에서 관람자는 부재, 허공, 망각, 침묵을 느끼게 된다. 리베스킨트는 이 건축을 하면서 베를린에 살았던 수많은 유대인과 아인슈타인, 미스 반 데어 로에, 아놀드 쇤베르크 등을 떠올렸다고 한다. 잊힌 유대인의 삶을 '공간 언어'로 재현한 이 박물관에는 박물관을 새롭게 보아야 한다는 리베스킨트의 철학이 진하게 스며 있다. 그는 이 건물을 디자인하면서 유대인과 베를린, 유대인과 유럽의 관계를 선과 선에 비유했다.

내부에는 세 개의 축이 있는데 운명의 통로로 해석되기도 한다. 홀로코스트 타워로 가는 통로이고, 'E.T.A. 호프만의 정원'의 좁은 층계를 올라가 전시실로 향하는 통로이다. 전시는 유대인들이 전 세계에 흩어지면서 일부가 독일에 정착하는 4세기부터 중세, 18~19세기 유대인들의 해방, 홀로코스트, 현대 등 13개의 부문으로 구성되었다. 유대인들의 역사를 재현하는 사진이나 문서, 그림, 엽서, 책, 옷, 살림 도구 등의 많은 전시물이 다양한 기법으로 전시되었다.

다니엘 리베스킨트(Daniel Libeskind)는 1946년 폴란드의 유대인 가정에서 태어났다. 1960년 미국으로 건너가 미국 시민이 되었다. 그는 텔 아비브에서 음악을, 영국에서 건축을 공부했다. 미국에서 오랫동안 교수로 생활하던 그는 베를린의 유대인 박물관 디자인이 당선된 후, 1990년에 베를린에 건축사무소를 내었다. 리베스킨트는 이 박물관 설계로 세계적 거장의 반열에 올랐다. 또한 9.11 테러로 무너진 월드 트레이드 센터의 그라운드 제로(Ground 0)의 디자인을 맡아 다시 한번 세계의 주목을 받았다.[58]

쿤스트하우스 그라츠, 오스트리아(Kunsthaus Graz, Austria)

그라츠는 오스트리아에서 빈 다음으로 큰 도시다. 구시가지는 1999년에 세계 문화유산으로 지정되었다. '친절한 외계인', '해삼 미술관'이라는 애칭이 있는 쿤스트하우스(도판 67)와 무어강 가운데 떠 있는 인공 섬으로 유명하다. 무어강 동쪽은 구시가지로 고딕, 르네상스, 바로크 등 다양한 건물들이 보존되어 있다. 서쪽은 그다지 좋지 않았다. 그라츠 시는 두 지역 사이의 불균형을 줄여보고자 낙후된 서쪽 지역을 예술마을로 재개발하려 했다. 2003년 현대미술관 쿤스트하우스가 들어서고, 이후 카페 영화관, 콘서트홀이 문을 열면서 서쪽이 문화 중심지가 되었다. 영국 건축가 피터 쿡과 콜린 푸르니에가 설계한 쿤스트하

[도판 67] 그라츠 쿤스트하우스와 구시가지 ©Shutterstock

우스에는 문어 빨판 모양의 채광창과 화려한 야경(도판 68)을 선물하는 700여 개의 형광등, 청색의 아크릴 외장 등이 설치되어 있다. 지붕의 촉수는 '친근한 외계인'의 교신이라는 상상을 품고 있다. 쿤스트하우스는 실험적이고 다양한 예술 공간으로 내부에 소장품 없이 다양한 주제의 전시를 열고 있는 것이 특징이다. 쿤스트하우스에 인접한 인공 섬은 무어강 한가운데 떠 있는 거대한 현대 건축작품이다.

절개된 조개 모양으로 떠 있는 철강 구조물 위에 철골과 플라스틱, 유리로 지어진 인공 섬은 강수위에 따라 자동 조절되는데, 2003년 뉴욕 건축가 비토 아콘치(Vito Acconci)가 설계하였다. 인공 섬은 강의 동쪽과 서쪽을 잇는 보행교이며, 내부에는 카페가 있고 야외 공간은 콘서트홀로 활용된다. 조용하던 도시는

[도판 68] 그라츠 쿤스트하우스의 야경 ©Shutterstock

독특한 디자인의 건축물로 유명해지고, 전통과 현대, 규칙과 파격이 조화되는 도시로 일약 업그레이드되었다. 그라츠 미술관은 부유한 동쪽과 빈곤한 서쪽의 격차를 줄이기 위해 건축되었다. 미술관의 특이한 외관은 퐁피두 센터처럼 주변환경과는 전혀 다른 이질적인 이미지를 보인다. 거대한 촉수를 가진 연체동물 같은 형상으로 외계인이 중세 도시에 불시착한 느낌을 주고 있다. 애벌레나 해삼을 더 닮았다고도 한다. 소리 예술가인 막스 노이하우스는 그라츠 미술관에 소리를 심었다. 오전 7시~ 밤10시까지 매시 10분 전에 5분간 초저음의 진동음을 낸다. 도시 전체로 퍼지는 낮은 울림으로 미술관은 자신의 존재를 드러내고 시민들과 커뮤니케이션을 한다. 미술관은 현대 미술, 뉴 미디어, 사진 등의 다양한 전시회와 행사를 위한 장소로 설계되었다.[59]

구겐하임 미술관, 뉴욕(Guggenheim Museum, NY)

근대건축의 거장 프랭크 로이드 라이트(Frank Lloyd Wright, 1867~1959)가 설계한 뉴욕 구겐하임 미술관(도판 69)은 근대 추상 미술의 걸작품들을 다수 소장하고 있다. 기하학적 형태에 집착했던 '라이트 건축'의 최고 정점을 이루는 이 미술관은 기존 형식을 뛰어넘어 과감하게 시도된 20세기의 대표적인 건물이다. 매우 파격적이어서 랜드마크로도 유명한데, 현대적 미술관으로서의 특성이 있지만 한편으로는 결점도 보이는 건축 작품이다. 자연채광을 도입하고 백색의 원통을 휘감아 도는 '공간의 유연성과 연속성'이 라이트 설계의 기본개념이다. 이건물의 스케치에는 육각형과 원을 이용한 기하학적 형태들이 등장한다. 낮은 입구를 통해 거대한 내부로 들어서면, 먼저 엘리베이터로 최상부까지 올라가게 된다. 관람로의 출발점이 엘리베이터인데 위에서 아래로 내려오면서 전시가 이어진다. 엘리베이터에서 나오면 거대한 중앙공간이 느껴지며, 경사로를 돌아서 내려오면서 원형 벽에 전시된 작품들을 관람하게 되어 있다. 왼쪽 작은 원통 공간의 아래층에는 관리실과 사무실이 위층에는 레스토랑이 있다. 두 개의 원통 중심을 잇는 연결부에는 도서실과 작업실이 있다. 원형 램프의 전시 공간과 천재적 감각의 공간 비례로 설계된 내부 공간이 압권이다. 1988년에 건축팀 과스메이-시겔(Gwathmey-Siegel)이 건물 후면에 증축동을 추가로 설계하였다.

건립 초기부터 이 프로젝트는 난관이 많았다. 구겐하임 재단은 강한 카리스마를 가진 라이트의 고집 때문에 중간에 건축가를 바꿀 생각까지도 하였다. 파리의 퐁피두 센터가 공모 단계부터 엄청난 반발을 불렀듯이, 대개의 위대한 박물관 건축은 시대를 앞서가는 철학을 담고 있다. 라이트는 이 작품에 자신과 다른 작품들을 자유자재로 인용하였다. 천창으로부터 빛이 흘러내리는 단일공간 형식은 '판테온'과 그의 초기 작품인 '라킨 빌딩'을 원용하였다. 내부 경사로

[도판 69] 구겐하임 미술관, 뉴욕 ⓒShutterstock

는 샌프란시스코에 있는 그의 '모리스 상점'과 로마 '바티칸 박물관 원형 계단'을 인용하였다. '말타 신전'의 곡선 형상, 메소포타미아의 '지구라트', 이집트 '조세르 왕의 피라미드', 불레의 '아이작 뉴턴을 위한 기념비' 등에서도 영향을 받은 것으로 보인다. 라이트는 구겐하임을 설계하면서 이 모든 것을 종합하여 완전히 새로운 창조를 이루어 냈다. 자신만의 새로운 건축을 만들고자 했다. 모든 시대의 건축이 자유롭게 이 안에서 그만의 어법으로 녹아 있다. 라이트는 "완만한 경사로는 관람객에게 피로를 덜 느끼게 할 것이며, 경사진 벽면은 수직 벽보다 더 충실하게 전시할 수 있다"고 하였다. 그러한 주장에는 많은 무리수가 들어 있고, 기능성을 겨냥한 미술관으로는 적합하지 않다는 지적이 많다. 시종일관 대공간에 있어야 하므로 변화가 없고, 관람객들은 경사로에 서 있어야 하며 역광으로 그림을 보아야 한다. 게다가 그림을 곡면에 전시하는 일은 어렵다. 그런데도 경사로로 둘러싸인 원통의 수직 공간은 20세기 건축의 기념비적인 존재가 되었다. 과천 국립현대미술관의 원통 공간도 라이트의 설계를 차용했다.

뉴욕 구겐하임 미술관은 미술관이 일상적인 장소이기를 거부한 라이트 특유의 미적 공간이다. 미술관은 사무용 건물이 아니다. 우리는 여기에서 현대 미술의 특이한 공간에 서게 된다. 사람들은 이 공간에서 자유를 느낀다. 현대 미술은 여기저기에서 그 모습을 적나라하게 드러낸다. 뉴욕 구겐하임 미술관은 현대 미술의 요람이며, 현대 미술의 본질을 알고 그들만의 공간을 만들었다.

미술관은 기능 못지않게 철학이 중요하다. 뉴욕 구겐하임 미술관에 들어서면 방문자는 '현대인'이 된다. 유기적 개념의 나선형 램프에서의 움직임은 겉모양으로 표현되었고, 이는 뉴욕 맨해튼의 격자망 도로 패턴과 강한 대조를 이루며 인상적인 랜드마크 역할을 하고 있다. 압축된 어두운 출입구 공간에서 거대한 밝은 허공을 향해 이동하는 스케일과 빛의 변화는 심리적 해방감을 주고 있다. 나선형 램프는 지상에서 하늘을 향해 끝없이 더 상승할 것 같은 이미지로, 기계적인 도시의 흐름에서 해방되는 극적인 순간을 제공한다. 라이트는 외부와 내부 공간이 상호 작용하는 역동적 경관의 이미지를 창출하는 데에 관심을 집중하였다. 또한 바닥과 지붕 판을 연속적으로 덧붙여서 내부와 외부의 상호 연결을 강조하였다. 라이트에게 생명력을 표현하려는 의지는 일생을 통해 지속되어 많은 작품에 구현되었다.

스미스소니언 인스티튜션, 워싱턴(Smithsonian Institution, Washington)

스미스소니언 박물관들은 16개에 달하며, 워싱턴 지역에 14개, 뉴욕에 2개가 있다. 이 중 워싱턴에 있는 주요 뮤지엄들을 소개하면 다음과 같다.

국립미술관 동관

1978년, 워싱턴에 국립미술관 동관(도판 70)이 개관했다. 본관은 1941년 강철 재벌 멜론(Andrew W. Mellon)의 기금으로 만들어진 신고전주의 형식의 건물이다. 본관 전시실 등이 포화상태에 이르러 기획 전시나 특별행사가 불가능해지자, 이를 위해 동관의 신축이 구상되었다. 동관을 지을 때는 전시실 외에 수장 공간이나 연구 공간 등이 고려되었다. 또한 도서실과 자료실이 보완되었으며 시각예술 연구센터가 설립되었다. 동관은 백악관과 국회의사당을 잇는 길과 워싱턴 몰이 교차하는 요지에 자리 잡아 입지 조건이 뛰어나다. 구관과 연결되는 지하통로에는 편의시설(카페, 뮤지엄 샵 등)이 배려되고, 폭포와 천창 빛의 연출이 극적이기까지 하다.

본관이 13~19세기 유럽 미술품과 미국 초기의 회화 조각 등을 전시하는

[도판 70] 워싱턴 국립미술관 동관 ⓒShutterstock

것과 반대로, 동관에는 20세기 현대 미술과 앙리 마티스, 헨리 무어 등 거장들의 작품들이 소장되어 있다. 이 미술관은 건축가 페이가 10년 동안 심혈을 기울여 설계한 회심의 역작이다. 1968년 관장인 카터 브라운은 자문위원회가 추천한 페이에게 설계를 위촉하였다. 본관(West Building)은 신고전주의 건물이어서 페이는 본관과의 연결을 배제하였다. 기본 콘셉트는 본관 축의 연장선상에 이등변 삼각형과 남쪽 몰과 평행한 직삼각형이 이어지는 계획이었다. 페이에게 주어진 설계지침은 본관의 숨통을 트이게 하고, 오리엔테이션 공간과 식당 서점 및 시각예술 센터를 마련하는 것이었다. 설계자 I. M. 페이는 이사장 폴 멜론(Paul Mellon) 등 운영자의 의도를 설계에 충분히 수용하였다. 정문에서 관람객이 느끼는 감정은 거대한 아트리움이 시선을 유도하면서 시원하게 느껴지는 것이다. 3개의 전시실 타워의 최상층만 스카이라이트로 자연광이 도입되고, 전시면적의 대부분이 인공조명에 의존한다.[60]

국립 항공 우주 박물관(National Air & Space Museum)

건축가 : George Hellmuth, Gyo Obata, George Kassabaum

스미스소니언 재단의 중심 시설이며, 1964년에 종합 항공·우주관으로 설계되었다. 국립 항공 우주 박물관(도판 71)은 단순한 직사각형의 건물로 내셔널 몰과 나란히 배치되어 있다. 주변에 허시혼 미술관과 인접해 있고, 건너편에 국립미술관이 마주하고 있다. 거대한 전시물들이 어우러져 있는 이곳은 동선이 매우 선명하다. 2개 층을 개방시킨 대 공간은 26개의 부스로 분절되어 있다. 주요 전시물은 주로 최초의 비행기, 로켓, 우주캡슐, 우주선, 스카이 랩 등으로, 천장에 매달거나 위로 치솟게 하기도 하며 탑승할 수 있는 공간도 있다. 건축물의 외관은 개방된 유리벽과 직사각형의 매스가 규칙적으로 조합된 단순한 정육면체이다. 마주한 국립미술관과 유사한 크기로 대칭성을 강조한 조형 형식이다.

[도판 71] 스미스소니언의 국립 항공 우주 박물관 ⓒShutterstock

허시혼 미술관(Hirshhorn Museum, 1974)

건축가 : Gordon Bunshaft, S.O.M.

허시혼 미술관(도판 72)은 기증품을 국가가 관리하기 위해 건립된 것으로 주로 회화와 조각이 전시되어 있다. 스미스소니언 재단은 구역 내에 현대 미술 갤러리를 건립할 것을 1938년에 법으로 제정하였다. 기업가이자 수집가였던 라트비아 태생의 허시혼(Joseph H. Hirshhorn, 1899~1981, 6세에 미국으로 이민)이 1966년에 자신이 소유한 컬렉션을 정부에 기증하여 미술관이 건립되었다. 그는 기증품 외에 건립비 100만 달러를 쾌척했다. 이 미술관은 1974년 4,000여 점의 회화와 2,000여 점의 조각과 더불어 개관되었다. 허시혼 미술관은 국립 항공 우주 박물관과 프리어 미술관(Freer Gallery of Art)과 아서 M 새클러 갤러리(Arthur M. Sackler Gallery) 사이에 있으며, 건너편에는 국립미술관이 있다. 건물의 형태는

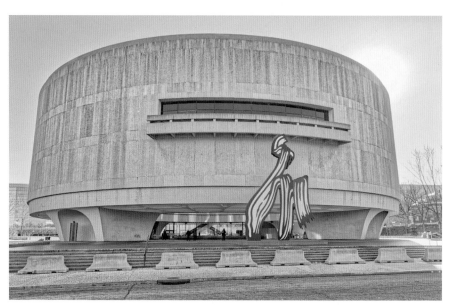

[도판 72] 허시혼 미술관 전경 ⓒShutterstock

[도판 73] 허시혼 미술관과 조각 정원 ⓒShutterstock

원형으로 중정이 개방되어 있고 광장은 조각 정원(도판 73)으로 꾸며져 있다. 지상은 개방되어 있으며, 2·3층이 전시 공간이고 4층은 사무실이다.

미국 유대인 학살 기념관(The United States Holocaust Memorial Museum)

건축가 : James Ingo Freed

전시설계 : Ralph Applebaum & Martin Smith

유대인 학살 기념관(도판 74)은 나치 정권에 학살당한 유대인을 추모하는 전시관이다. 유대인을 기념하는 전시관이 파리나 프랑크푸르트에 있지만, 대규모 기념관이 건립된 것은 워싱턴이 처음이다. 전시관은 대학살 만행을 주 내용으로 하고 연구함으로써, '유대인 학살'이라는 사건을 되새기기를 희망한다. 설계자인 프리드는 최종안을 발전시키기 전에 '테러의 현장'을 방문하였다. 이

[도판 74] 미국 유대인 학살 기념관 전경 ⓒShutterstock

를 통해 죽음의 현장에서 얻은 자료들을 건축에 반영하였다. 기념관 양측에 신고전주의 건물이 있어서, 주변과 연결되도록 외장재를 벽돌과 석회암으로 조립하였다. 2개 층은 개방된 공간을 중심으로 상설 전시실과 상징적인 공간 '회상의 홀'로 구성되어 있다. 1층의 기획실에는 '다니엘 이야기'가 음향과 더불어 꾸며져 있고, 지하층 '회상의 벽'에는 타일 위에 그림이 그려져 과거의 참상을 극적으로 표현하고 있다. 상설 전시실인 2~4층에는 시대별 전시가 되어 있으며 상설 전시품은 흑백으로 움직임이 있는 것이 특징이다. 조형적으로는 현지 '테러의 현장'에서 얻은 다리 강철 벽돌이 연출의 기본을 이루고 있다. 육각형으로 처리된 '회상의 홀'은 유대인 학살 희생자 6백만 명을 상징한다.

스미스소니언을 돌아보지 않고는 미국을 얘기하지 말라는 말이 있다. 미국의 역사와 과학, 예술을 집약해 놓은 아카이브이기 때문이다. 워싱턴의 심장부인 이곳에는 국회의사당, 워싱턴 기념탑, 스미스소니언, 워싱턴 국립미술관 등 주요 공공기관들이 있다. 워싱턴 D.C.는 철저한 계획으로 건립된 행정도시이다. 스미스소니언은 워싱턴 D.C.의 문화 명소이자 세계 최대의 박물관 단지이다. '스미스소니언 캐슬'은 19곳의 미술관과 박물관에 관한 정보를 얻을 수 있는 스미스소니언의 본부이다.

스미스소니언은 모두에게 부러움의 대상이다. 무려 1억 4천만 점에 달하는 컬렉션과 19곳의 미술관·박물관, 그리고 다양한 프로그램은 경이로움 그 자체다. 이 세계 최대의 박물관 단지는 한 개인의 기부에서 비롯되었다. 주인공은 제임스 스미스슨이다. 그는 1765년에 영국의 대지주 휴 스미스슨(Hugh Smithson)과 그의 정부 엘리자베스 키트 매키(Elizabeth Keate Mackie) 사이에서 태어났다. 1786년 옥스퍼드 대학을 졸업한 스미스슨은 어머니가 세상을 떠난 해인 1800년에 최연소 로열 아카데미 회원으로 선발되었다. 스미스슨은 플로렌스와 알프스 등을 찾아다니며 평생을 자연을 탐구하는 데에 보냈다. 스미스슨은 말년에 재산을 영국에 기증하려고 했지만, 영국 사회는 그가 사생아라는 이유로 거절했다. 그는 동생의 아들인 헨리 제임스 디킨슨에게 재산을 넘기면서 "만약 네가 자손이 없으면 이 재산은 모두 미국에 보내라"라고 유언을 남겼다. 1820년 헨리 제임스 디킨슨이 후손을 남기지 않은 채 세상을 떠나는 바람에, 당시 스미스슨의 전 재산 50만 달러가 미국으로 보내졌다. 스미스슨은 유언에서 "내 재산은 대중의 지식을 발전시키는 기관을 설립하는 데 쓰여야 한다"라고 못을 박았다.

그의 정신을 받들어 설립된 스미스소니언은 세계 최고의 문화 공간으로 자리매김하고 있다. 미국의 유명 미술관 가운데 상당수는 부호들의 기부에 힘입었다. 앤드류 멜론(워싱턴 국립미술관), 던컨 필립스(필립스 컬렉션), 윌리엄 윌슨 코코란(코코란 갤러리), 애비 알드리치 록펠러(뉴욕 현대미술관), 솔로몬 R. 구겐하임(구겐하임 미술관), 헨리 클레이 프릭(프릭 컬렉션), 클라라 드리스콜(오스틴 미술관), 헬렌 에버슨(에버슨 미술관) 등은 자신들이 수집한 귀중한 예술품을 시민들을 위해 조건 없이 내놓았다. 예술품을 재산으로 여겨 자손들에게 물려주는 우리나라 기업인들이 본보기로 삼아야 할 대목이다. 이처럼 미국의 미술관에는 화려한 컬렉션과 노블레스 오블리주의 가치가 살아 있다.

베를린 국립미술관(Staatliche Museen zu Berlin)

미스 반 데어 로에(Ludwig Mies van der Rohe, 1886~1969)의 베를린 국립미술관 신관(도판 75)은 현대 박물관 건축의 원형으로 꼽힌다. 건축가 미스는 '보편적 공간'을 주창하였는데, 지상과 하늘의 두 수평면 사이에 어떠한 기능도 소화할 수

[도판 75] 베를린 국립미술관 ⓒShutterstock

있는 공간을 세우기를 원했다. 그리고 그 장소로 베를린을 택했다. 문화적 자부심인 '베를린 필'이 전쟁의 상처를 치유할 수단이었기 때문이다. '베를린 필 하모니' 홀을 설계한 건축가 한스 샤로운(Hans Scharoun, 1893~1972)은 베를린을 문화의 도시로 환원해야 한다고 주장했다. 하모니 홀이 완공된 후, 당국은 국립미술관 신관을 짓기로 하고 거장 미스를 초빙해 문화도시의 완성을 그려내게 하였다. 베를린 국립미술관은 그렇게 해서 빛을 보게 되었다. 베를린 국립미술관에서 이룩한 미스의 성취는 놀라운 것이었다. 미스의 건축은 완전히 차원이 다른 건축이었다. 박물관 건축의 기능성을 최대한 자유롭게 만든 건축가가 바로 미스이다. 그는 미술관 공간을 크게 상설 전시와 기획 전시 두 부분으로 나누어 설계했다. 공간을 설계하기에 앞서 전시에 대한 분석이 선행되었다. 상설 전시는 포디엄이라 칭한 기단부에 전개토록 하였다. 그 위에 8개의 철제기둥이 떠받치는 정방형 지붕을 올리고, 사이에 투명한 기획 전시 공간을 만들었다. 주목되는 점은 두 수평면 사이에 창조된 거대하고 투명한 공간이다. 어떤 기능도 수용할 수 있는 새로운 공간, 미스는 이를 '유니버설 스페이스(Universal Space)'라고 불렀다. 이 개념은 21세기 건축에서 중요한 화두가 되었다. 이 개념의 완결판을 파리의

풍피두 센터에서 다시 확인하고 그의 선견지명에 놀라지 않을 수 없다.**61**

베를린 국립미술관 신관은 마치 두 개의 수평면으로 이뤄진 것처럼 보인다. 하나는 땅에서 솟은 수평면이며, 다른 하나는 하늘에 떠 있는 수평면이다. 이 두 면 사이는 그냥 비어 있다. 구조로 볼 때, 이 방법은 건축의 하중을 최소한의 힘으로 해결하는 동시에 박물관 전시 공간의 효용성을 극대화한 천재적인 설계가 아닐 수 없다. 수직으로 세워진 벽체는 두 가지 목적으로 설계가 된다. 하나는 지붕 등의 하중을 분산하고 다른 하나는 방을 구획하는 용도로 설계된다. 미스에게 벽체는 장치이자 수단이었다. 단순한 형태의 미술관은 주변을 압도하고 있다. 20세기 식 파르테논 신전을 보는 듯하다. 흔들리지 않는 건축의 본질을 보여준다. 포디엄 기단은 주변과 미술관을 확연히 구분 짓고 있다. 검은 지붕 아래의 투명유리는 단순히 내외를 가르는 경계가 아니다. 이는 주변 풍경을 유리 상자 안으로 전달하는 매개체인데, 이 장치가 미술관의 내부와 외부 경계를 허물고 있다. 내부 공간은 구시대 건축과는 확연히 구분되는 현대적 공간이다.**62**

미술관은 오른편에 1846년에 지어진 성 마태 교회(St.-Matthäus-Kirche)가 있으며, 근처는 베를린 필하모니 홀과 국립도서관이 인접한 문화지역이다. 이 미술관의 조형은 기단 위에 올려진 전통적인 Entablature(기둥 위에 수평으로 놓여 수도 위에 놓여있는 몰딩 및 밴드의 상부 구조)다. 완만한 경사지에 테라스를 조성하고 중앙에 정방형의 유리 상자를 배치하도록 설계하였다. 8개의 기둥을 외곽에 배치하여 거대한 지붕(65×65m)을 지지할 뿐 내부에 기둥을 두지 않았다. 또한 유리 벽을 지붕의 추녀 끝에서 끌어들여 차양이 있는 외부공간을 조성하였다. 단순한 유리 벽과 철 구조가 만든 이 미술관은 구조의 단순미를 추구한 미스의 기념비적 걸작이다. 특별전시를 위한 공간은 기둥이 없어서 어떤 종류의 전시도 가능케 하는 자유공간이다. 천장의 높이도 8m나 되어 커다란 작품들도 설치할 수 있다. 이러한 전시 공간의 설정은 휴스턴 미술관의 설계(1954~1958)에서 실험된 바 있다. 저층부는 상설 전시실과 지원시설로 구성되었으며, 바깥으로 조각 공원을 연계하여 시각적 효과를 높였다. 전시구획은 필요에 따라 이동벽체를 이용해 만들 수 있다. 미스 특유의 공간 해법이 이런 모뉴멘탈한 조형으로 나타난 것이다. 이 작품은 쉰켈(Karl Friedrich von Schinkel, 1781~1841)의 알테스 박물관(Das Altes Museum, Berlin)의 전통을 계승했다고 할 수 있다.

베를린 국립미술관의 역사는 16세기까지 거슬러 올라가며, 1830년에 대중에게 공개되었다. 원래는 '카이저-프리드리히 미술관'이라는 이름으로 불렸으며 건물은 신고전주의 양식에 따라 지은 것이다. 제2차 세계 대전으로 건물은 파괴되었으며, 이후 동·서베를린이 동·서 지역으로 분할 관리했다. 당시 동베를린은 고대미술을 주로 전시하고 있었으며, 서베를린은 15~16세기의 진귀한 판화작품과 유럽 중세의 공예품들을 비롯해 19~20세기에 이르는 회화·조각 등의 작품을 전시하고 있었다. 본래 이 미술관은 두 미술관(국립미술관과 베를린 시립 20세기미술관)의 수집품을 통합하여 국립미술관으로 건립되었다.

폴 게티 센터(Paul Getty Center, LA)

트러스트(Trust) 재단은 게티 센터 설계를 위해 미술관 건축 경험이 있는 건축가 7명을 선정하였는데, 건축가 중 리차드 마이어가 가장 적격이라고 판단했다. 리차드 마이어는 르 꼬르뷔지에가 제시한 근대 건축의 정신을 고수하는 건축가이다. 그의 건축에는 정방형 그리드 시스템이나 기하학적 요소 등이 적극적으로 도입되고 있으며, 전성기 근대 건축과 유사한 형태로 나타나고 있다. 또한 리차드 마이어는 백색에 관한 남다른 철학을 갖고 있다. 마이어는 게티 센터를 설계할 때, 캘리포니아와 게티 센터가 가지게 될 지역성 외에 세계적 관심을 불러일으킬 만한 요소를 고려하였다. 그는 특히 자연환경과 경관이 게티 센터를 3차원적 공간으로 에워싸는 점에 주목하고 이를 적극적으로 활용하였다. 마이어는 전시 대상과 공간이 휴먼 스케일(Human Scale)에 적합해야 한다는 공간 콘셉트를 가지고 있었다.

게티 센터의 건축 프로그램은 크게 7가지로 계획되었다. 첫째, 가장 규모가 큰 뮤지엄 공간. 둘째, 인문학 연구소, 미술사 연구소, 도서관 등이 있는 리서치 인스티튜트. 셋째, 휴게공간으로 식당과 카페테리아. 넷째, 450석 규모의 오디토리엄. 다섯째, 게티 트러스트와 보존 과학연구소. 여섯째, 중앙 정원. 그리고 트램 정거장 및 진입광장으로 구성되었다. 건립 예산은 부지에 1억 1,500만 달러, 나머지에 7억 3,300만 달러로 책정되었다. 예산 조정을 통해 게티 센터의 건립 예산은 1992년에 10억 달러로 확정되었다.

[도판 76] L.A. 폴 게티 센터 ⓒShutterstock

게티 센터(도판 76) 구성의 특징은 각각의 건물군이 로스앤젤레스의 중심가와 태평양 해안을 조망할 수 있도록 배치하였다는 점이다. 출입은 트램을 통해 들어오는 관람객들을 위해 진입광장을 개방 공간으로 확장했다. 미술관은 5개의 건축물로 구분되며, 각각의 미술관은 연결통로를 통해 연계된다. 게티 센터의 조명은 자연광과 전시장의 내부 조명이다. 리차드 마이어는 자연채광을 충분히 활용하면서 전시 작품의 손상을 보호하려고 시도하였다. 마이어는 조명설계의 해결책으로 하층은 열에 약한 종이와 필사본 등을 전시하도록 하고, 상층은 유화를 전시하도록 기획하였다. 각각의 갤러리는 전시실에 따라 천장의 조명설계가 다르게 된 점도 특징이다. 정원 디자인은 미술관과 리서치 인스티튜트 사이의 자연 계곡을 재건하는 개념으로 접근하였다. 두 건축물 사이로 개울을 재조성하고 물가 양옆으로 화단을 두었다.[63]

빌바오 구겐하임 미술관(Guggenheim Museum, Bilbao)

중공업 지대였던 빌바오를 문화도시로 되살리기 위한 계획이 바스크 정부에 의해 1980년대에 수립되었다. 도시 재개발에 '박물관 건축계획'이 포함되었고, 1991년 바스크 정부와 구겐하임 재단의 공모 프로젝트에 프랭크 게리(Frank O. Gehry)가 선정되었다. 빌바오 구겐하임 미술관(도판 77)은 빌바오 경제를 되살리고 시민의 자긍심을 고취하는 계기로 작용했다. 구겐하임 미술관의 "빌바오의 기존 분위기와는 다른 새 건축 형태로 도시에 활력을 주어야 한다"라는 조건에 정확히 맞았다. 또 컴퓨터에 의한 조각처럼 네르비온(Nervión) 강에 반사되어 팝 미술과 같은 시각적 즐거움을 주고 있다. 전체적으로 바윗덩어리가 쌓여 있는 듯한 느낌을 주는 이 건축물은 세 가지 재료와 공간으로 구성되어 있다. 스페인산 석재의 수직면은 지원 시설이고, 신소재인 티타늄 곡면은 전시 공간이며, 유리로 개방된 부분은 공용 공간이다. 재료의 조합으로 층의 구분을 초월하고

[도판 77] 빌바오 구겐하임 미술관의 외관 ⓒShutterstock

건축적 장치를 통해 자연광을 유입시킨 점이 이 미술관의 장점이다. 전 세계의 많은 도시가 빌바오를 보고 문화적으로 강하게 자극받았다. 뉴욕시는 2005년까지 완공하는 것을 목표로 맨해튼 동쪽 부두에 대규모 구겐하임 미술관을 계획했다. 대만과 리우데자네이루에도 분관 건립 계획을 발표했지만, 실행에 옮겨지지 않았다.[64] 우리나라에서도 인천 송도에 구겐하임 미술관을 유치를 계획하기도 했으나, 워낙 까다로운 조건과 예산 문제로 성공하지 못했다고 한다.[65]

빌바오는 스페인의 공업 도시로, 조선업의 쇠퇴와 함께 쇠락의 길을 걷게 되었다. 이에 빌바오시 당국은 새 전시품을 전시할 미술관을 찾고 있던 구겐하임 재단 측과 접촉해 새로운 미술관을 유치함으로써, 빌바오 구겐하임 뮤지엄 프로젝트가 시작되었다. 1997년 미술관이 개관된 후, 매년 약 100만 명이 넘는 관람객이 방문하여 빌바오시를 새 관광명소로 자리매김하는 데에 크게 이바지하였다. 이러한 '빌바오 효과'는 상징 건축물이 문화적 또는 경제적으로 엄청난 효과를 일으킬 수 있다는 것을 보여주는 사례이다. 건축가 프랭크 게리는 연면적 약 2만 8,000㎡에 19개의 전시실과 거대한 아트리움 등을 설계해 전통적인 미술관과는 판이한 형태와 공간을 창조했다. 이 미술관의 외관은 마치 꽃의 형상 같기도 하고 배의 모습 같기도 한 독특한 모습이다. 정형화된 디자인에 익숙한 사람들에게는 대칭이나 비례 균형까지 무시된 듯한 생소한 형태에서 특별한 아름다움을 떠올리게 된다. 주 출입구는 경사를 이용해 전면에서 계단을 통해 1층으로 내려가도록 했다. 출입구에 이어 50m 높이의 거대한 아트리움은 외벽 유리를 통해 들어오는 빛으로 밝고 경쾌한 공간을 창출하고 있다. 아트리움은 3개 층에 걸쳐 마련된 19개의 전시실의 시각적 중심 공간이기도 하다. 빌바오 미술관은 외부의 자유로운 형태와는 달리 내부는 회화작품의 전시에 적합한 벽체이며, 현대 설치미술 작품을 위한 자유곡선 형태의 갤러리는 관람객을 지루하지 않게 배려한다. 모든 전시실은 천창을 통해 자연광을 내부로 끌어들이고 있으며, 내부 공간은 미술작품의 전시라는 본연의 역할을 충실하게 수행해내고 있다.[66]

구겐하임 미술관이 발산하는 역동적 분위기는 빌바오의 정치·사회를 이면적으로 표현하고 있다. 빌바오는 조선 철강 산업이 활발했던 공업 도시였다. 그러나 1980년대에 주요 산업의 쇠퇴와 바스크 분리주의자들의 테러로 도시의 기능이 침체하면서 위기를 맞았고, 이를 벗어나기 위해 도시재생을 도모하던 중 구겐하임 미술관을 유치했다. 건축가 게리는 빌바오의 경제적 위기와 정치적 혼란을 미술관에 반영해서, 빌바오와 바스크 사회를 낙관적 분위기로 바꾸고자 했다. 게리는 구겐하임 미술관에서 빌바오의 장소적 특성에서 우러나오는 기억 대상을 사실적으로 끄집어내고자 구상적 형태를 건축으로 결합하였다. 구겐하임 미술관이 조각 같은 성향을 띤다는 점에서 미술관의 형태는 배나 꽃 등의 모습으로 연상할 수 있다.[67] 미술관의 그러한 특성으로 인하여, 방문객은 마치 조각을 감상하듯이 여러 관점에서 미술관을 감상할 수 있다. 미술관은 설계 의도대로 주간에는 태양광 은빛을 발산하고, 야간에는 인공조명으로 금빛을 발산한다. 이에 따라 미술관은 낮에는 백색 경쾌함과 밤에는 황색 따스함을 보여준다. 빌바오 구겐하임의 별명 중 하나는 '메탈 플라워'인데 건물 전체를 감싸고 있는 티타늄의 금속 패널들과 춤을 추는 듯한 자유로운 형태 때문에 얻은 것이다. 이 미술관은 이러한 독특한 건물 때문에 소장품보다 미술관 건물 자체가 더 화제가 되곤 한다. 빌바오 구겐하임 미술관은 현대건축물로서 미술관과 지역을 대표하는 아이콘으로 작용하고 있다.[68]

가나자와 21세기 미술관, 일본

가나자와 21세기 미술관(도판 78)은 세계의 동시대 미술을 만나는 마당을 마련하고자 설립되었다. 가나자와는 역사 도시지만 문화 도시로 변모를 시도하고 있다. 가나자와시는 낡은 방적공장을 '시민 예술촌'으로 탈바꿈시켰다. 도심 한복판에 있는 전통 정원 겐로쿠엔과 이시카와 성터에 인접하여 1997년에 지어진 이 미술관의 외관은 현대식 원형 강화유리로 마감되어 있다. 지하 2층, 지상 2층의 이 건물은 지름이 112.5m인 원기둥의 형태를 띠고 있다. 원형은 '탈 중심의 건축'을 상징하며, 유리 벽은 열린 관계를 표방한다. 미술관 중정은 작품을 전시하거나 휴식 공간 등으로 활용되는 장치이다. 미술관 내부를 전시 영역과 시민 공간으로 구분한 것은 미술관의 경계를 없애려는 의도이다. 21세기 미술관의 개념은 '도시에 열린 공원 같은 미술관'이다. 누구나 방문할 수 있고 거기에서 다양한 만남과 체험을 할 수 있다. 이를 위해 유리로 된 원이 설치되었고,

[도판 78] 가나자와 21세기 미술관 ⓒShutterstock

탑 라이트와 채광정원 등 밝기와 개방감이 과감하게 설계되었다. 가나자와 21세기 미술관의 특징은 무엇보다 그 형태에 있다. 세 방향이 모두 통로라서 어디에서도 출입할 수 있으며 안팎이 구분되지 않는 원형을 채택하고 있는 점이 인상적이다.[69]

가나자와 미술관은 새로운 미술관의 표본으로 세계의 주목을 받고 있다. 젊은 건축가 세지마 카즈요(妹島和世, 1956~)와 니시자와 류에(西沢立衛, 1966~)의 합작품인데, 빌바오 구겐하임 미술관의 경우처럼 가나자와 미술관은 쇠락해 가던 작은 도시 가나자와를 되살렸다. 미술관의 경제 효과는 건립에 따른 경제 효과 217억엔, 미술관 운영 효과 111억엔, 합해서 328억엔 규모로 평가되었다. 난해한 현대 미술을 보여주는 미술관인데도 불구하고 사람들에게 비상한 관심을 끌었고, 이는 편하고 즐거운 느낌을 주는 미술관을 건립하겠다는 의지가 관철된 결과이다. 가나자와 시장은 가정주부가 앞치마를 두르고 잠깐 들를 수 있는 미술관을 만들어 달라고 건축가와 큐레이터에게 주문하였다고 한다. 미술관(도판 78)은 평면이 비행접시 같은 형태로, 전통 역사 거리에 강한 이질감을 주면서 강한 대비가 돋보인다. 지름 112m, 둘레 350m의 원형 유리 구조 안에 각기 높이와 면적이 다른 14개의 박스형 전시장이 있다. 가나자와 미술관은 에코센터로도 기능하는데, 미술관을 중심으로 "문화가 거리를 만들고 미술관이 도시를 바꾼다"라는 이상을 실현했다. 그 하나로 '아트 애비뉴'를 구상하였는데, 이는 지역 전체를 에코 뮤지엄으로 상정하여 미술관을 에코센터로 기능하도록 유도하였다.[70]

에덴 식물원, 영국(Eden Project, England)

[도판 79] 에덴 식물원 전경 ⓒShutterstock

'에덴 프로젝트'는 폐광지역을 거대한 식물원으로 전환하는 야심적인 프로젝트이다. 에덴 프로젝트는 식물과 환경, 식물과 교육의 연계 작업을 통해 많은 사람의 사랑을 받는 식물원을 만들어냈다. 이 프로젝트는 영국의 밀레니엄 기획물로 시도되었고, '인간과 식물이 어우러진 신세계에 이르는 길'이라는 최고의 찬사를 받았다. 그 실체는 최첨단 기술로 운영되는 최대의 식물원이라는 사실이다. 에덴 프로젝트 안의 토양은 폐광의 폐기물, 음식 쓰레기와 유기물 등을 이용한 인공 토양이다. 2001년에 개장한 에덴 식물원(도판 79)은 왜 인간에게 식물이 필요하고, 어떻게 식물을 이용할 것인가를 보여주는 환경교육 실천의 장이다. 이 세계 최대의 온실은 50만㎡의 부지에, 8개의 돔을 4개씩 연결하여 크게 2개의 바이옴(biome, 생태계)으로 구성된다. 가장 큰 왼쪽 돔은 길이 240m, 높이 55m, 폭 110m로, 넓이가 16만㎡에 이른다. 온실 내의 공기 무게만 536톤이다.

식물원은 열대우림과 지중해의 지역성을 간직하는 식물들이 돔형 식물원과 야외 식물원으로 구성되어 있다. 열대우림 돔의 경우 직경 11m 패널이 500개가 넘게 연결돼 있어 밖에서 보면 거대한 벌집을 연상시킨다. 핵심은 '바이옴'이라는 온실 외벽이다. 구조물은 많은 패널을 모아 3각, 5각, 6각 혹은 다각형의 구조로 이루어져 곡선을 만든다. 두 개의 바이옴은 열대우림 돔과 온대 돔이다. 여기에 각 기후대의 유용한 식물을 심어 다양한 문화를 체험할 수 있도록 하였다. 열대관에는 말레이시아 농가주택을 조성했고, 열대지방의 고무나무, 코코아, 커피 등의 다양한 품종을 심었다. 열대우림 돔에는 낙차를 이용하여 폭포와 계곡을 연출하였고 많은 종류의 유용식물이 식재되었다. 온대 돔은 크게 지중해 지역, 남아프리카 공화국 지역, 캘리포니아 지역 등으로 나누어 전시하였다. 온실 외부에는 고사리 차나무 콘월지방의 야생식물 등을 이용한 탐방 공간이 있다. 에덴 프로젝트에는 대략 4,500여 종의 식물들이 있는데, 건축이 시작되는

1997년부터 필요한 식물을 모으기 위한 작업이 '밀레니엄 씨앗 은행'이라는 이름으로 시작되었다. 온실 운영 연료는 태양전지를 통한 전기에너지와 갈대류 등 바이오매스를 이용한다.

에덴 프로젝트는 거대한 돔이 여러 형태로 옹기종기 몰려있는 식물원이다. 그러나 일반적인 식물원과는 차원이 다르다. 구릉지를 끼고 조성된 '에덴 프로젝트'는 관람자 센터에서 출발해 바이옴(biome)으로 불리는 식물원을 조망하며 내려가도록 배치하고 있다. 파괴된 계곡에 인공의 생태환경을 조성해 놓은 것이다. 이 식물원은 영국의 하이테크 건축가 니콜라스 그림쇼(Nicholas Grimshaw, 1939~)가 설계를 맡았다. 에덴 프로젝트는 여러 지역의 식물들을 한 장소에서 자라게 하고, 이를 보여주기 위해 각 지역의 기후환경을 유지할 수 있는 건축적 장치가 동반되었다. 자연을 자연 그대로 수용하는 장치를 꾸미고, 친환경적 소재를 활용한 돔형 건축이 세워졌다. 폴린이 설계한 육각형 벌집 구조를 기본으로 뼈대가 이루어져 있어서, 마치 거대한 축구공 여러 개를 수평으로 잘라 붙여 놓은 것처럼 보인다. 강화 콘크리트가 돔을 지탱하도록 결합하여 안정성도 충분히 확보한다. 잘 '검증된' 돔의 골격에 ETFE라 불리는 최첨단 풍선 피막이 씌워졌다. ETFE는 고성능 불소 합성수지 필름(Ethylene Tetra Fluoro Ethylene)으로 투명한 필름 막이다. 이 필름 막은 내화학성이 있고 잘 접히지 않으며, 빛 투과율이 97%에 달하고, 공기보다도 가볍고 같은 크기 유리 무게의 1%에 불과한 매우 가벼운 재료이다. ETFE는 재활용할 수 있다는 점에서도 친환경 소재이다. 또한 이 물질은 유리보다 절연 효과가 뛰어나며 태양에 잘 견딘다.

에덴 프로젝트는 시사하는 바가 크다. 에덴 프로젝트는 환경과 인간의 관계에 대한 이해를 중심으로 동선 및 테마를 배치하였다. 에덴 프로젝트의 목적은 일반에게 자연을 교육하는 것인데, 방문자들에게 심화한 환경연구와 교육에 참여하는 기회를 제공하고 있다. 식물자원이 어떻게 활용되는지를 보여주는 전시와 연구시설도 갖추고 있다.⁷¹

(2) 국내박물관 건축의 사례

국립중앙박물관, 서울

　1993년 새로운 국립중앙박물관 건물이 용산가족공원 내에 건립하기로 결정되었다. 이어서 1994년 2단계 국제 설계 공모가 공고되었다. 1단계 마감 결과 341점이 접수되고, 그중 10 작품이 2단계 심사 대상이 되어 당선작을 결정하였다. 국립중앙박물관(도판 80)은 전통적인 방식에 따라 남향에 배산임수의 지세를 취하며, 용산공원 내 뮤지엄 컴플렉스의 중심 건축물로 의미가 있다. 외관은 견고한 성벽처럼 보이는데, 진입광장을 중심으로 동편은 전시와 수장, 서편은 기획 전시·어린이 박물관, 교육·문화기능 등으로 나뉜다. 동관은 원통형의 대공간을 거쳐 '역사의 거리'에 이르는 대형 몰로 3개 층이 개방되었고, 천창으로부터 자연광을 유입하고 있다. 건축은 남산을 뒤에 두고 축을 동서로 최대한 길게 끈다. 전시동의 '역사의 길'은 동선의 축을 강하게 해주면서 기념적 공간의

[도판 80] 국립중앙박물관 외경 ⓒ국립중앙박물관

느낌을 준다. 전시 영역은 열린 공간을 가운데 두고 양쪽에 전시실을 두고 있는데 '선택적 선형 구조'이다. 선형을 유지하면서 동선에 강제성을 주지 않았다. '역사의 길'과 전시실 사이의 경계는 의미가 있다. 관람객들은 경계를 넘나들며 공간과 미술품 사이에서 교감을 반복한다. 대지의 서쪽에 연못을 두고 오른쪽에 옥외 전시 공간 등이 전개된다. 국립중앙박물관의 환경은 남산과 한강에 이르는 광역 구도에서 보아야 이해가 쉽다.

전시 공간은 크게 중앙 홀의 역할을 하는 '역사의 길'과 상설 전시실, 기획 전시실 그리고 야외 전시장으로 나눌 수 있다. 전시체계는 크게 고고관, 역사관, 미술관, 아시아관, 기증관으로 나누고, 어린이 박물관과 기획 전시실을 따로 두었다. 도입부로부터 구석기, 신석기, 청동기·초기철기, 원삼국, 고구려, 백제, 가야, 신라, 통일 신라와 발해의 남북국시대에 이르기까지 11개의 전시실로 구성되어 있다. 전시를 시대순으로 보여주기보다 주제별로 전시하였다. 이에 따라 우리의 대표적 기록문화인 한글, 금속활자를 비롯하여 사료적 가치가 큰 금석문, 문서, 지도 등과 백성을 위한 왕과 국가, 지방자치제와 전통사상, 대외 교류 등으로 분류하였다. 미술부는 물질 분류에 의한 주제로 전시실이 나누어져 있다. 2층의 미술부 I은 서예, 회화, 불화와 목칠공예, 그리고 3층의 미술부 II는 불교 조각, 금속공예, 도자공예로 구성되었다. 주변 국가들의 비교를 위하여 인도네시아, 중앙아시아, 중국 출토품, 신안해저문화재, 일본실로 분류하고 있다. 기증 유물들을 전시하는 공간으로 이홍근실, 김종학실, 유강열실, 박영숙실, 최영도실, 박병래실, 유창종실, 가네코실, 하치우마실, 이우치실이 있으며, 소규모의 기증 유물을 모아 함께 전시하는 기증문화재실이 있다.[72]

어린이 박물관에는 '따뜻한 집-삶의 보금자리', '쌀과 밥-농사짓는 도구

들', '무기와 무사', '마음과 영혼의 소리' 등 4개 영역에 57개 아이템이 갖춰져 있다. 전시실 내부 마감은 마천석으로 통일했는데, 이는 건물 외벽의 한국적 느낌을 내부까지 연결하려는 의도이다. 바닥은 18mm 두께의 자토바 후로링(Jatoba Flooring, 남미 자토바 나무로 된 마루 재료)과 24mm 두께의 전나무 우드 타일을 깔아 부드럽고 경쾌하게 만들었다. 조명 시스템은 연색성이 좋고 부드러운 다운 라이트로 실내를 밝히고, 스포트라이트는 전시물을 비추도록 설계되었다. 고고관과 역사관은 조명을 밝게 하여 전시물을 상세히 관찰할 수 있도록 했다. 미술부에는 미술품이 가진 채색과 전시물의 보존, 감상의 집중력을 높이기 위해 실내를 약간 어둡게 했다. 진열장은 벽면에 부착하는 고정 진열장과 이동식 진열장으로 나눈다. 고정 진열장의 숫자는 줄이고 이동식 진열장을 늘렸다. 조명은 디머(Dimmer, 조광기) 조절이 가능한 형광램프와 할로겐램프의 광섬유 시스템을 병행하였다. 유물의 안전한 보존을 위한 항온·항습 환경으로 진열장 외부와 밀폐를 강화하여 1일 공기 교체율을 10% 이하로 유지하고 있다. 이밖에 지진에 대비한 내진 시스템과 첨단 방범 장치를 설치하여 전시물의 안전에 최선을 다하고 있다.

1907년 경운궁에서 즉위한 순종은 창덕궁으로 옮기면서 동물·식물원, 그리고 박물관의 창설을 준비하였다. 1911년에 이왕가박물관의 본관이 착공되고 1912년에 낙성을 보았는데 소장품이 12,230점으로 집계되었다. 1936년에는 미술관 건물의 건설에 착수하여 1938년 3월에 준공되면서 이왕가박물관을 발족하였다. 이 건물은 8실의 전시실과 수장고, 강당 등을 갖춘 우리나라 최초의 미술관 건물이었다. 1945년 광복과 함께 구 조선총독부 박물관 건물에서 국립박물관으로 출발하였다. 이후 여러 이유로 국립중앙박물관은 이전을 거듭하게 되었다. 1950년 한국 전쟁 당시 유물들은 부산대 박물관과 경주박물관 등을 전전하다가 서울로 반입되었다(1차 이전). 1953년에 서울 환도로 경복궁에서 철수하여 남산의 민족박물관으로 옮겼다(2차 이전). 1955년에는 6월 덕수궁 석조전에서 국립박물관이 재개관하였다. 1970년에 덕수궁 미술관(구 이왕가미술관)이 국립박물관에 통합 운영되었다(3차 이전). 경복궁 안에 새 건물로 1972년에 이전·개관하였는데 현재 국립민속박물관이 사용하고 있다. 이전 및 개관하면서 국립중앙박물관으로 확대되었다(4차 이전). 1986년, '중앙청 건물'로 이전하고 소장유물 12만 점을 옮겼다(5차 이전).**73**

국립현대미술관, 과천

국립현대미술관은 덕수궁의 석조전에서 1969년에 발족했다. 1984년부터 과천으로 이전하기로 결정하고 지명 설계로 건축가를 선정하였다. 국립현대미술관(도판 81)은 서울랜드 배후에 있으며, 주변 경관이 아름다운 청계산 중턱에

[도판 81] 국립현대미술관, 과천 ⓒwww.gettyimageskorea.com

있다. 문제는 대중의 접근이 불편하여 관람객 유치가 어려웠다는 데에 있었다. 구성은 구릉을 배경으로 기단식 배치 방법을 취하여 미술관에 접근하면서, 아름다운 경관과 다양한 건물군이 드러나게 되어 있다. 원통형 램프로 구성된 입구동을 중심으로 회화동과 조각동으로 양분된다. 두 개의 전시관은 중앙의 로툰다에 의해 연결된다. 중앙 입구 홀은 램프를 통해 좌우 전시동을 연결하는 역할로 자연광을 도입하고 있다. 상설 전시동 3개 층이 개방된 대공간을 중심으로 주변에 개별 전시 공간이 있다. 조각 전시 공간은 구획이 없는 개방 공간으로 건축의 실체를 노출하고 임의로 전시를 가능케 한다. 채광형식은 천창과 옆면 창을 적극적으로 도입하여 자연환경과 밀착된 전시효과를 의도한다. 중앙에는 백남준의 비디오 아트 작품이 탑 모양으로 세워져 있다. 층층이 쌓아 올린 원통과 곡선 외에 작은 개구부는 성곽을 연상케 한다. 이는 전통 건축의 접근 효과와 유사한 개념으로, 수평적 구성이 수직적 구성으로 변화하는 효과를 보인다. 2009년에 '기무사' 터를 국립미술관 서울 분관으로 지정한다는 발표가 있었고 최근 개관하였다.

국립현대미술관 서울관

2013년 경복궁 건너편에 국립현대미술관, 서울관(도판 82)이 들어섰다. 국립현대미술관은 1986년 자연 속에서 휴식을 제공하는 과천관을 시작으로, 1998년 근대미술을 조망하는 덕수궁관, 2013년 동시대 미술을 소개하는 도심 속 서울관, 그리고 2018년 담배공장을 재생시킨 청주관(도판 83)을 개관하여 4관 체제로 운영되고 있다. 청주관은 옛 청주연초제조창을 577억 원의 공사비를 투입하여 재단장하였다. 10개의 수장 공간과 15개 보존 과학 공간, 기획 전시실, 교육 공간, 조사연구 공간인 라키비움 등으로 구성되었다. 서울관은 2009년 새 미술관 조성 계획이 발표된 후, 신진건축가 그룹인 엠피아트(MP-Art Architect)

[도판 82] 국립현대미술관, 서울관 ⓒwww.gettyimageskorea.com

의 민현준과 시아플랜의 컨소시엄
의 안을 채택하여 2013년 11월에
개관하였다. 부지 안에는 조선 시
대 종친부 건물 경근당과 옥첩당
이 복원되어 있다. 대로변에 있는
건물은 일제 강점기에 경성의학전
문학교 부속 의원, 1945년에는 서
울대 의과대학병원으로 이용되던
건물이다. 이 건물은 모더니즘 경
향을 보여주는 가장 오래된 건축
물이기도 하다. 서울관은 입지의

[도판 83] 국립현대미술관, 청주관 ⓒ대한민국역사박물관

특성상 수직성보다는 수평으로의 확장을 보여주고, 마당을 통한 진입할 수 있도록 하였다. 전시장들을 낮게 배치하고, 지하 공간을 활용하면서 다양한 마당을 두어 어느 방향에서나 자유롭게 미술관에 진입할 수 있도록 했다. 국립현대미술관 서울관 사이사이에 배치된 마당은 관람 동선의 유동성을 제공한다. 로비로 들어서면 밝은 무채색 공간에 직선의 디자인들이 현대적이다. 서울관 설계의 특징은 자연채광을 적극적으로 적용했다는 점인데, 지하에서도 마당과 천창을 전시관 사이사이에 배치하여 자연의 빛과 외부 환경을 끌어들였다. 1전시실을 시작으로 지하 1층에 6개의 전시실과 미디어전시실, 그리고 2층에 있는 8전시실로 이루어진다. 건축가의 설계 개념은 '미술로 완성되는 미술관'이었다. 마당은 이런 개념과 이어지는 설계의 핵심이다. 마당들 사이에 옛 기무사 건물, 현대적 건물인 서울관, 그리고 조선 시대 건물인 종친부가 공존하는 모습은 그 자체로 우리나라 역사를 함축하는 특성을 보인다.[74]

리움미술관, 서울

[도판 84] 리움미술관 전경 ⓒShutterstock

리움미술관(도판 84)은 설립자의 성(姓)인 'Lee'와 미술관을 뜻하는 Museum 의 '-um'을 연결한 합성어이다. 2004년 스위스 건축가 마리오 보타(Mario Botta), 프랑스 출신 장 누벨(Jean Nouvel), 네덜란드의 렘 쿨하스(Rem Koolhaas)가 합동 설 계하여, 한 부지 안에 서로 다른 성격의 복합문화공간을 완성하였다. 세 개 동 의 건축물을 각각의 건축가가 자신의 건축 철학을 담아 설계하였다. 전체 마스 터플랜은 쿨하스와 삼우설계가 공동으로 진행하였다. 리움미술관은 미술관으 로 들어가기에 앞서 자연스럽게 미술관을 한 바퀴 돌아보게 하는 구조로 되어 있다. 뮤지엄 I 은 중앙에 있다. 설계자인 마리오 보타는 스위스의 전통을 담고 있는 테라코타 벽돌과 유리를 주요 재료로 사용하는 건축가로 알려져 있다. 보 타는 미술관에 대해 "미술관은 과거에 종교 건축이 했던 역할, 즉 경건함과 숭 고함을 불러일으키는 역할을 해야 한다."라고 말한다. 단순한 직육면체와 역원 추 형태는 보타 건축의 상징과도 같다. 성곽도시 서울의 전통을 연상시키는 이 러한 요소는 좌측에 있으며 렘 쿨하스가 설계한 아동교육문화센터에서 느껴지 는 블랙 콘크리트의 수평적 플랫폼과, 우측에 있으며 장 누벨의 부식 스테인리 스로 만든 육중한 매스 사이에서 이미지를 주도한다. 내부는 고미술과 현대 미 술의 상설 전시로 구성되어 있다. 두 번째 건축물은 '아동교육문화센터'이다. 흔 하지 않은 블랙 콘크리트를 사용한 블랙박스로, 네덜란드 출신의 렘 쿨하스가 설계한 작품이다.

리움미술관 주 출입구는 '교육문화센터'의 측면에 위치한다. 로비에는 안 내 데스크 뒤편 커피숍과 안내 데스크 옆으로 뮤지엄 숍이 위치한다. 로비홀에 서 세 개 동의 미술관으로 진입로가 연결된다. 렘 쿨하스는 미술관 마스터플랜 의 책임자이다. 세 번째 건축물 '뮤지엄 II' 현대미술관은 부식 스테인리스 스틸 과 유리를 적용한 프랑스 건축가 장 누벨의 작품이다. 장 누벨은 첨단기술-미학과 예술이 접점에 서서 건축을 '공간을 구성하는 기술이면서 이미지를 생산하는 작업'이라고 규정한다. 다양한 크기의 직육면체 전시 칸이 자유분방하게 배치되어, 유리로 된 외벽과 함께 관람객에게는 다양한 전시 공간을 체험하게 하고 동시에 외부를 역동적으로 만들어 준다. 전시장 내에 열린 공간을 만들기 위해 기둥을 없앤 포스트 텐션 공법을 도입하고 격자형의 유리창을 도입해 전시 공간을 확보했다. 국내 최고의 미술관으로 꼽히는 리움미술관은 고(故) 이건희 삼성 회장의 수집품 2만 3,000여 점이 유족에 의해 국공립 기관에 기증된 후 주목받은 '이건희 컬렉션'의 모태가 된 곳이다. 엘리베이터를 타고 4층으로 올라가 내려오면서 고미술을 감상하고, 현대 미술 전시관으로 이동하는 동선을 추천한다. 고미술 소장품 배치는 지진 등 외부 충격을 막는 특수제작 좌대, 반사 없이 감상할 수 있는 특수 유리 등 설비를 갖추었다. 국보 6점, 보물 4점 등 총 160점의 유물을 감상할 수 있다. 현대 미술은 장 누벨이 설계한 M2에서 만날 수 있다.[75]

뮤지엄 산, 원주

우리나라에 외국 건축가의 작품들이 들어서기 시작한 것은 그리 오래되지 않았다. 강원도 원주에 자연과 예술을 한 공간에 표현한 건축가 안도 다다오의 뮤지엄 산이 있다. 뮤지엄은 2013년 개장하였으며, 초기에는 '한솔뮤지엄'이라는 이름으로 개관하였다. 총길이가 700m인 전시동은 천상의 화원을 지나면서 시작된다. 미술관 주변은 물로 둘러싸인 워터가든으로, 물 위에 떠 있는 듯한 느낌을 준다. 이는 일본 건축가들이 즐겨 사용하는 건축기법이다. 본관 건물은 피라미드형으로 산의 형상을 기하학적 형태로 나타내고 있다. 외벽은 외부와의 경계 역할을 하고, 구조는 콘크리트 벽이 역할을 담당하고 있다.

[도판 85] 뮤지엄 산의 내부 ©(재)한솔문화재단 뮤지엄 산

건축가 안도 다다오는 벽의 상부와 하부를 개방하여 내부로 비치는 빛에 의해 시시각각 변하는 자연의 빛을 끌어들여서(도판 85), 시간 개념을 공간 내부로 끌어들이는 수법을 구사하였다. 본관 내부는 비정형으로 전시 공간을 중앙에 배치하고 관람자는 주변을 순환하는 동선으로 구성하였다. 관람객은 미술관 주변을 순환하는 동선을 따라 건물 주변의 자연경관을 마주한다. 미술관 내부는 '페이퍼 갤러리'와 '청조 갤러리'로 종이 박물관을 전신으로 한다. 미술관 본관을 나오면 뒤편으로 스톤가든이 자리를 잡고 있다. 척박하고 건조한 스톤가든의 구불거리는 길을 지나면 제임스 터렐관이 있다. 터렐관은 지형의 특성으로 인해 스톤가든 쪽에서는 건물이 보이지 않는 지하로 내려가는 구도이다. 터렐관을 끝으로 뮤지엄 산이 마련한 프로그램은 마무리된다.**76**

경기도 미술관, 안산

경기도 미술관은 특별한 탄생 배경을 가지고 있다. 뮤지엄 주변을 둘러싸고 있는 안산 시민의 휴식 장소 화랑유원지 호숫가에 있어 호수와 인공 수변 공간을 조성하고, 녹지가 연계되도록 기계실 상부를 녹화 지붕으로 조성하는 친환경적 배치방안이 고려되었다. 뮤지엄은 동서축으로 길게 계획된 유리 벽면을 따라 접근을 유도하고, 장래 증축을 위해 북측으로의 확장 여지를 남겨두었다. 전시장 앞 회랑은 전면 유리로 마감되어 실내외 구분이 없이 외부와 연결되는 느낌을 주며 전시실의 전정 역할을 한다.

상설 전시는 4개의 전시 공간으로 분리하여 각 공간이 독립적 혹은 연속적으로 전시 공간을 구성할 수 있도록 계획되었다. 전시 공간은 여닫을 수 있는 천창을 통해 자연광을 도입할 수 있고, 가변 칸막이를 내장하여 필요한 공간의 구획과 벽체를 설치할 수 있게 되어 있다. 주변 환경에 대응하는 상징적 요소로 바다를 향한 큰 돛을 세우고, 호수로 연결되는 수(水)공간을 조성하여 뮤지엄과 물이 직접 연계되는 독특한 이미지를 창출하고 있다. 상징적인 유리 벽판은 관람객의 접근을 유도하며, 거대한 돛은 건축을 양분하며 주변 지형 속에 뮤지엄의 존재를 강하게 표상하고 있다.**77**

환기미술관, 서울

환기미술관(도판 86)은 화가 김환기의 작품을 전시하기 위해 1992년 개관한 사립 미술관이다. 미술관을 건축한 우규승(1941~)은 메트로폴리탄 미술관의 한국실을 설계한 건축가이다. 김환기는 말년에 파리와 뉴욕 등지를 오가며 많은 작품을 남겼다. 그의 그림은 산, 달, 새, 그리고 도자기 등의 소재를 다루어 많은 사람에게 친근감을 준다. 이러한 그림을 담을 '그릇'으로 설계된 환기미술관은 전통 건축과 현대적 감각 모두를 살리고 있다. 환기미술관의 설계에는 고민의 흔적이 역력하다. 작가 미술관의 경우 작품이 지닌 특징을 담아야 한다는 생각에서 벗어나기 어렵다. 즉 건물이 그 작가의 '기념관'인가 혹은 그 작가의 작품을 전시하는 '미술관'인가의 문제로 귀결되는데, 김환기의 작품을 전시하려는 환기미술관도 마찬가지이다.

환기미술관의 내용은 김환기의 작품이 핵심이 되며 건물의 양식이나 기능이 작품의 내용과 상응하는 게 바람직할 수 있다. 건물은 반지하로 설계함으로써 높이에 비해 내부 공간을 넉넉하게 만들었다. 또 미술관 전체를 본관과 별관의 두 부분으로 나누어 기능적으로 분리하면서, 대지를 효율적으로 활용하려는

[도판 86] 환기미술관 특별전 《김환기, 색채의 미학》 전시 전경, 2017, ⓒ(재)환기재단·환기미술관

두 가지 목적을 달성하였다. 본관 건물은 겉으로는 사무실이 있는 곳과 전시실이 있는 부분으로 나누어진 것처럼 보이지만 안에서는 모두 연결된 공간이다. 전시실은 천장이 높은 공간과 뒤로 연결된 이층 구조 부분으로 구분할 수 있다. 중정을 통해 자연광을 받는다든지 건물의 각 부분으로 갈 수 있는 점은 전통 한옥의 요소이다. 마당에는 소나무, 대나무 등 전통 식물들로 조경된 정원이 있다. 중정의 밖으로 우리 조경에서 볼 수 있는 화계가 축조되어 있다.[78]

　　본관 건물 전체는 상설 전시동과 지원시설로 구분된다. 좁고 가파른 언덕의 대지에서 건축가는 필요한 공간을 수직적으로 쌓아가는 방법으로 해결점을 모색했다. 1~2층에 각 2개의 전시실을 가지며 관장실 등의 지원시설이 있다. 중앙홀은 전시기능을 겸한 다목적 공간으로 미술관의 중심이 된다. 이 공간 주위로 환상형 계단을 통하여 각 전시실로 연결된다. 상설 전시실에는 화가의 작품을 주제별, 연대별로 교체 전시하고, 기획 전시실은 특히 젊은 작가나 외국 작가의 작품전을 유치하고 있다. 한국 현대 미술의 선구자인 수화 김환기(樹話 金煥基, 1913~1974)를 기념해 세운 환기미술관은 그가 작고한 뒤, 그의 유지를 받드는 몇몇 인사들이 환기재단을 설립하고 뮤지엄 건립을 추진해 설립되었다. 그는 한국의 전통적이며 본질적인 아름다움을 가장 잘 체득하였고, 그 정신을 추상적으로 표현한 작가이다. 이로써 수화의 창작활동에서 후반기라고 볼 수 있는 뉴욕 시대(1963~1974)의 작품까지 고국에 돌아와 집을 마련하게 된 셈이다. 환기미술관은 건축적 가치와 그 안에 소장된 작품의 질로 보아 세계적인 작은 뮤지엄이라 할 것이다. 1992년 개관전에는 '뉴욕 시대'를 회고하는 미발표 작품 60여 점을 선보였으며, 수화 탄생 80주년이 되는 1993년에 다시 국제 규모로 재개관했다.[79]

백남준 아트센터, 용인

비디오 아티스트 백남준의 작품을 전시하기 위한 특이한 뮤지엄이 2001년 국제설계공모로 건립되었다. 독일 건축가 쉐멜(Kirsten Schemel)의 'The Matrix'가 당선안으로 선정되었다. 이 건물은 '백남준이 오래 사는 집'이라고 백남준 자신이 명명했다. 백남준 아트센터는 경기도박물관 경기도 어린이 박물관과 더불어 뮤지엄 콤플렉스를 조성한 문화공원 내에 있다. 평면 형상(도판 87)은 그랜드피아노로 백남준이 '행위미술'로 부순 피아노의 'P'자와도 상통된다. 한국의 미디어아트를 발전시키는 전시와 연구센터로서 소통이 원활하고, 관람객 참여형 공간을 구성하기 위해 1층과 2층 전시실이 수직으로 분리되어 있다. 1층 로비에서 이동하기 편리하게 구성되었으며, 테라스와 뒷면 조각 전시 공간과의 연계

[도판 87] 백남준 아트센터 전경 ⓒ경기도뉴스포털

로 내부 공간의 확장을 의도했다. 초기 당선안은 자연 지형을 이용하여 다양한 레벨을 경험하게 한 아이디어와 전시장 내부 부스를 천장에서 매달아 다양한 박스로 전시 공간을 구성하겠다는 독특한 아이디어여서 아쉬움이 남는다. 전시 공간은 백남준 작품만을 전시한 상설 전시실과 기획 전시실, 그리고 젊은 작가들을 위하여 열린 공간들이 비디오 아트를 위한 비디오랩과 함께 모두 개방적이다. 원래 당선안은 계곡을 덮는 매트릭스로 백남준의 실험정신을 반영하고자 했던 아이디어였으나, 디자인 조율과 예산 문제로 많이 변경해서 그랜드피아노 형상으로 조형되었다. 이는 넓은 계곡 쪽으로 전시장을 배치하고, 경사가 급한 정면 쪽으로 좁은 사무영역을 구성하면서 자연스럽게 생긴 형상이라고 한다. 투명한 외피는 내부와 외부의 풍경이 동시에 펼쳐지고 투영되는 백남준의 정신을 담고자 한 조형이고, 비디오 아트의 출발점인 하얀 백지 상자를 의미하기도 한다.[80]

5

박물관과 전시;
기술성과 유인책

　　박물관 전시의 내용과 수준은 해당 박물관뿐 아니라 그 나라의 문화 수준
을 가늠케 하는 중요한 척도가 된다. 전시는 유물 혹은 작품의 일률적인 나열이
아니라, 전체의 성격을 이해하고 거기에 색깔이 있는 질서를 부여해서, 유물 전
체를 아우르는 특성을 정리하고 표현하는 데에 주된 목적이 있다. 특정한 전시
에는 그 전시를 기획한 의도와 기본 철학이 자연스럽게 스며들어 있게 마련이
다. 때문에, 잘 된 전시를 보면 달리 구차한 설명이 없어도 그 전시가 추구하는
바가 무엇이고, 무엇을 전달하고자 했는지 의도를 분명하게 읽을 수 있다. 박물
관 전시는 해당 박물관의 진면목을 보여주는 박물관의 '얼굴'이다. 전시 방법이
나 연관된 교육 프로그램의 좋고 나쁨에 따라서 박물관에 대한 평가가 달라진
다. 오늘날 박물관에서 하는 전시는 박물관 교육과 연결되어 있다는 특성을 보
인다. 전시는 연출 효과나 전시 방법으로 관람객에게 '꿈과 즐거움'을 주어야 한

다. 즉, 눈앞에 보이는 이상의 무엇인가를 제공할 수 있어야 하는 것이다. 최근 들어 우리나라의 많은 박물관이 전시 분야에 대해 특별한 관심을 보이고 있고, 더하여 대형 이벤트 회사들이 기획한 이벤트성 블록버스터 전시가 유행을 이루고 있다. 이들 박물관 전시 중에는 나름대로 주제의 천착이나 준비에 정성을 다하고 있어서 볼만한 전시가 적지 않다. 다만 국민이 원하는 더 많은 볼거리를 위해서는 기획의 내용이나 수준 및 범위 등을 더욱 넓힐 필요가 있다.

박물관 전시는 물건들을 단순히 나열하는 것이 아니다. 박물관은 특별한 대상과의 만남의 장이자 발견의 장이며, 예술품을 만나고 꿈꾸고 감동하는 장소이기도 하다. 그러한 장소에서 장황한 해설을 늘어놓는 것보다는 혼자서 조용히 작품을 감상하기를 원하는 관람자가 있는가 하면, 반대로 예술품을 관람 및 감상하는 방법, 미술품을 분석하는 방법, 혹은 작품의 탄생 배경 등을 알려주기를 바라는 방문자들도 꽤 있다. 박물관은 예술품에 명판이나 해설문을 많지 않게 하면서, 감상 공간을 우선하여 생각해야 하는 것이다. 정보를 제공하기 위한 설명은 최소화하고, 해설문·패널 등은 작품 옆에 두기보다는 어느 정도 거리를 두어야 하며, 필요에 따라 정보기기에서 해설을 제공하는 방식이 배려되어야 한다. 전시물이 갖는 특수한 매력을 관람자에게 전해 감동과 발견을 만들어내는 전시 공간의 창출이 무엇보다 중요하다.

현대의 전시를 특징짓는 요소로 과학기술의 발달을 꼽을 수 있다. 오늘날 박물관은 IT 기술을 도입하여 전시 행위에 정보제공이 부가되고, 디스플레이 기술이 향상되어 '사물' 자체를 아름답게 보이기 위한 연출공간이 더해져, 그 결과 전시 공간이라는 '장소'가 사람들을 매료하는 새로운 공간으로 성장하게 되었다. 20세기 후반 세계적인 경제 성장에 힘입어 과학 기술이 다양하게 발전하는데,

그에 따라 사진·조명·음향·영상·인쇄·공간디자인 등 전시에 수반되는 여러 보완적 기술들이 활발하게 도입되었다. 박람회의 개최나 박물관의 건립에 최첨단 기술이 투입되고 있다. 이것이 현대적인 박물관의 신설과 새로운 전시 공간을 만들어내었다. 신기술이 도입된 첨단 전시는 사람들을 주목하게 하는 큰 요인이 되었다. 1980년대 중반에 반도체를 이용한 컴퓨터가 등장하고 정보전달 기술이 혁신되면서, 전시 기술에도 도입되어 전시 공간의 기술혁신이 한 단계 진보하였다. 현재의 전시는 전시물에 국한하지 않는 다양한 방식으로 전시 공간을 창출하고 있다. 전시 메시지는 전시물에 담긴 정보 이상으로 전시 공간에서의 체험으로 이어지고 있다. 전시는 전시 공간화하고 있으며, 일상적인 현대사회에서 비일상적인 공간이 되어가고 있다. 현대의 박물관 전시는 사람들의 오감을 자극하는 전시 공간을 갖추고, 사람들에게 작은 비일상의 세계를 연출한다.

(1) 전시 내용

박물관 활동 중에서 제일 두드러진 부분은 다른 어떤 작업보다도 '전시'라고 하겠다. 박물관 전시의 기본은 가장 비중이 큰 상설 전시가 되겠지만, 기념적 사업으로 시도하는 특별전이나 주제가 분명한 기획전도 그에 못지않게 중요하다. 상설 전시는 바로 박물관의 얼굴과도 같다. 그러므로 아무리 좋은 박물관이라 하더라도, 상설 전시의 내용이 좋지 않으면 좋은 박물관이라는 평가를 받기 어렵다. 다른 말로 상설 전시는 특정 박물관이 추구하는 이상적인 목표를 담아내는 '표현 마당'이라고 할 수 있다. 그러므로 상설 전시를 어떻게 꾸미는가는 박물관마다 최고의 임무가 된다. 상설 전시를 최대한 잘 만들어내기 위해서는 그에 걸맞게 상당한 준비가 필요하다. 이를 위해 박물관은 자체적으로 별도의 팀을 구성하거나, 전시설계 전문가에게 위촉하여 전시 내용을 정리하고, 스토

[도판 88] 오르세 미술관의 전시 ⓒShutterstock

리 라인을 만들고 그에 따라 세밀한 전시 계획을 짠다. 한마디로 '전시 연출'을 기획하는 것이다. 전시 계획은 관련 분야별로 많은 전문가의 협력이 필요하다. 전시 기획서의 작성, 전시 유물 목록과 전시 스토리 라인의 구성, 이외에 전시 환경의 디자인, 전시 보조물 제작 등 주가 되는 디자인 외에도, 여러 분야 전문가들의 포괄적인 협업이 요구된다. 어느 박물관이나 개관 시점에는 그들이 가지고 있고, 준비해온 내용들을 최대한 잘 보여줄 수 있도록 상설 전시를 꾸미기 마련이다. 그래서 일단 상설전의 내용을 보면, 그 박물관의 수준이 어느 정도인지 파악할 수 있게 된다. 규모의 차이는 있지만, 상설전은 일정한 주기로(3년 이상) 교체 전시되어 방문객들이 싫증을 내지 않도록 배려하는 것이 보통이다.

오르세 미술관이나 테이트 모던 미술관은 상설 전시의 분위기를 일신하는 획기적 수단으로 기존 건물에 대하여 대대적으로 리모델링한 경우다. 오르세 미술관(도판 88)은 루브르 박물관 소장품 중에서 19세기 미술품만을 따로 떼어내어 집중적으로 전시하기 위해, 낡고 오래된 오르세 역 건물을 새 전시장으로 선택했다. 이를 위하여 역사(驛舍) 고유의 분위기가 살아나면서도 동시에 19세기 미술을 포괄적으로 이해할 수 있도록 전시 계획을 짜면서, 설계를 이탈리아 건축가 가에 아울렌티(Gae Aulenti, 1927~2012)에게 일임했다. 아울렌티는 작업을 성공적으로 마쳐서 오르세 미술관이 세계적으로 일약 유명한 미술관 반열에 오르도록 하였다. 테이트 갤러리가 있는 런던은 줄어드는 관광객의 숫자를 늘리고, 새롭게 런던이 다시 세계미술의 중심지가 되려 하는 계획을 수립하게 되었다. 이름하여 '밀레니엄 프로젝트'의 일환으로, 테이트 갤러리는 쓸모가 없어져 볼썽사나웠던 화력발전소를 개조하기로 하였다. 그 공간을 테이트 모던 미

[도판 89] 테이트 모던 미술관의 내부 ©Shutterstock

술관(도판 89)으로 리모델링하여 또 하나의 거대한 볼거리를 세상에 내놓았다. 이는 확 트이고 큰 공간이 필요한 현대 미술의 이벤트적 경향과 맞아떨어져, 또 다른 새로운 눈요깃거리로 등장하게 되는 새로운 계기를 마련하였다. 그에 비하여 우리는 헐려 없어진 중앙청 건물이나 서울역 서울시청 건물 등을 재활용하는 데에 너무 인색하였다.

미술 박물관인 미술관에서 전시되는 것은 주로 예술가가 제작한 회화나 조각 등 예술작품이다. 미술관 전시에는 몇 가지 유형이 있지만, 그 공통된 목적은 작품의 오리지널 즉 진품을 보여준다는 점에 특징이 있다. 미술관에서 전시하는 것은 복제품이 아닌 진품이 기본이며, 미술관은 작품의 실물을 보여주는 장소이다. 전시에는 상설전과 기획전의 두 가지가 있다. 상설전에서는 해당 박물관의 소장품을 전시한다. 명품을 많이 소장한 미술관이라면 매력 있는 상설전이 가능하다. 전시된 작품은 소장품의 핵심을 이루는 존재로 보존상 문제가 없으면 자주 전시될수록 의미가 있다. 전시품의 교체는 소장품의 다양한 측면을 보여준다. 상설전의 형태는 통사적 내지는 시대별·장르별·지역별로 구분하거나, 어느 한 작가 또는 한 유파를 특집으로 하거나, 특정 테마를 설정하는 등 다양한 방식이 있다. 기획전은 학예직이 결정하고 주제에 맞는 작품을 다른 박물관이나 수집가 등으로부터 대여받아 실행하는 전시이다. '소장작품전'처럼 박물관 혼자 힘으로 하는 기획전도 있지만, 다른 박물관이나 신문사·방송국 등과 공동주최로 열기도 한다. 예산 문제나 공동주최자의 사정 등의 조건을 고려하면서 작품을 모아서 전시를 구성해야 하는 어려움 때문에, 기획전은 학예직의 실력을 가장 잘 보여주는 사업이다.

이런 현상은 상설전 외에 특별전이나 대규모 기획전을 통해서 더욱 두드러지게 나타난다. 박물관은 신수품(新收品) 전시 혹은 기증 유물 전시 등의 특별전을 통해서 상설전에서 보기 어려운 특별한 디자인을 선보이기도 하고, 새로운 디자인 경향을 소개하기도 한다. 보통 박물관이나 대규모 전시 공간을 이용해 열리는 블록버스터형 기획 전시는, 전시의 또 다른 세계를 보여주는 기회로 활용되곤 했다. 이런 유형의 전시회는 주어진 공간을 매우 폭넓게 이용하여, 의도한 주제의 전개나 설명은 물론이고, 전시작업의 특수한 양상이나 수준을 보여주는 데에 기여하고 있다. 일본 모리 미술관에서 열렸던 '다빈치-코드 특별전'은 그런 의미에서 현대의 IT 기술을 기본으로 하면서 잘 짜인 전시 공간의 배치나 수준 높은 디자인을 활용하여, 오늘날 일본이 가진 문화적 저력의 일부를 유감없이 과시한 바 있다.

박물관 '전시'는 해당 박물관이 소장하고 있는 실물 자료나 표본 등의 종류와 특성에 의해 결정된다. 소장품의 특성이 바로 박물관의 전시 스타일을 결정하게 되는 것이다. 그런 점에서 보면 박물관과 전시를 동일체로 간주할 수 있다. 근대박물관의 형성은 희귀한 물건들이 수집되고, 수집가가 수집품을 갤러리에 진열하고 공개하는 데에서부터 비롯되었다. 생각지도 못했던 '희귀한 물건들을 유리 전시장 너머로 보는' 일이 이 무렵부터 시작된 것이다. 오늘날 이러한 '갤러리형 전시'는 많은 박물관의 보편적 전시양식으로 널리 보급되어 있다. 거기에는 희귀한 것을 비롯해 가치가 높다고 생각되는 것들이 진열된다. 그래서 박물관을 찾는 사람들도 박물관은 대개 그런 것들이 진열되는 곳이라고 생각하게 되었다. 그러나 오늘날 세계 각지에 많은 박물관이 설립되었고, 그에 따라서 박물관이 수집한 소장품이 반드시 신기하거나 희귀한 것들뿐이라고는 말할 수 없게 되었다. 즉 일상적으로 사용하던 여러 도구와 가구를 비롯한 보통의 생활용품이나 생산도구 등이 박물관 자료로 중요하게 여겨지고, 이들을 수집하고 소장하는 활동이 이어지고 있다.

이를 반영해서 현대에는 박물관 소장품의 특성에 따라 지금까지 해왔던 갤러리 진열형이 아닌 새로운 전시 방법을 시도하게 되었다. 즉 다른 자료나 표본들과 합쳐서 특정한 장면을 구성하는 새로운 전시 방법이 채택되기도 한다. 이는 박물관 전시가 다양해지고 있음을 의미한다. 또한 박물관 명칭에서 이미 전시를 표방하기도 한다. 즉 미술관은 미술작품을, 문학관은 문필가의 작품을, 동·식물원이나 수족관은 동물이나 식물, 어류·수중생물 혹은 박제품이나 표본을 전시한다. 전시 내용과 박물관의 명칭은 연결되어 있어서 박물관의 이미지를 바로 드러낸다. 명칭에 대해 많이 연구하지만, 그런데도 전시 내용을 알게 하기란 쉽지 않다. 박물관 명칭이나 건축을 통하여 제공하는 전시 내용을 충분히 전달하기 어렵다면 특별한 노력을 해야 할 것이다. 박물관 전시 활동의 의의가 바로 여기에 있다. 결국 박물관을 알리는 방법에 대한 노력은 박물관 전시의 본질적인 과제가 될 수밖에 없다.

(2) 박물관 전시의 특성

상설전(도판 90)

박물관의 수집 방침에 따라 모은 소장품을 언제든지 볼 수 있도록 하는 전시가 '상설전'이다. 상설전은 문자 그대로 소장품이 항상 전시되는 전시이다. 그래서 상설전은 바로 박물관의 얼굴이 된다. 박물관을 건립하고자 할 때, 제일 먼저 고려하는 문제가 상설전을 어떻게 구성하느냐이다. 상설전을 어떻게 구성했느냐 하는 문제는 해당 박물관 소장품의 수준과 질을 보여주며, 큐레이터의 능력을 보여주는 바로미터가 된다. 상설전 전시품의 재질에 따라서 여러 차례 교체하여 전시하지 않으면, 작품 보존상 문제가 생기는 것들도 많다. 또, 언제 가더라도 볼 수 있거나 교체전시가 되지 않은 상설전은 일반 대중의 흥미를 감소시키는 원인이 되기도 한다. 관람자가 한번 보았으니 다시 가서 볼 필요를 느끼지 않겠다고 생각하는 대상이 될 수도 있다. 상설전의 관람자 수는 개관 이후 점차로 감소하는 경향을 보여서, 전문가가 아닌 일반 대중은 갈수록 상설전에 흥미를 느끼지 않는다는 사실이 확인되고 있다. 따라서, 상설전이라 하더라도, 가끔 새로운 테마전을 실시하고 추가로 수집한 작품을 모아서 보여주거나 여러 가지 각도와 주제를 갖고 폭넓게 보강 전시할 필요가 있다. 이를 위해서는 수집의 양과 질이 어느 정도 중요하다. 수집의 층이 두터운, 이른바 집합 밀도가 높은 컬렉션이라면 여러 가지 주제에 의한 소규모 기획전도 실시할 수 있지만, 신설된 전시관에서는 수집의 양과 질이 수반되지 않는 빈약한 상설전 때문에 일반 관람객의 흥미를 잃게 되어 있다.

[도판 90] 리움미술관의 상설 전시 광경 ⓒ리움미술관

기획전

기획전은 특정 주제에 어울리는 전시품을 선택하여, 다른 박물관이나 개인 수집가로부터 대여받아 여러 차례 실시하는 전시이다. 큐레이터의 연구 방향에 근거를 두고 특정한 주제의 조사를 통하여, 계통적 또는 역사적 전시를 열거나 혹은 비교 대조하는 전시를 말한다. 전시실 전부를 이용한 대규모인 기획전 혹은 상설전의 일부 소장품들을 이용한 중·소 기획전이 있을 수 있지만, 이를 위해서는 일관된 주제를 파악하기 위한 구성이 불가결의 사안이다. 그를 위해서는 미술사의 연구에 기초를 둔 명확한 방향성과 원칙이 없어서는 안 된다. 여기에 새로 발견된 작품이 더해지면 가장 바람직하겠지만, 지금까지와는 다른 정리 방법이나 결합 방법 그리고 독특한 시각이나 해석 등으로 새로운 편성이 될 수 있을 경우, 그 효과는 매우 크다고 할 수 있다. 기획전은 일정한 기간을 두고 연속해서 구성할 수도 있고, 대형 테마를 설정해서 특정한 이슈에 대해 연속적인 전시를 기획할 수도 있다. 상설전이 박물관의 얼굴이라면 기획전은 박물관의 활발한 활동을 보여주는 잣대가 된다. 따라서 관심이 있는 일반인들은 특정 박물관의 기획전을 기대하며, 기획전을 통해 박물관의 실력을 평가하기도 한다.[81]

리노베이션 작업의 핵심이 되는 일련의 디자인 때문에 상설 전시에는 당대의 디자인 감각이 최대로 반영되었고, 이는 다시 디자인 분야의 자체 발전에 크게 기여하게 되었다. 박물관 상설전 등의 전시작업을 통해서 전시 디자인은 새로운 계기를 만들어 왔고, 그렇게 발전된 전시 디자인은 다시 박물관의 전시를 한 단계 업그레이드하는 상승효과를 낸다. 이런 현상은 상설전 외에, 특별전이나 대규모 기획전을 통해서 더욱 두드러지게 나타난다. 박물관의 '신수품 전시' 혹은 '기증 유물 전시'등의 특별전을 통해서, 박물관은 상설전에서 보기 어려운 특별한 분야의 수집품을 선보이기도 하고, 앞서가는 새로운 디자인 경향을 소개하기도 한다. 한편 박물관이나 대규모 전시 공간을 이용해 열리는 '블록버스터형 기획 전시'는, 전시의 또 다른 세계를 보여주는 기회로 자주 활용되기도 했다. 이런 유형의 전시회는 주어진 공간을 매우 폭넓게 이용하여, 의도한 주제의 전개나 설명은 물론이고, 전시작업의 특수한 양상이나 수준을 보여주는 데에 다각적으로 기여하고 있다.

박물관 건축과 전시 시설

박물관 건축은 규모에 비해 기능이 복잡해서, 세심하게 건축계획을 해도 문제점이 생기게 되어 있다. 그렇다면, 더 나은 박물관 건축을 만들어가기 위해서는 어떻게 하면 좋은가? 여기에서는 박물관 건축과 전시의 관계를 살펴보고자 한다. 전시는 박물관 개관 시 없어서는 안 되는 것이므로, 개관을 위한 준비를 염두에 두고 상설 전시와 특별전시로 나누어 소개하고자 한다. 미술·역사·과학계의 박물관에서는 각각의 전시에서 실물 자료와 복원 혹은 재현자료의 비율이 서로 다르다. 일반적으로 미술계에서는 실물 자료 중심이고, 역사계에서는 실물 자료와 복원·재현 자료가 동등한 비율로 사용되며, 과학계에서는 재현·체험전시가 주류를 차지하는 경우가 많다. 또한 실물 자료 전시에도 진열장 전시와 유리 진열장이 없는 노출 전시가 있다. 그중에서 역사계 박물관을 예로, 건축과 전시의 관계에 대하여 언급하고자 한다.

역사 자료는 자주 교체하여 전시해야 하는 고문서나 미술품이 많고, 역사상 중요한 사항을 나타내려고 실물을 보완하는 동시에, 역사적 배경을 나타내기 위하여 복원모형이나 복제품이 만들어진다. 박물관 건축설계 및 공사와 동시에 진행하는 전시설계에서는 복원모형의 주제·스케일·사이즈 등이 사전에 결정될 필요가 있다. 복원모형은 이동식의 간단한 것부터 고정식에 가까운 것까지 있지만, 현실적으로는 설치 후 적어도 10~20년은 바꿀 수 없다고 생각하는 것이 좋다. 또한 전시 진열장, 전시대, 스포트라이트, 전시정보 시스템 등도 전시설계 단계에서 계획된다. 전시 진열장 이동의 용이성, 전시 진열장과 비품 수납고와의 위치 관계, 수장고에서 전시장 및 전시 진열장까지의 동선 등 개관 후 후회하지 않도록 사전에 충분한 계획을 세울 필요가 있다. 이를 위해서는 건축가, 전시설계자와 전시를 담당하는 학예직과의 정보공유 및 의사소통이 매우 중요하다.

전시장 내에서는 영상을 사용하는 일도 많다. 영상기기는 진보 속도가 빨라서, 전시와 결합하면 추후 변경이 어려운 경우가 발생하기도 한다. 또한 전시장 내에서는 영상을 사용하지 않고, 별도로 영상을 열람하는 장소를 마련하고 있는 박물관도 있다. 특별전시는 주제에 따라 분야나 담당 학예직이 정해지기 때문에 일률적인 조건을 상정하기는 어렵지만, 요구수준을 어느 정도 확대하여 전시실이나 진열장의 위치·크기·정밀도 등을 사전에 결정할 필요가 있다. 특별전은 대여품이 많고, 대여 기관이 온습도의 관리나 방범 대책 등의 설비에 관한 보고서의 제출을 요구하기도 한다. 따라서 국보나 중요 문화재 등 특급전시물의 전시를 상정한다면, 그에 대비한 충분한 사전계획이 필요하다. 또 처음에는 상정하고 있지 않았던 대형자료 등을 전시할 때를 대비하여, 화물차량 진입로 및 주정차 공간, 반입 엘리베이터, 통로 등의 폭이나 높이, 모퉁이의 치수 등을 꼼꼼하게 점검하고, 전시실 외에 주변 시설을 포함한 계획이 필요하다.

전시 동선이 긴 경우, 전시실 사이에 휴게실 등이 있는 것이 바람직하다. 전시를 본 후에 관심을 가진 내용을 더 깊게 학습할 수 있도록, 도서 자료실 등을 준비하는 예도 많다. 영상 부스나 검색 단말기 등을 준비하고, 학예직이나 연구원이 상담에 응하는 곳도 있다. 게다가 체험학습이나 실연(實演), 워크숍을 실시하는 공간을 준비하는 박물관도 있다. 물 등의 사용도 상정되는 경우가 있는데, 특히 인문계 박물관에서는 불이나 물의 사용을 계획할 때는 자료를 보호하기 위해 충분한 검토가 필요하고, 불이나 물을 사용할 때는 신중해야 한다. 강당이나 강의실은 전시와 관련된 강좌·강연·심포지엄 등에 이용되거나 대관하기도 한다. 또한 일정 규모 이상의 시설이라면, 레스토랑이나 카페를 갖춘 곳이 많다. 단체견학의 수용을 상정하는 박물관에서는 비가 올 때 점심을 먹을 수 있는 공간을 마련하는 것이 바람직하다. 전시실에서는 음식을 먹지 말아야 하므로 다른 구역과 명확하게 분리할 필요가 있다. 뮤지엄 샵은 이용자 수에 따라 규모가 정해지겠지만, 샵의 규모와 다양한 상품, 영업시간에 대한 수요는 최근 높아지고 있다.

박물관의 동선에는 방문자 외에 직원의 동선, 자료를 중심으로 한 동선을 상정할 필요가 있다. 방범 및 방재에 대한 요구가 높아짐에 따라, 경비실이나 방재센터 등을 가까이에 설치하여 박물관 출입을 점검하는 곳이 많다. 박물관 기능의 중심이 되는 학예직의 업무공간은 로비·전시실·수장고 등 모든 장소에 접근하기 쉬운 곳에 있는 것이 바람직하다. 특별전이나 순회전 등에 즈음하여 국내외 귀빈의 방문, 강연회 때의 강사 대기실, 일상적인 방문객에 대한 응대 등 다양한 용도가 상정되는 중요한 공간으로 사무실이나 학예실의 근처에 둔다. 전시패널이나 전단지, 리플릿을 인쇄하고 발송작업 등을 행하는 공간은 박물관의 중요한 작업공간이다. 또한 서버의 위치나 디지털 관련 업무를 처리하는 정보 자료실은 디지털기기의 갱신 기한이 짧아서 유연한 운영이 필요하다. 일반비품·소모품의 보관에 더해, 포스터·전단지·도록·연보 등 매년 방대한 간행물이 있으므로 일시적 또는 중장기적 보관을 상정해 둘 필요가 있다. 자원봉사자와 직원의 활동실·대기실, 안내직원의 대기실 등 박물관의 규모나 체제에 따라 그에 맞는 여러 종류의 공간들이 필요하다.

박물관의 백 야드에서는 직원의 동선 외에도 자료의 이동에 따른 동선을 고려할 필요가 있다. 자료를 반입하고 훈증하고 수장고에 보관하며 전시에 이르는 동선은 바닥의 높낮이 차를 없애는 것이 중요하다. 자료는 미술품 전용 차량 등으로 출입하는 경우가 많으므로 화물차량 진출입 및 주정차 공간이 필요하다. 여러 종류의 화물차량이 주차할 수 있는 공간을 갖추고 있는 것이 바람직하다. 미술품 전용 차량과 그 외의 물품을 운반하는 차량은 구획을 구분하는 것이 필수적이다. 하역장은 화물차량 진출입 및 주정차 공간에 인접하게 마련되어야 한다. 근처에 포장 및 해포 작업실, 운반기구 수납공간, 새로운 수장자료 등을 세척하는 장소가 있는 것이 바람직하다. 새로운 수장자료 등은 임시보관고에 넣은 후, 자료를 곰팡이·벌레·해충알로부터 지키기 위해 훈증 처리하는 것이 필요하다. 수장고 내에서 훈증 처리를 하는 박물관도 있지만, 전용 훈증실이 있으면 수장고에 넣기 전에 훈증실을 거친다. 다음으로 수장고를 바깥 공기에 직접 접촉되지 않도록 하기 위한 완충공간으로 수장고 전실의 설치가 필요하다.

수장고는 보존환경을 유지하기 위해 온습도를 24시간 관리한다. 수장고에 보관하는 자료는 훈증이 끝난 것으로 한다. 문서나 공예품 등 자료에 따라 온습도 관리가 다를 경우, 여러 종류의 수장고가 필요하다. 또한 지정된 물품이나 일시적인 대여품을 넣을 여분의 수장고가 있는 것이 바람직하다. 수장고와 전시실이 다른 층에 있는 경우, 자료 운반용 대형 엘리베이터를 설치한다. 엘리베이터의 넓이·높이는 전시가 상정되는 자료의 크기에 따라 다르며, 일반 엘리베이터에 비해 진동이 적은 것이 바람직하다.

전시를 열기 위해서는 자료의 수장고 외에 진열장·전시대·시연도구 등을 보관하는 준비실이 필요한데, 이들은 전시실에서 가까워야 한다. 전시실에 앞서 자료를 펼쳐서 조사하는 연구실도 있어야 한다. 조사·연구, 도록이나 포스터에 게재하기 위한 자료사진을 찍을 촬영실도 필요하다. 지도·그림 등은 펼치면 한 변이 수 미터에 이르는 자료도 있어, 충분한 넓이·높이의 확보가 필요하다. 도록이나 문화재 조사보고서 등은 매년 방대하게 간행되기 때문에, 학습실·도서실에 비치할 수 없는 도서를 수장하는 예비서고, 또는 박물관 소장 자료 이외의 사진, 음향 및 영상자료 등 각종 자료를 보관하기 위한 2차 자료 보관실이 있는 것이 바람직하다. 박물관에서는 1차 자료 이외에도, 디지털화되기 이전의 매체에서 기록이 모이는 경우가 많다. 그 밖에, 조사·연구나 자료 보존을 중시한 박물관에서는 자료의 보존처리나 일상적인 소장품을 관리하는 공간, 자료분석실 등이 필요하게 된다.

설계자에게 박물관 건축은 매력적인 대상이지만, 박물관 직원으로부터 디자인을 우선으로 하여 이용하기가 불편하다는 의견을 자주 듣는다. 이러한 시행착오를 없애기 위해서는, 박물관 계획자·건축 설계자·박물관 직원이 사전에 서로 충분히 의견을 교환하여야 한다. 건축 계획자와 설계자는 이용자의 관점에서 본 매력적인 박물관의 형태, 내부 공간 등을 의식하고, 이용자나 직원이 사용하기 쉬운 박물관을 계획한다. 그런데 그중에 기존의 방식을 넘어 새로운 형태나 구조를 제안하는 일도 있다. 한편, 실제로 전시를 담당하는 학예직은 자료의 보존, 조사·연구, 전시, 보급이라는 일련의 흐름 속에서 박물관 건축의 편의성을 우선하여 고려한다. 계획자·설계자는 박물관의 업무 내용이나 각 전문분야의 사고방식을 이해하고, 박물관에서 활동하는 사람은 완성된 박물관이 많은 관람자가 향유하는 건축이라고 인식하는 것이 중요하다. 박물관 건축은 외관이 깔끔하게 보인다 해도, 실제는 고유의 기기나 설비를 많이 갖춘 중후하고 장대한 경우가 많다. 전시 진열장을 예로 봐도 기밀성이나 내진성 등 요구되는 기능의 수준이 높을수록 특별 주문품이 많고, 그 개폐나 유형의 문제로 사용자에게는 큰 부담이 된다. 박물관은 이러한 특수사양의 집합체이다. 박물관마다 이용하면서 축적되는 규칙에 따라 박물관 건립을 잘 다루어 나가야 할 것이다.

박물관 건축은 디자인에 따라 주목받을 기회가 많지만, 동시에 박물관 활동의 여러 조건을 충족시키는 것이 중요하다. 또한 박물관 이용자의 만족도와 더불어, 전시를 하는 데에 있어 백 야드도 중요하다. 여기에서는 박물관 건축에 요구되는 여러 기능과 전시의 관계를 서술하고자 한다.

박물관의 종류와 규모는 실제로 각양각색이다. 일본의 경우, 전국적으로 수가 많은 역사계 공립박물관에 대해서 ①방문자 동선, ②직원을 중심으로 한 동선, ③자료를 중심으로 한 동선으로 나누어, 필요한 여러 공간으로부터 박물관의 기능을 고려하고 있다. 방문자 동선·자료 동선과 관련하여 바닥은 높낮이가 없는 설계계획이 요구된다. 이용자의 눈에 가장 먼저 들어오는 로비는 박물관의 얼굴이다. 여기에서 콘서트, 워크숍 외에 특별전의 개막식, 기념식 등이 실시되는 경우가 있다. 로비에는 종합안내, 매표소, 사물함 등이 알기 쉬운 위치에 설치되어 박물관 안내지도, 상설전·특별전, 이벤트 안내, 요금 등의 정보를 정리해 제공할 필요가 있다. 해외에서 온 이용자의 증가에 따라 외국어 표기의 수요도 증가하고, 정보를 깔끔하고 알기 쉽게 제시할 것이 요구되는 공간이라고 말할 수 있다.

전시의 기술

전시(exhibition)나 진열(display) 같은 용어는 사용하는 기관이나 사람에 따라 다른 의미로 다가온다. '진열'은 일반적으로 보통 물건들을 공중에게 공개하는 의미로 사용한다. 그에 비해 '전시'는 전시장 안에 계획하는 작품과 자료들을 모아 치밀하게 배치하는 것을 말한다. 그보다 더 산만한 경우를 우리는 '나열'이라고 한다. 박물관 전시는 일반과의 주요한 소통 수단으로 '작품의 공개'가 주된 요소가 된다. 박물관 전시의 특성은 무엇보다도 '진품(original thing)'을 이용한다는 데에 있다. 박물관 전시설계는 시각적·공간적·물질적인 요소를 관람객의 동선에 맞추어 배열하는 철저히 계산된 고도의 기술이다. 박물관 전시를 위해서는 관람자에게 지식과 즐거움을 최대로 줄 수 있는 수준 높은 디자인이 필요하다. 그러므로 디자인은 전시를 구성하는 출발점이 된다. 전시 디자인은 전시품을 매개체로 박물관과 관람객을 연결하는 수단이다. 전시는 단순히 늘어놓는 나열과는 달라서 '표현'이라는 의미, 의도된 연출이나 계획에 의한 진열 등의 특별한 목표가 있다. 따라서 전시품의 이미지와 품격을 높이고, 시각적으로 안정되고 편안한 분위기를 조성하도록 해야 한다. 전시품을 이해하기 쉽게 하며 박물관의 관리가 편리하고 전시장을 기능적이면서도 효율적으로 구성해야 한다. 따라서 디자인의 결정은 여러 방향에서 신중하고 세밀하게 검토됨으로써, 최고의 효과를 얻도록 준비되고 실행되어야 한다. 구성이 잘 되면 주제가 명확하지 않더라도 관람자에게 편안함을 준다. 반대로 디자인이 실패한다면, 아무리 그 내용이 훌륭해도 부정적인 영향을 주게 된다.

전시를 위한 작품의 배치는 작가·제작연도·주제·미디엄(유채화·수채화·소묘 등의 구별)·크기·포맷·색조·모티브·허용 조도 등의 여러 요소를 고려하여 순서를 정한다. 평면작품을 벽에 전시할 때는 그것들을 어느 정도의 높이에 전시할 것인지가 중요한 문제가 된다. 보통은 화면의 중심이 150cm 정도의 높이에 오게 전시하는 것이 기본이지만 관람자들의 평균 신장을 참고하여 고려될 수도 있다. 어린이나 고령자가 주된 관람층이라면 그보다 더 낮출 수도 있고, 혼잡이 예상되는 전시에서는 사람들의 후방에서도 어느 정도 그림이 보이도록 높게 전시할 수도 있다. 평면작품을 벽에 전시하는 주요 방법은 와이어로 매다는 방식과 벽에 직접 고정하는 방식 두 가지가 있다. 와이어로 거는 방식은 상하좌우의 위치 수정이 간편하다는 장점이 있다. 그러나 작품에 따라서는 와이어가 눈에 띄어 감상에 방해가 되기도 한다. 또한 지진이 나면 작품이 좌우로 흔들리면서 옆의 작품이나 벽과 부딪혀 파손될 위험이 있다. 그러므로 와이어를 스테이플로 고정하는 등의 대책이 필요하다. 벽에 직접 고정하는 방식은 와이어로 걸 때의 단점이 없거나 혹은 적기 때문에, 더 아름답고 안전한 전시가 된다. 그러나 고정하는 쇠 장식의 구조상 위치 수정이 쉽지 않으며 벽에 나사나 못을 박을 때마다 벽이 손상된다는 문제가 있으므로 위치를 결정할 때 와이어 매달기 방식보다 신중하게 신경을 써야 한다.

조각작품은 일반적으로 좌대 위에 두는데, 좌대의 크기와 높이는 작품의 인상에 관계되기 때문에 작품마다 적절한 선택을 할 필요가 있다. 관람객의 동선을 고려하여 작품을 어느 지점에 어떤 방향으로 설치할지를 검토한다. 가능하면 작품 주위를 돌아가면서 볼 수 있도록 배치한다. 한편 지진이 났을 때의 안전성 문제도 충분히 고려되어야 한다. 대형작품이 쓰러지면 관람자에게 피해를 줄 수 있고, 작품 자체도 손상이 커질 위험이 있으므로 주의가 필요하다. 무게가 나가는 작품은 불안하다면 바닥 밑의 상태도 확인하는 등 안전한 위치에 전시한다. 전시와 관련하여 유의해야 할 문제는 많지만, 덧붙이자면 각각의 작품을 아름답게 보이려고 하는 것만으로는 부족하다는 사실이다. 작품에 붙이는 캡션이나 해설 등 패널의 위치, 작품과 작품의 간격, 심지어 작품을 보호하기 위해 배치하는 방법 등까지 주의하면서, 최종적으로는 전시 공간 전체를 미적

으로 만들려는 의식을 가지고 전시에 임하는 것이 중요하다.**82**

　　디자인을 결정할 때는 '명암'이 중요한 요소다. 명암은 밝기나 어두움의 문제로 색상과는 관계가 없다. 검은 구역은 낮은 명암도를 가지며 반대로 흰 구역은 명암도가 높다. 명암은 시각적인 중량감과 관련이 있다. 어두우면 명암도는 무겁게 느껴지며 밝은 색조는 가벼워 보인다. 디자인 요소와 명암의 적절한 처리는 관람자의 감상에 큰 영향을 미친다. 명암은 색소·표면 처리·조명 등의 요소에 의해 조절될 수 있다. 색상은 빛의 물리적 특성과 인간의 두뇌활동과 관계가 있다. 색상은 인식을 통하여 인지되고 의미에도 영향을 미친다. 빛은 시각 센서를 자극하고, 이것이 시신경을 통하여 뇌로 보내지는 메시지를 발생하는데, 그 신호가 색상이다. 빛의 파장은 여러 과정을 거쳐 망막에 도달하고, 그것을 인지하여 색상을 결정한다. 색상은 많은 특성이 있다. 색상으로 만들어지는 색소의 기본은 원색인 빨강·노랑·파랑이다. 원색들이 혼합되어 많은 색상이 만들어진다. 주지하였듯이, 색상은 연상작용과 관련이 있다. 노랑부터 빨강까지의 색상들은 따뜻하다. 반대로 파란 계열의 색상들은 차가움을 연상시킨다. 색상에 특성을 부여하는 작업은 문화적이며, 개인에 따라 다르고 매우 다양하다. 추운 지방의 색상은 무겁고 어두우나, 반대로 더운 지방은 가볍고 발랄하다. 시각적인 무게의 분배에 따라 우리가 느끼는 균형감은 크게 달라진다. 물건이 대칭으로 배열될 때, 균형을 이루고 그렇지 않으면 비대칭이 된다. 균형을 맞추기 위해서 항상 물체만을 이용하는 것은 아니다. 공간을 잘 사용하면 편안한 균형상태를 만들 수 있고, 구성에 대한 시각적인 관심도를 높일 수 있다.**83**

　　사람들은 자유로운 공간에 있을 때 가장 편안함을 느낀다고 한다. 그래서 집에서 천장의 높이는 대부분 안락함을 느끼기에 알맞은 높이로 만들어진다.

장엄한 느낌을 주도록 설계된 공간은 그보다 훨씬 크고 높다. 교회나 성당, 공공건물 등을 보면, 공간이 더 클수록 인간은 더 왜소하게 느껴진다. 안락함을 주는 최소 공간은 자기 팔을 양옆으로 뻗을 수 있는 정도이다. 전시 디자인에서 이러한 요소들은 공간이 주는 효과를 어떻게 처리하는가에 따라 다양하게 달라진다. 안락한 전시회는 거창한 전시회보다 작은 공간이 적합하다. 사람에게는 본 것을 경험하고 기억을 강화하기 위해 접촉하고 싶어 하는 본능이 있다. 어떤 물체가 손에 닿을 만한 거리에 있다면 사람들은 그것을 만지려 할 것이다. 관람객을 전시물에서 분리하기 위해서는 벽을 세우게 되는데, 이는 전시품을 보호하는 장치이다.

사람들은 물건들이 정연하게 놓여 있을 때 편안한 감정을 느낀다. 그러면 더 많은 시간을 관람하는 데에 사용할 것이다. 전시물은 중심이 눈높이에 오도록 배치되어야 한다. 동양인의 평균 신장은 대략 1.6m이다. 시각의 범위는 눈에서 시작하여 수평축 아래위로 40°가량 확장된다. 그 안에서 관람하기에 편안한 영역을 결정하는 것은 물체와의 거리이다. 사람들은 전시품 근처에 앉기 편안한 공간이 있다면 대개는 앉으려 할 것이다. 이런 행동은 무의식적으로 이루어지며 피로에 대한 반응으로 나타나기도 한다. 작은 작품을 가까이 보도록 하기 위해서는 작은 공간과 어두운 조명이 필요한데, 그 속에서 강조된 전시물은 관람자의 호기심을 자극한다. 사람들은 전시장에 들어서자마자 자기 나름대로 감상하려는 경로를 선택할 수 있다. 동선은 통제되지 않으며 무작위적이고 선택적이다. 전시품 위주의 접근법은 관람객들에게 자기 생각대로 이동하고, 관람의 우선순위를 스스로 결정하게 해준다. 때문에, 설명 자료는 전시물 중심으로 배치되어야 하고 진행원칙에만 의존해서는 안 된다. 대개의 전시장은 전시를 모두 관람하기 전에는 출구로 나서기 힘든 강제 동선으로 배치된다. 이 접근법은 매우 체계적이라서 교훈적인 주제에 알맞다.

　　'전시품'은 박물관 전시의 핵심이 되는 매우 중요한 요소이다. 전시물을 전시장에 적절히 배치하는 일은 큐레이터와 디자이너에게 특히 중요한 작업이다. 디자이너는 관람객이 전시 내용을 충분히 소화할 수 있도록, 전시물이 강조되게 구성해야 한다. 전시물의 배치 방식은 관람객의 주의를 붙잡아두는 결정적 요소이다. 전시물에는 2차원적 평면인 것과 깊이가 있는 3차원적인 것이 있다. 2차원적인 것은 그림, 판화, 소묘, 태피스트리 등이 해당한다. 3차원적인 것들은 입체물로 길이·넓이·깊이를 갖는 3차원 형태로 튀어나와 있게 마련이다. 2차원 전시물은 벽에 걸리거나 기울어진 표면 혹은 바닥 위에 놓인다. 3차원 전시물은 전시장 안에서 사람들이 움직이며 볼 수 있을 만큼의 독립된 공간을 차지한다. 단색 작품은 명암이나 표면의 결·시각적 부피·무게에 의존한다. 색채 작품은 이러한 요소 외에 색상이 추가된다. 많은 작품은 시선을 끄는 방향성을 가지고 있다. 평면작품의 배치 방법은 관람자의 시선을 전시의 중심으로 유도하고 주의를 끌기 위해 대단히 중요하다.

　　전시장 벽에 평면작품을 배치할 때, 가장 좋은 방식은 작품을 편안하게 볼 수 있는 높이에 배치하는 것이다. 성인 기준으로, 평균 시선의 높이는 1.5m로 알려져 있다. 이는 관람자의 눈높이와 작품의 중심이 만나는 지점에 작품을 배치한다는 뜻이다. 중심선을 기준으로 정렬하는 배치 방법은 시각적인 균형감과 안정감을 준다. 이와 달리 같은 높이로 가지런하게 배치하는 방식도 있다. 이는 작품의 윗면이나 아랫면 끝이 일직선으로 맞춰지도록 배열하는 것이다. 회화작품 구성의 중요한 요소는 관람자의 눈높이임을 강조하지 않을 수 없다. 다양한 작품들을 진열할 때는 관람객의 시선이 자연스럽게 이동하도록 작품을 배열해야 한다. 개별 작품은 함께 진열되는 다른 작품들과 조화와 균형을 이루어야 한다. 효과적인 단위로 작품들을 묶어서 전시하는 것은 기술을 넘어 예술, 그 자체이다. 조각 같은 3차원 작품을 배치할 때는 작품들 사이의 관계가 고려되어야 한다. 이는 3차원 공간에 작품들을 적절한 위치에 배치하는 것을 말한다. 그룹으로 진열된 작품들 사이를 관객이 이동하며 관람하면, 작품의 배치 문제나 관객의 관점과 시선의 이동 사이에 복잡한 상호작용을 일으킨다.

최근의 추세를 볼 때 박물관은 비장애인뿐 아니라 장애인들을 세심하게 고려하여 전시를 준비해야 한다. 전시회에 어렵지 않게 접근할 수 있는 방식을 개발하지 않는다면 중요한 관람객들이 제외될 수도 있다. 시각, 청각적 장애나 각종 장애가 있는 사람들의 특별한 요구가 수용되어야 한다. 관람객이 전시회에 쉽게 접근하게 하려면 고려해야 할 사항들이 적지 않다. 휠체어 사용자가 편하게 움직일 수 있는 공간이나 전시장은 물론이고, 건물의 입구와 출구, 휴게실, 카페, 오리엔테이션 장소와 회합실 등 박물관 건물의 모든 곳에 이러한 공간이 배려되어야 한다. 청각이나 시각장애가 있는 사람들이 참여할 수 있는 다양한 정보 채널을 제공하는 것도 중요하다. 오디오 장비, 청각이 취약한 사람을 위한 자막 비디오, 만질 수 있는 자료 등이 요구된다. 이러한 시청각 장비들은 모든 관람객에게 정보를 주고 학습 경험을 풍부하게 해주는 도구들이다.

전시장의 휴식 공간은 피로를 덜고 노약자나 어린이들에게 휴식을 제공한다. 표지판은 건물에 들어오는 관람객을 환영하는 주요한 방법이다. 그것들은 안내 표시, 눈에 띄는 장소에 배치된 안내원, 간이 건조물과 전자 보조기기, 혹은 전시 디자인에 포함된 방향 표시일 수가 있다. 또한 안전 수칙은 디자인에서 중요한 사항이다. 비상구 표시는 비상 탈출을 위한 안전한 출구를 제공하는 데에 의미가 있다. 견고한 난간이 있는 발코니, 유물의 적절한 보호, 장애물의 제거는 어린이들과 보호자 장애인 등을 편안하게 한다. 관람객들이 박물관에 쉽게 접근할 수 있고 안전 수칙을 준수하게 하기 위해서는 많은 방법을 연구해야 한다. 중요한 점은 그러한 조건들이 형식적으로 충족되거나 규제로 강요된 것이 아니라, 관람객의 박물관 경험을 높이는 기회로 주어져야 한다.

　박물관 자료 중에서 전시에 이용되는 자료를 '전시자료'라고 하며 이는 전시될 모든 '물질'과 '정보'를 말한다. 재질은 식물·동물·광물 등 다양하며 복원되거나 가공된 형태로 되어 있다. 복원자료에는 형태에 따라 모사와 모조품으로 구분한다. 모사는 그림 등과 같이 평면적인 유물에 대하여 실시하며 원래 크기대로 제작된다. 모조는 재질에 의해서 모형과 레플리카로 구분된다. 모형은 원래의 자료와 같은 재질을 사용하여 제작된 것을 말한다. 레플리카는 본뜨기·성형·착색·금박 등 물리·화학적 기법이 부가되어 제작된 것을 가리킨다. 원자료를 입수할 수 없거나 과거의 것, 해저의 것, 우주 저편의 것 등 충분히 자료적 가치가 있는 것 등은 사진 자료로 다룬다. 영상자료는 사진과는 달리 대상이 변화하는 경우 유효한 자료로, 영화필름과 VTR용의 자기테이프가 있다. 영화나 슬라이드 필름에 의해 스크린에 비치는 투영이 선명한 색채나 영상을 얻기 위해서는 암실이 필요하다. 음성자료는 해설이나 자연적인 음성 혹은 인공음성으로 크게 구별된다. 해설 음성은 나레이션에 의해서 의미를 전달하는 것이며, 자연음성은 생물이 내는 소리나 동작에 의한 것과, 비·바람·파도·땅울림·천둥 등 자연현상의 소리이다. 인공음성은 언어·가요 등의 육성과 악기가 내는 소리, 인간의 동작에 의한 소리, 기계가 내는 소리 등이 있다. 도형자료는 대상이 도형에 의하지 않으면, 내용 전달이 곤란한 경우에 중요한 역할을 한다. 회화나 일러스트레이션 그래프, 도표 등이 여기에 포함된다. 전시에 쓰이는 해설원고의 문자는 150자가 한계이다. 관람자의 피로를 없애기 위해서는 짧고 요점이 분명한 문장으로 압축해야 한다.

전시와 장치

전시 장치는 전시자의 기획 의도를 관람자에게 전하는 기능을 갖는다. 즉 전시 공간과 관련된 구성 내용을 좌우하는 성질을 갖고 있다. 박물관의 천정은 전시 장치나 전시물을 설치하거나 매달기에 충분히 견딜 수 있어야 한다. 마루는 전시에 필요한 공간과 통로로 구분된다. 통로용 마루는 보행에 안전하고 소음을 흡수하도록 제작하는 것이 일반적이다. 전시용 벽에는 칸막이, 전시장(檣)벽, 정보전달 패널 벽 등이 있다. 전시벽은 사진이나 해설자료, 그림 등으로 표현한다. 쇼케이스는 전시품의 완벽한 안전을 위하여 필요하다. 전시실 주위 벽을 따라서 만들어지는 대형 벽케이스와 관람자가 유리를 통해 들여다보는 테이블 케이스 등이 있다. 벽케이스는 붙박이가 많다. 박물관의 부문별 전시나 특별전시에 많이 사용되며, 반영구적 사용을 목적으로 한다. 벽케이스 내부는 온·습도를 수장고와 동일하도록 공기를 조절해야 한다. 전시대는 전시품을 안전하게 설치하는 지지장치를 말한다. 전시품의 크기에 따라 조립식 전시대를 사용하기도 한다. 지지대는 전시품을 고정하는 장치이다. 이것들은 전시품 하나하나를 실측해서 최적의 방법을 찾아 제작한다. 조명은 전시품이나 전시 장치에 주어지는 조명을 가리키는데, 전시품 중 특히 실물 자료나 복원품 등은 빛에 약한 것이 많다. 광선 중에서 특히 유해한 것은 자외선·적외선으로, 이들은 물체를 보는 데에 도움이 되지 않는 빛이다. 대상이 넓으면서 균일한 조도에서 보일 필요가 있을 때 면조명이 필요한데, 디오라마나 회화 기타 평면 자료 등에 쓰이는 조명을 말한다. 이 조명은 점광원보다 형광등 등 선 형태의 광원인 경우가 많다. 이 경우 형광등에서 발생하는 자외선을 없애기 위해 자외선 방지 필터를 채용한다. 전시품이나 전시 장치의 일부를 강조하기 위해서는 스포트라이트를 사용한다. 이 경우 복사열에 약한 자료는 적외선 방지 필터를 사용해야 한다. 지나치게 강한 필터는 청색을 나타내므로, 색채가 중요한 전시품은 주의가 요구된다.

진열장(쇼케이스)은 실내공기가 먼지로 오염되거나 관람자의 손에 닿아 손상될 위험이 있는 전시물을 보호하기 위한 것으로, 박물관에서는 가장 안전한 전시시설로 애용되고 있다. 진열장은 전시물에 따라 다양한 형태와 구조가 있다. 크게 나누어 외형별로 벽에 붙어 설치되어 있는 벽부형 진열장(도판 91), 이동이 가능한 독립형 진열장이 있다. 벽부형 진열장은 박물관에서 가장 많이 이용하는 시설로 전시실 벽면에 고정한다. 대부분 양쪽 출입문으로 드나들면서 전시물을 관리하게 되어 있다. 전면 유리를 옆으로 밀어서 여는 독특한 개폐 방식의 진열장 형식이 있는데, 이 경우 유리의 하중과 유리가 옆으로 들어갈 수 있는 공간이 있어야 한다. 진열장 뒤쪽 공간에 점검구를 두어 출입구에 대한 부담감을 없앨 수 있지만, 좁은 전시실에서는 실용적이지 못하다. 벽부 진열장의 높이는 전시실 바닥에서 조명 부분까지 적어도 350cm 이상은 되어야 넓고 쾌적한 전시 공간을 얻을 수 있다. 진열장 바닥의 높이는 다양하다. 도자기나 공예

[도판 91] 국립중앙박물관 불교 회화실의 벽부형 진열장 ⓒ국립중앙박물관

품 등의 전시품은 전시실 바닥 면에서 85㎝가량 높여서 관람자가 자세히 감상할 수 있도록 하고, 회화 진열장은 45㎝가량의 높이로 하여 병풍이나 대형 화폭의 전시물을 진열할 수 있도록 한다. 전시물의 보존을 위해서 장기간 이어지는 전시는 피하는 것이 좋으며, 또 관람객들에게 새로운 볼거리를 위하여 주기적으로 교체하여 전시하는 것이 바람직하다. 따라서 전시물의 크기나 전시 방법에 구애받지 않고 진열장을 활용하기 위하여, 진열장 바닥을 전시실 바닥까지 내려오게 하는 것이 세계적인 추세이다. 진열장의 깊이도 90㎝에서 120㎝가량으로 늘어나 관리자가 자유롭게 진열을 할 수가 있다.

박물관 내에서는 항온항습이 유지되어 전시물의 손상을 막는 것이 필수적이다. 그러기 위해서는 진열장 내외에 항온항습 설비의 통풍을 고려해 설계되어야 하며, 사이에 먼지 제거를 위한 필터를 설치해야 한다. 특히, 철기나 칠기제품들은 온·습도를 적절히 유지하여야 하므로, 밀폐된 진열장에 별도의 장치를 연결하여 전시물을 보호해야 한다. 진열장 내부나 바닥의 마감은 벽지나 페인트를 사용하는데, 페인트는 손상을 줄 염려가 있으므로 천으로 된 벽지를 주로 사용한다. 천 벽지는 굵은 문양이나 진한 색감보다는 문양이 없고 채도가 낮은 색으로 하여 전시물이 돋보이도록 한다. 벽부형 진열장은 벽에 고정되어 움직일 수 없는 상태에서 여러 전시를 할 수 있는 보편적인 진열장이다. 이동식 진열장은 소형과 중형 크기로 전시실 벽면이나 중심부에 위치할 수도 있다. 이동식 진열장은 운반이 쉽게 바닥에 바퀴가 달려 있는데, 전시 중에 움직이지 않도록 붙박이 고정볼트를 사용하여 고정한다. 이러한 이동형 진열장 바닥높이는 대부분 30㎝ 혹은 85㎝ 정도이며 깊이는 75~90㎝ 정도이다. 조명 상자(box)는 대부분이 낮으며 주로 형광램프를 활용한다. 이러한 진열장은 동선을 유도할 때와, 좁은 전시실에서 넓은 공간을 얻고자 할 때 주로 사용된다. 고정식과 이동식 진열장은 전시물과 전시 동선 및 공간구성에 알맞도록 적소에 배치하여 전시환경의 묘를 살리는 것이 바람직하다.

전시대는 전시물을 올려놓는 받침대로, 진열장 외부의 노출 받침대와 진열장 내에 사용되는 내부 받침대가 있다. 노출 전시대는 전시물 보존에 제한이 없고, 관람자가 거리감 없이 감상할 전시물들을 전시하는 데에 사용된다. 고정 전시대는 묵직하고 안정되어 있으며, 이동식 전시대는 경쾌하고 부담감이 없는 형태이다. 전시물의 종류에 따라 하중을 감당할 수 있는 내구적인 재료와 구조가 요구되는데, 금속제나 석제 등 무거운 전시물은 전시대 내부에 모래주머니 등을 넣어서 전시물이 넘어지지 않도록 한다. 고정 전시대의 규격은 관람자가 볼 때 편안한 높이가 좋으며, 간혹 전시실 바닥에 진열하는 방식도 있으나 낮은 받침대를 사용하는 것이 전시물을 돋보이게 한다. 전시대의 디자인은 전시실 내의 천장, 벽면 형태와 진열장과 전시물과의 조화를 유지하는 것이 무엇보다도 중요하다.

받침대는 전시효과를 높이기 위한 보조 수단이므로, 색상, 재질 등을 선택할 때 전시물이 돋보일 수 있도록 노력해야 한다. 또한 진열장 내부 받침대는 관람자가 시각적으로 편안한 상태에서 전시물을 감상할 수 있도록 받침대의 형태와 크기를 정해야 한다. 서책 등의 평면적인 전시물은 받침대의 경사를 조절하여 관람자의 시선을 편하게 하여야 한다. 전시 받침대는 특별한 색감보다는 진열장 벽이나 바닥 면과 같은 재질과 색감을 사용하는 것이 일반적이다. 그러나 금, 은제 전시품 같은 경우, 독특한 전시효과를 내기 위해서 배경색을 강렬한 색감으로 처리하기도 한다. 또한 귀금속과 같은 작은 소품들은 아크릴 등을 사용하여 전시물을 돋보이게 하기도 한다. 전시판은 벽 자체에 패널을 걸거나 전시물을 매달거나 선반을 이용하는 등의 다각적인 전시 방법이 사용된다. 대형 패널과 소형 패널들을 조화롭게 부착하고, 질서감과 안정감을 위하여 특수한 장치와 모듈 시스템을 구성하는 것이 바람직하다. 이에 따라 전시걸이, 이름표, 설명판 등의 설치가 모듈 내에서 구성될 수 있도록 한다. 공간 구성을 위하여 이동식 전시판을 설치하여 전시의 효율을 꾀하기도 한다.

조명은 실내의 기본조명, 전시 동선과 분위기를 위한 조명 그리고 전시물을 비추기 위한 전시조명이 주가 된다. 전시실은 진열장이나 전시물을 위한 조명이 실내 밝기에 영향을 주기 때문에, 이 점을 고려하여 조명 설비가 이루어져야 한다. 전시물의 감상을 위해 전시 부분이 밝고 다른 공간은 어둡게 느껴지도록 해야 실내가 산만하지 않고 관람자에게 안정감을 준다. 전시물에 대한 조명은 기준조도와 조명 방법을 선택하여 전시물이 가지는 고유한 특성을 효과적으로 표현하도록 하여야 한다. 보행이나 메모 등에 불편이 없을 정도로 75Lux~150Lux 정도 범위가 바람직하며, 전시를 위한 진열장이나 전시물의 표면 조도는 전시물에 따라 다르지만 100Lux~500Lux 정도가 적당하다. 광원의 정반사가 시선에 들어오지 않게 하며, 전시실의 조도에 따라 적정한 광도를 가진 조명기구를 사용한다. 입체 전시물의 조명은 기술적 효과에 따라 입체감, 재질감 또는 분위기 연출 등 시각적으로 매우 큰 차이를 느끼게 한다. 입체감을 살리고 원하는 분위기를 얻기 위해서는 부분 조명이 적합하며, 입체감을 위해 전시물의 한쪽에서는 강하게 비추고, 반대편에는 부드러운 그림자 처리로 자연 조명 효과를 내는 것이 바람직하다. 노출 전시품에 조명을 비출 때는 조명기구에서 발생하는 열과 자외선으로 인한 전시품의 손상이 있을 수 있으므로, 필터를 사용하거나 일정한 거리를 유지하여야 한다.

전시물에 대한 조명은 전시물의 형태나 색상을 바르게 전달하는 것은 물론이고, 입체감과 생동감을 주므로 전시효과가 매우 크다. 조도가 너무 낮거나 높으면 전시물의 고유 모양과 색상을 정확하게 파악할 수 없으며, 탈색이나 변질이 될 수도 있다. 밀폐된 공간에서 조명기구 열로 인하여 전시물이 크게 손상될 수 있으므로, 적외선을 방지하려면 이에 대한 대책이 있는 진열장 구조가 필요하다. 자외선은 전시물의 탈색을 방지하기 위하여 탈색 방지용 형광램프를 사용하거나, 유리 대롱에 차단 필터를 말아 넣어 그 안에 램프를 설치하는 방법이 있다. 조명박스와 진열 공간 사이의 유리 차단벽에 필터를 부착시키는 방법이 있는데, 이는 전시물을 보호하기 위한 제일 나은 방법이다. 진열장 내 조명기구는 일반적으로 형광램프를 주로 사용해왔다. 형광램프는 열의 발생과 전력 소모가 적고, 램프의 수명이 길어 매우 경제적이며 설치에도 별다른 문제점이 없다. 그러나 색상이 차갑고 조도가 약해, 전시물이 가지는 고유 형태와 색상을 제대로 표현할 수 없다. 또 가시광선과 함께 자외선이 방사되기 때문에 오래 쓰면 전시물이 퇴색된다. 때문에, 국부조명으로 할로겐램프, PAR 램프를 혼용하여 입체감, 조도, 색감 등의 효과를 내는 것이 필요하다.

할로겐램프는 색온도가 3200K로 전시품의 원색에 가까운 분위기를 살릴 수 있으나, 열이 많이 발생한다는 단점이 있다. 진열장 내 조명은 높은 열로 인해 적외선이 발생하여 조명이 비추는 전시물이 손상될 수 있다. 때문에 쿨램프를 사용하여 열을 전구의 반사판 뒤쪽으로 향하게 하는데, 이때에도 진열장 내의 열기를 밖으로 보내기 위한 장치(fan)가 설치되어야 한다. 빔 램프는 반사면으로 인해 밝고 부드러운 광원을 갖고 있으며, 여러 각도의 다양한 램프 종류가 있어 용도에 따라 선택할 수가 있다. 많은 열로 인한 전시물에 손상을 주거나, 관람객에게 부담을 주는 것을 막기 위해 열기를 빼낼 수 있는 쿨빔램프도 있다.

외부 환경의 방해를 받지 않고 전시물을 감상하면 깊이가 있는 사고를 하게 되어 전시 의도에 가까워질 수 있다. 거기에 더해 전시내용과 어울리는 음향효과를 사용하면 더 큰 효과를 가져올 수 있다. 음향은 시각 경험과 함께 인간의 감성을 움직여 전시내용을 더 감동적으로 느낄 수 있게 하기 때문이다. 음향자료는 전시물과 함께 시청할 수 있도록 구성에 있어 기술적인 연구가 필요하다. 또 전시 의도에 맞는 청각 효과를 중시해야 하며, 전시물에 대한 실감이 나는 분위기와 이해를 갖게 하도록 음향효과를 최대한 활용한다. 배경 음향, 효과음향, 해설음향, 주제음악 등 전문적인 각색을 거쳐서 표현자료가 제작되는 것이 바람직하다. 음향효과는 음향기기를 통하여 전달되므로 용도에 따라 기기의 선택이 중요하다. 음향효과가 필요한 부분이나 전시물에서는 천장, 벽, 바닥을 통해, 음의 발성과 소음처리가 완벽해야 하므로 스피커의 효과를 충분하게 만들어야 한다. 관리음은 전시실의 운영관리를 위한 방송이 주 임무로 개방형 스피커를 사용하여, 전시실 전역에서 뚜렷하게 들을 수 있도록 조정한다. 관리음은 전시내용과는 별개이므로 감상 분위기를 깨트리지 않도록 해야 한다. 해설음은 음성으로 해설하거나 악기 또는 짐승 등의 소리를 통하여 전시내용을 전달하는 음이다. 이때에는 다른 전시내용에 영향을 주지 않도록 감상 부위에만 효과를 느낄 수 있는 지향성 스피커를 사용해야 할 것이다. 영상음은 영상 효과로 전시내용을 이해시키고 실감 나는 분위기를 조성한다. 배경음은 특정 전시물이나 사진 등으로 전시와 어울리는 분위기를 조성하여 이미지를 충분히 전달하고 관람 효과를 높이도록 한다.

(3) 외국박물관의 전시 사례

국립자연사박물관, 파리

[도판 92] 파리 국립자연사박물관 ⓒShutterstock

　파리 국립자연사박물관(도판 92)의 26개 연구소 가운데 약 절반이 소장한 표본 일부를 활용해 전시하고 있다. 1898년에 건축된 고생물학관에는 6억 년을 거슬러 오르는 여러 표본이 전시되어 있는데, 대형 공룡 〈Diplodocus carnagiei〉의 뼈 표본으로 연간 25만 명의 관람객을 불러들이고 있다. 같은 건물 한쪽에는 각종의 희귀 광물과 화석이 전시되어 있으며, 2억 3천만 년 전 화석화가 잘 되는 고비 사막에 생존했던 다양한 공룡 뼈들이 보존되어 있다. 이것들은 1991년 시행된 프랑스, 몽고 합동 조사단의 원정 결과 나온 표본들을 토대로 제작된 것이다. 지질학관에서는 〈규소의 시대〉라는 전시가 열렸었다. 이 전시는 육지의 60%를 이루는 원소인 규소는 과연 무엇인가, 그리고 생물계에서는 어떤 위치를 차지하며, 인간을 위해서는 어떻게 쓰이고 있는가를 보여주었다. 규소는 오늘날 컴퓨터 칩에 쓰이면서 생활을 혁신하는 데에 기여하였다. 식물관에서는 〈과실과 채소의 전시〉가 열렸고, 곤충관에는 〈세계의 아름다

[도판 93] 파리 국립자연사박물관의 내부 전시, 야생동물 퍼레이드 ⓒShutterstock

운 곤충들〉이 상설 전시되고 있다. 이 박물관 한쪽 끝에 가장 있는 건물인 동물전시관(Gallérie Zoologique)이 있다.

이 건물은 프랑스 혁명 100주년을 기념하여 만국박람회를 열었던 1889년, 에펠 탑을 준공한 직후 완성한 프랑스 자존심의 상징이기도 하다. 이 박물관은 원래 1635년에 시작되었으나, 법 제정으로 국립자연사박물관이 된 것은 1793년이다. 미테랑 대통령은 프랑스 혁명 200주년을 대비하여 이 건물 내부 복원과 새로운 전시 계획을 착수하게 하였다. 국민교육부는 건축가와 과학자 등으로 구성된 위원회를 만들어, 전시 주제를 〈진화〉로 잡고 실무 작업반인 〈진화 제작반(Cellule de Prefiguration-Gallérie de l'Evolution)〉을 편성하고 작업에 들어갔다. 완성되어 개관 중인 이 전시의 시나리오는 다음 4막으로 이뤄진다. 1막에

선 지구상에 생명체가 출현한 이후 모든 종류의 환경에 살고 번식하게 된 경위와 내용을 설명한다. 생물의 다양성이 어떻게 이뤄졌고, 그 원리는 무엇일까를 자문하도록 하게 한다. 이를 위해 온대, 열대, 고산지대, 사막 등을 소개하고 각종 환경과 생물들에 관해 전시한다. 2막은 생명의 역사이다. 유기물질의 기원으로부터 생물이 어떻게 보다 복잡한 단계로 발전해왔는가를 보여준다. 생명체 구성 물질의 기원, 즉 우주 탄생으로부터 지구상 산소의 출현에 이어서 여러 생물의 진화 그리고 오늘에 이른 경로를 설명한다. 3막은 진화의 이론과 메커니즘인데 진화는 생물계의 다양성을 설명해준다. 그로부터 다양하게 발전되어 왔으며, 그 결과로 몇 가지 구체적인 메커니즘들을 발견하게 되었다. 4막은 인간과 자연으로 진화의 산물로서 인간을 따로 다룬다. 인간은 불의 발견 이후 어떻게 문화를 발전시켜 왔고 자연을 이용하였으며, 그 문화로부터 어떤 영향을 받아오고 있는가를 보여준다. 이 박물관의 진화 전시는 환경이 생물에 미친 영향, 생물이 환경에 따라 변화하는 진화의 모습, 그리고 이러한 진화를 유도한 요인과 이를 설명하는 사상들, 끝으로 인간의 문화 창출과 기술 문명이 가져온 자연 파괴와 이에 따른 인류의 미래상을 그리고 있다. 또한 특징 있는 전시 방법으로 동물들의 행진을 표현한 전시 공간을 들 수 있다. 보통 개개의 박제품으로 전시되던 동물들을 자연 상태에서 서로의 크기를 실감할 수 있도록 배려했다(도판 93).[84]

파리 오르세 미술관

오르세 역은 중요한 철도역이었지만 1939년 폐쇄되었다. 이후 ACT 건축팀이 미술관으로 모습을 바꾸게 되는데, 건축팀은 건물의 원형을 최대한 살리면서 현대적 감각을 보이는 설계안을 제출하였다. 이탈리아 건축가 가에 아울렌티가 1980년에 내부 설계와 조경 작업을 맡았다. 아울렌티는 돔 천장은 그대

[도판 94] 오르세 미술관의 전시 ©Shutterstock

로 두고, 승강장이 있었던 본채 안에 테라스로 연결되는 새 구조를 시도했다. 높은 천정은 미술관에서는 기피하는 구조지만 살려둬 오히려 오르세 미술관의 특징이 되었다. 또한 최적화된 전시를 위해 공간을 두 개의 전시실로 나누었다. 이 작업은 기존의 구조를 바꾸기보다는 오르세 역의 역사를 살리는 동시에 현대적 취향을 만족시키려는 방향으로 이루어졌다.

오르세 미술관(도판 94)은 많은 방문객 수를 자랑하는 미술관 중 하나로 1994~2000년 사이, 유료 관람객 수는 연평균 167만 명이 되었다. 오르세 미술관은 단지 인상주의 작품만을 전시하는 미술관이 아니다. 3개의 층에 19세기 후반의, 새 양식의 작품이 커다란 비중을 차지하고 있으며, 실제로 오르세 미술관 컬렉션은 다양한 형태의 예술작품을 아우른다. 중앙 홀과 테라스에는 훌륭한 조각 작품들이 전시되어 있으며, 3층에는 공예품 전시에 상당한 공간을 할애하고 있어서, 관람객들은 가구와 비품들을 통해 19세기 후반 취향의 변천 과정을 한눈에 알 수가 있다.

오르세 미술관의 기원을 알기 위해서는 뤽상부르 미술관이 문을 연 19세기 초로 거슬러 올라가야 한다. 1919년 건축된 뤽상부르는 당대 화가들의 작품을 위한 미술관이었으며, 전시된 작품 대다수는 아카데미 취향이었다. 뤽상부르 미술관의 소장품이 풍요롭게 된 데에는 인상주의 작품들을 국가에 기증한 프랑스의 인상주의 화가 귀스타브 카유보트(Gustave Caillebotte, 1848~1894)의 공이 컸다. 그의 기증품 중에는 르누아르의 명작 〈물랭 드 라 갈레트의 무도회〉와 마네의 〈발코니〉도 포함되어 있다. 카유보트가 정부에 기증하려 한 작품은 모두 67점이었다. 1911년에는 카몽도 백작(Isaac de Camondo, 1851~1911)이 인상주의 작품들을 기증하면서 정부 방침에 변화를 일으켰다. 그가 기증한 작품들은 마네의 〈피리 부는 소년〉 모네의 연작 〈루앙 대성당〉 세잔의 〈목맨 사람의 집〉 등의 명작들이다.

1939년 뤽상부르 미술관은 문을 닫았고, 작품들은 루브르 박물관과 팔레 드 도쿄에 조성된 현대미술관으로 분산 소장되었다. 1947년 루브르 박물관의 재건축 작업은 인상주의 작품 관리에 대한 문제를 초래했고, 문제 해결을 위하여 인상주의 전용 미술관인 '죄드폼 미술관'이 탄생하게 되었다. 죄드폼 미술관은 대중적으로 커다란 성공을 거두었다. 오늘날 오르세 미술관에 전시된 예술 작품 대다수가 이곳으로부터 옮겨진 것이다. 죄드폼의 수준은 인상주의 작품 기증의 물꼬를 텄다. 1961년에 몰라르는 피사로와 시슬레 등의 작품들을, 카가노비치는 고갱·모네·고흐 등 대가의 작품을 기증했다. 폴 가셰 박사도 〈자화상〉과 〈오베르 쉬르우아즈 성당〉 등 고흐의 주요 작품을 국가에 기증했다.

한편 상속세를 미술품으로 납부하게 하는 법안으로 정부는 많은 작품을 입수할 수 있었는데, 이 경로로 입수된 작품으로 모네의 〈몽토르게이 거리〉 르누아르의 〈도시의 무도회〉 등이 있다. 이제 프랑스 정부의 컬렉션은 매우 방대해져서 미술관을 재조직할 필요성이 대두되었다. 1976년에는 퐁피두 센터에 국립 근대미술관이 생겼고, 1870년 이후에 태어난 작가들의 작품이 이곳으로 옮겨졌다. 루브르 박물관에서 1820~1870년 사이에 태어난 예술가의 작품을 기탁받자 죄드폼의 상황은 악화하였다. 이로부터 인상주의 작품만이 아닌 19세기 후반 유럽의 모든 양식을 아우르는 미술관의 필요성이 대두되었다. 이러한 인식은 해를 거듭할수록 설득력을 더해갔고, 새 미술관을 마련하려는 계획이 실행에 옮겨졌다. 오르세 역은 1973년부터 프랑스 박물관국의 관심을 끌고 있었다. 1977년 지스카르 데스탱 정부는 박물관장의 제안을 받아들여 오르세 역을 미술관으로 개수하고자 하는 계획을 확정하였고, 이어 현대적 기준에 부합하는 미술관 작업이 시작되었다. 오르세 역의 본격적인 출발은 철도회사가 정부로부터 땅을 매입하여 건물을 짓기 시작한 1897년에 시작되었다. 1898년 건설이 시작되어 1900년 만국박람회에 맞춰 작업이 완료되었다.[85]

(4) 특별한 전시 사례

네페르티티 흉상 전시

「쥐트도이체 차이퉁」(2001년 11월 14일자)에 따르면, 미인이라면 "갈색에 가까운 피부에 갸름한 얼굴, 살짝 솟은 광대뼈, 도톰한 입술, 오뚝 솟은 코를 갖고 있으며, 약간 넓은 미간에 비교적 얇은 눈꺼풀과 길고 숱 많은 속눈썹, 가늘고 검은 눈썹을 가진 여성"을 말한다. 당시 현대판 미인의 조건을 설명하다 보니, 마치 이집트 왕비 네페르티티의 흉상을 묘사해 놓은 것 같다. 이 기사는 레겐스부르크 대학 학생들이 작성한 통계학적인 인식을 요약한 것이다.

[도판 95] 네페르티티 흉상
ⓒShutterstock

네페르티티 흉상(도판 95)은 약 3350년 전에 만들어졌다. 이 흉상의 얼굴은 레겐스부르크 대학에서 최고의 미인으로 뽑힌 얼굴과 많은 점에서 비슷하다. 채색된 석회석으로 제작된 왕비의 흉상은 밝은 갈색의 피부와 균형 잡힌 얼굴을 갖고 있다. 머리에 비해 엄청나게 큰 푸른색 관에는 금과 보석이 박혀 있고 아래쪽에는 황금 머리띠가 붙어 있다. 균형이 잘 잡힌 이 얼굴에서 한 가지 흠이 있다면, 한쪽 눈이 없다는 점이다. 이 흉상은 수천년 동안 모래 속에 파묻혀 있다가. 조각가 투트메스(Thutmes)의 공방에서 발견된 후 독일의 고고학자 보르하르트(Ludwig Borchardt)를 비롯한 독일 발굴단이 발굴하였다. 지금은 베를린의 국립 박물관이 소장하고 있다.[86]

'네페르티티'라는 인물이 유명해진 것은 이 흉상 때문이다. 네페르티티는 아크나톤의 왕비였는데, 그녀의 이름은 '아름다운 여인이 왔다'라는 의미를 지니고 있다. 네페르티티가 죽은 시점에 대해서는 의견이 분분하다. 아크나톤의 재위 기간은 기원전 1377년부터 기원전 1336년까지 약 40년으로 알려져 있다. 흉상이 발견된 이후, 세계사에서 가장 유명한 여성 중 하나가 된 네페르티티는 많은 추측을 불러일으켰다. 완벽에 가까운 조각품 〈네페르티티 왕비의 흉상〉도,

흉상을 제작한 조각가에 대해서도 아무런 단서를 제공하지 못하고 있다. 아마르나 미술의 대표작인 〈네페르티티 왕비의 흉상〉은 전 이집트 조각품 중 가장 탁월한 흉상 조각으로, 현재 베를린 국립박물관이 소장하고 있다. 흉상의 높이는 약 50cm로 석회암으로 제작되었으며 표면을 화려하게 채색했다.

이 조각상은 이집트에서는 보기 드문 형식이며, 눈은 생명력을 불어넣기 위해 유리로 상감하여 박아 넣었다. 커다란 원통형의 관을 쓴 왕비의 아름다운 얼굴과 화려한 자태는 이지적이면서도 냉정한 분위기가 흐르고 있어, 절대 왕권을 공유하고 있었던 왕비의 영향력을 짐작하게 한다. 베를린 국립박물관에서 가장 많은 관람객을 끌어들이고 있는 이 흉상의 미술적 가치는 놀랄 만한 세련미와 현대의 미적 관점에도 전혀 뒤지지 않는 사실적인 표현에 있다. 커다란 눈과 오똑한 코, 굳게 다문 단호한 입술 표현은 전혀 과장되지 않은 사실적인 인물 표현을 보여주며, 이목구비와 목의 정확한 비례 감각은 조화로운 형태감을 느끼게 한다. 어깨와 목과 두상의 연결 근육은 기원전 135년경의 작품으로 보기에 의심스러울 정도이다. 특히 이집트의 전통적 양식인 정면 부동성을 부드럽게 완화하여 새로운 형상을 창조해낸 점은 뛰어난 사실성에 앞서 이 조각이 위대한 이유라고 볼 수 있다.[87]

모나리자 전시(도판 96)

모나리자는 누구나 감탄하는 명화이다. 모나리자를 전시하고 있는 루브르 박물관은 모나리자 덕을 톡톡히 보고 있다. 그러나 모나리자의 국적은 프랑스가 아니다. 우리 식으로 생각하면 외국 작품을 국보 대접하고 있는 셈인데, 천재 화가 '레오나르도 다빈치의 명성'과 '보물 전시'라는 이벤트가 서로 상생하면서 크게 성공한 케이스다. 즉 "어떤 작품을 어떻게 전시하느냐"가 박물관의 명성을 좌우하게 된 대표적인 사례이다. 이 작품은 2003년까지 루브르 박물관의 드농관에 위치한 살 데 제타에 걸려있었다. 그러다가 이 그림을 보기 위해 몰려드는 어마어마한 관람객들을 수용할 수 있는 적당한 방으로 옮겨졌다. 〈모나리자〉가 마지막으로 루브르 박물관을 떠났을 때는 1974년 일본에 전시되기 위해서였다. 일본은 〈모나리자〉를 빌려준 데 대한 감사의 표시로 루브르에 삼중으로 된 유리를 선물로 주었고, 현재 이 삼중 유리가 방탄유리 칸막이에 있는 〈모나리자〉를 덮고 있다. 그래서 원화의 질감을 충분히 느끼기엔 한계가 있다. 〈모나리자〉는 화씨 68도, 습도 55%의 상태로 보존되고 있다. 또한 공기조절 장치가 완벽하게 갖춰져 있으며, 9파운드의 실리카 겔을 두어 공기 상태가 변하는 일이 없도록 한다. 〈모나리자〉를 감싸는 칸막이는 그림의 상태를 확인하고 공기조절 장치를 수리하기 위해 일 년에 딱 한 번 연다. 그림이 손상될까 봐 아무도 감히 그림을 청소를 못 한다고 한다.**88**

[도판 96] 루브르 박물관의 모나리자 관람 광경 ©Shutterstock

레오나르도 다빈치는 모나리자의 입술을 채색하는 데에만 10년이 걸렸다고 한다. 〈모나리자〉는 비록 서명과 날짜가 없긴 하지만, 분명히 레오나르도가 그린 훌륭한 몇 안 되는 초상화 작품 중 하나이다. 조꽁드라고도 불리는 〈모나리자〉는 포플러 목판에 그린 유화 그림으로 77×53cm 규격인 이 작품은 루브르 박물관에 소장되어 있다. 다빈치는 프랑스로 여행할 때 라 조꽁드를 가지고 갔고, 프랑수와 1세에게 4,000프랑에 이 그림을 팔았는데, 프랑수와 1세는 이 그림을 퐁텐블로 성에 걸어 놓았다. 레오나르도 다빈치는 "훌륭한 화가는 근본적으로 두 가지를 그려내야 하는데, 하나는 인물의 모습과 다른 하나는 그의 영혼의 상태이다."라고 말하였다. 육체보다는 정신적인 면을 그려내고자 한 그는 "무엇인가가 빛 속으로 잠기는 것은 바로 무한의 세계로 빠져드는 것이다."라고 하면서 명암의 대비를 통해 작품에 신비를 부여하였다. 나폴레옹은 프랑스에서 추방되기 전까지 침실을 장식하는 데에 〈모나리자〉를 이용했다고 한다. 나폴레옹이 추방되자 〈모나리자〉는 다시 루브르로 돌아왔다.

댄 브라운은 모나리자가 여장한 레오나르도 다빈치의 모습이라고도 주장하는데, 이는 사실일 수도 있다. 실제 컴퓨터 그래픽 시험을 해보면 〈모나리자〉와 레오나르도의 자화상이 상당히 일치한다는 사실을 알 수 있다. 하지만 대다수는 〈모나리자〉가 델 조콘도의 아내인 마돈나 리자의 초상화로 의뢰받은 그림이라고 믿고 있다. 모나리자의 미소 뒤에 숨겨진 의미는 여전히 수수께끼로 남아 있을 뿐이다. 모나리자가 보여주는 미소 그 자체는 당시에 레오나르도뿐만 아니라 다른 화가들도 이용했다. 〈모나리자〉가 다른 초상화와 구별되는 점은 모나리자가 보석을 전혀 달고 있지 않다는 것이다. 또한 레오나르도는 상당히 편한 자세를 취하는 모나리자의 모습을 그림으로써 당시의 관례를 깼다. 〈모나리자〉에 쓰였던 스푸마토 기법은 『다빈치 코드』의 등장인물인 소피가 '안개 낀' 것이라고 표현했다. 스푸마토 기법을 사용하면 모든 것이 마치 안개 낀 것처럼 보이는데, 이 기법은 레오나르도의 그림에 주로 나타나는 특징 중의 하나이다. 〈모나리자〉는 1911년 루브르에서 도난당했다. 〈모나리자〉를 훔쳐 간 빈센조 페루자는 2년이 지나서 그림을 10만 달러에 우피치 박물관에 팔려고 했다. 이 그림은 우피치 박물관에 전시되었다가 다시 파리로 돌아왔다. 1956년에는 관람객 중 정신 이상인 사람이 〈모나리자〉에 산을 뿌린 일이 있었다. 이 사고로 그림을 복원하는 데 몇 년의 시간이 걸렸다. 이런 여러 에피소드는 그림의 가치를 크게 올려서 엄청난 숫자의 관람객을 유인했다.**89**

미술사가 조르조 바사리는 『미술가 열전(Lives of the Most Excellent Painters, Sculptors, and Architects)』이라는 책을 통해, 당시의 내로라하는 미술가들의 삶과 업적을 기록했다. 그는 〈모나리자〉가 피렌체의 상인인 프란체스코 델 조콘도의 아내를 그린 것이라고 주장했다. 〈모나리자〉가 '라 조콘다'라는 이름을 갖게 된 것은 1625년 퐁텐블로에서 그림을 본 학자가 바사리의 언급에 힘입어 그렇게 부른 것에서부터 비롯된다.

기법 면에서 이 그림이 위대한 점은 다음과 같다. 첫째, 얼굴은 정면에 가깝지만 몸을 살짝 돌려 자연스러운 자세를 연출하고 있다는 점이다. 둘째, 레오나르도는 윤곽선을 흐리게 하는 기법으로 인물의 표정과 외관을 자연스럽게 잡아냈다. 셋째, 그가 구사한 스푸마토(sfumato)기법이 중요하다. 이 기법은 공기원근법이라 하여 관람자 혹은 화가와 가까운 곳의 사물들은 그 색이 짙고 윤곽이 선명하지만, 멀어질수록 옅어지고 흐릿하게 보인다는 사실을 레오나르도가 발견한 것이다. 여인의 뒤로 펼쳐진 풍경의 아스라함이 이 스푸마토 기법에 따른 것이다. 이 그림의 위대함에 대해서는 더 덧붙일 것이 없지만, 이 그림이 마치 세계 최고의 그림인 양 착각을 불러일으키는 것은 바로 그림을 둘러싼 수많은 의혹과 추측 때문이다. 〈모나리자〉가 조콘도의 부인 혹은 줄리오 데 메디치의 연인을 그린 것이 아니라, 레오나르도 다 빈치의 악동 동성 애인 살라이를 모델로 한 것이라는 발표, 〈모나리자〉의 모델인 조콘도 본인의 유해를 피렌체 인근 수녀원 터에서 발굴에 들어갔다는 소식, 레오나르도 다 빈치가 이 여자의 좀 더 젊은 시절을 그린 그림이 있다는 등등, 끊임없는 이야깃거리가 미술에 별다른 관심이 없는 사람들에게조차 그 존재를 각인시킨다. 파리에 가면 〈모나리자〉와 그 작품을 소장하고 있는 루브르 박물관 방문이 일종의 성지 순례 개념이 되어버렸다. 일본 소니 사와의 협력으로 〈모나리자〉는 특수 유리막 안에 국보급으로 모셔져 있고, 한동안은 미술관 내 사진 촬영이 허용됨에도 이곳에서만큼은 경비원들이 촬영을 막아서기도 했다. 루브르가 이토록 〈모나리자〉를 신줏단지처럼 모시는 것은, 그래야 이 그림의 신화화가 더 오랫동안 확실하게 전개될 수 있기 때문은 아닐까?**90**

모네의 수련 연작 전시(도판 97)

　모네는 1905년부터 오로지 물 위에 비친 수련을 주로 그렸다. 그러면서 이제 실제 경치가 아닌 물 위에 반영된 세계로 시선을 옮기게 되었다. 1907년까지 그는 수련의 꽃과 잎이 물 위에 일렁이는 세계를 수평 구도로 그린 작품 약 24점을 완성했다. 여기서 섬 모양의 꽃과 잎은 수평축을, 나무와 하늘은 줄무늬의 수직축을 화면에 긋는 역할을 한다. 1911년에 부인이 죽자 모네는 한동안 무기력 상태에 빠졌다. 그러다가 1914년에 다시 수련 그림을 그리기 시작했다. 이 시기에 가장 두드러진 변화는 캔버스의 크기에 있다. 가로가 거의 2m나 되는 크기로, 이전에 수련을 그린 작품들에 비하면 4배나 더 컸다. 크기의 변화는 기법에도 변화를 가져왔다. 수련의 꽃과 잎을 밝은색의 커다란 얼룩으로 그렸으며, 과감하고 굵은 붓질로 사물을 간략하게 요약해 나갔다. 모네가 탐구한 물과 꽃, 잎, 나무와 수면에 반영된 패턴과 색채들은 정부에 기증하게 되는 4~6m짜리 수련 작품들을 그리는 데에 큰 밑거름이 되었다. 1914년 봄 그는 장식적 효과가 강한 대형 그림들, 즉 가로 2m, 세로 2m가 넘는 작품에 착수했다. 프랑스 수상 클레망소와의 협의를 거쳐 이 작품들을 국가에 기증하기로 한 것이다. 파리 오랑주리 미술관의 가장자리 방에 이 그림들을 설치할 전시실을 만드는 계획도 세워졌다. 당시에 그린 작품의 캔버스 너비를 모두 합하면 170m가 넘을 정도였다. 현재 오랑주리 미술관에는 그가 의도했듯이 서로 이어져서 파노라마식으로 보이는 전시작품 캔버스의 수가 총 19개나 된다. 각 캔버스의 길이는 4.25m나 6m에 달하며 이들의 길이를 합하면 총 80m가 되는 엄청난 대작이다. 모네는 수련 연작을 끝내는 말년에 시력이 악화하여 사물을 흐릿하게만 인식할 수 있었다. 그에 따라 화면은 형체를 알아보기 힘든 추상적인 붓질로 메워졌다.

[도판 97] 모네의 수련 연작 전시 광경 ⓒShutterstock

이런 후기 작품들은 잭슨 폴록으로 대표되는 미국 추상표현주의의 화풍에 직접적인 영향을 준 것으로 평가된다.[91]

　　오랑주리 인상파 미술관은 센 강 건너편의 오르세 미술관과 함께 자매 미술관으로 운영된다. 이곳의 대표작은 모네의 대작 〈수련〉이지만 르누아르의 작품도 많이 전시되어 있다. 오랑주리는 '오렌지 나무 화분을 보관하는 창고'를 의미한다. 유럽 왕실에서는 정원에 있는 오렌지 나무의 숫자를 권력의 척도로 여기는 전통이 있었다. 왕실 정원인 튈르리 공원에도 오렌지 나무를 보관하기 위한 창고가 필요했다. 루브르 궁전에 있던 오랑주리 관이 파괴되자, 그 건물을 대신하기 위해 1848년 장소를 옮겨 현재의 장소인 센 강둑에 새로 오랑주리 관이 건축된 것이다. 이곳은 1878년 세계무역박람회를 위한 전시장으로 사용되기도 했으나, 1909년까지는 정원의 조각품이나 대리석을 쌓아두는 창고에 불과했다. 오랑주리 관은 모네의 마지막 작품 〈수련〉 연작을 영구 전시하기 위한 공간이 그 안에 마련되면서 미술관으로 변모하였다. 1922년에 모네가 〈수련〉 연작을 국가에 기증할 뜻을 밝히자, 프랑스의 정치가였던 클레망소는 오랑주리 관 지하에 모네의 작품을 영구 전시하도록 추천했다. 그 후 모네는 오랑주리 관의 지하 벽 전체에 수련 그림을 설치하는 작업을 시작했다. 그림의 규모가 워낙 컸기 때문에, 모네는 만년에 아예 오랑주리 관의 지하에 살면서 나머지 수련 연작을 그려 나갔다.

　　1927년 개관한 오랑주리 미술관은 1978년까지 전시 활동을 활발하게 이어 나갔다. 1962년과 1963년에는 미술관의 핵심이 된 장 월터(Jean Walter)와 폴 기욤(Paul Guillaum)이 기증한 작품들이 영구 전시되면서 본격적인 골격을 갖추게 되었다. 1998년에는 내부 전체를 개조하며 현대적인 미술관으로 거듭 태어났다. 내부 개조와 함께 지하에 있던 모네의 수련 연작은 위층으로 올라왔고, 위에 있던 월터와 기욤의 기증품은 지하로 내려갔다. 오랑주리 미술관의 명품은 뭐니 뭐니 해도 클로드 모네의 대작 〈수련〉이다. 전시관 벽을 모두 차지하고 있는 이 거대한 그림은 인상파 회화 중 가장 큰 그림이자 가장 충격적인 그림이다. 수련 연작은 1924년부터 전 세계에 알려지기 시작했다. 첫 해외 전시는 뉴욕에서 열렸다.

오랑주리 관과 수련 연작은 모네의 사후에 공개되었다. 모네는 자신의 최후 작품이 자신이 살아 있는 동안 공개되는 것을 원하지 않았기 때문이다. 이 그림은 모네의 그림이 추구해온 궁극적인 도달점을 보여준다. 수련은 물의 표면에 피어난 꽃이다. 시적 이미지의 연구가인 바슐라르(Gaston Bachelard, 1894~1962)의 말대로, 그 꽃은 우리의 상상 속에서 물과 화학작용을 일으키며 하나의 결정체로서 나타나는 색의 터짐이다. 반면 물은 뚜렷한 색을 나타내지 않는 이상한 물질이다. 그 안에는 태초에 하늘과 땅이 갈라지지 않고, 혼돈 속에 섞여 있던 그 신비스러움이 감돌고 있다. 그 안에는 하늘과 같은 자유와 땅의 구속이 함께 존재한다. 수련은 이 양면성, 애매모호한 존재의 상징이다. 빛은 어둠 속으로 내려가며 동시에 어둠 위에 떠돈다. 어둠은 색을 나타내며 빛과 희롱한다. 수련은 마치 꿈속에 피어 있는 듯 어둠 위에 빛을 머금고 있다. 물과 수련의 어울림은 모네의 상상 속에 떠돌고 있는 인상, 그림으로만 그려낼 수 있는 애매모호한 깊이를 보여준다.[92]

천마총 발굴과 공개 시설
천마총의 발굴은 황남동 대릉 지구 고분 가운데 가장 규모가 큰 98호분을 발굴하여, 신라 고분의 공개 시설을 마련하기 위해 실험적으로 조사된 무덤이다. 그러나 조사 결과 전혀 기대하지 않았던 신라 금관과 장신구의 온전한 발견은 물론, '천마도 장니'등 신라 문화 연구에 있어서 획기적인 자료를 제공하는 결과를 가져왔다. 결국 98호분보다는 오히려 천마총의 복원 공개가 바람직하게 되었고, 그래서 98호분 복원 계획을 변경하여 천마총을 복원하게 된 것이다. 이렇게 해서 복원 공개된 시설은 세계에서 처음 있는 일이 되었다.

신라 시대에는 이와 같은 큰 무덤을 만들 때 독특한 방법을 썼다. 넓은 나무곽에 시체를 넣은 관을 넣고, 나머지 공간에 부장품 궤짝을 넣거나 아니면 곽 밖에 부장품 궤짝을 놓았고, 그 위로 강돌을 날라다 산더미처럼 쌓아 올리고 그 위에 흙으로 봉분을 만들었다. 옛 신라의 이러한 독특한 매장법으로 말미암아 도굴이 쉽지 않아 피해를 덜 입고 지금까지 견디어 온 것이다. 내부의 공개 시

[도판 98] 천마총 내부 복원 전시 모습 ⓒ한국관광공사

설을 마련하기 위해 목곽과 목관의 규모대로 복원하고, 아울러 적석과 봉토도 원상 규모로 복원하면서, 목곽 내부의 정황이나 목관 내부의 금관을 비롯한 호화로운 장신구들의 출토 모습(도판 98) 등을 볼 수 있도록 했다.

또 봉토를 잘라 단면으로 처리하여, 목곽 위로 돌이 쌓인 모습과 봉토 흙이 덮인 상태를 볼 수 있도록 내부의 절반은 관람 공간으로 마련하여(도판 99) 마치 박물관 안에 들어와 있는 것 같은 상황을 연출하려 했다. 그리고 공간 벽에는 진열 공간을 여러 개 만들어 출토된 중요 유물을 이해할 수 있도록 배려했다. 경주를 찾는 국내외 관광객은 반드시 대릉원에 있는 이 천마총의 내부를 구경하게 됨으로써, 천마총은 세계적으로 유명한 관광시설물이 되었다. 신라 금관을 비롯하여 천마총에서 출토된 모든 유물은 경주박물관에 보관되어 있는데, 국립경주박물관 본관 건물의 동편에 마련되어 있는 별관이 신라 고분에서 출토

[도판 99] 천마총 전경 ⓒ한국관광공사

된 중요 유물을 전시하기 위해 마련된 건물이다. 그런데 경주박물관의 고분관에서 직접 실물을 본 관람객들이 오히려 천마총 내부에 전시된 복제품을 진품으로 알 정도로 정교하게 만들어졌다.

이 무덤은 5~6세기경에 만들어진 고신라 적석목곽분이다. 이 무덤의 구조를 보면, 평지에 놓인 나무로 만든 곽 안에 시체를 넣은 나무관을 넣고 곽의 뚜껑을 덮은 후, 밖에 냇돌을 쌓아 올리고 냇돌 위에 흙을 두껍게 덮어 봉분을 마련했다. 이처럼 곽을 평지에 놓고 쌓은 신라 적석목곽분은 처음 밝혀진 일이다. 이 무덤에서는 1973년 발굴 당시 금관을 비롯하여 11,500여 점의 유물이 출토되었으며, 특히 하늘을 나는 말의 그림이 있는 말다래가 출토되었다. 이 말다래는 신라 무덤에서는 처음으로 발견된 것으로 신라인의 그림 솜씨를 알 수 있는 귀중한 유물이며, 이 말다래 때문에 이 무덤의 이름을 '천마총'으로 부르게 되었다. 발굴 조사 후에는 내부를 공개하도록 하여 신라 적석목곽분의 구조를 알 수 있도록 복원했다. 그리하여 출토 당시의 유물이 놓여 있던 상태를 볼 수 있도록 모조하여 이해를 돕게 했으며, 내부의 공간을 이용하여 중요 유물의 모조품을 전시토록 배려했다.

이 무덤의 높이는 12.7m이며 밑 둘레는 157m에 달한다. 발굴 당시 목곽의 잔편(殘片)을 채취하여 탄소동위원소 측정법을 이용하여 알아본 결과, 70년의 오차를 감안하더라도 서기 270년에서 410년 사이로 나타났다. 중심 연대는 서기 340년대로 신라 16대 흘해왕 시기에 해당한다. 그러나 출토 유물의 성격으로 보아 5세기 후반에서 6세기 초반으로 편년하고 있어, 발굴 당시 김원룡 교수는 22대 지증왕으로 보는 견해를 피력했다. 1988년에 20대 자비왕의 능이라는 주장이 발표되기도 했지만, 지금까지도 설만 분분할 뿐 주인공을 정확히 모른 채 오늘에 이르고 있다.

경주관광종합개발의 기본 방향에 따라, 사적 지구 내 문화유산의 복원·정화에 따른 발굴 조사가 불가피하게 되었다. 그래서 신라 제13대 미추왕의 무덤이 포함된 경주시 황남동 신라 고분군을 정비하여 고분 공원으로 조성하기로 계획되었다. 그리고 그 가운데 가장 규모가 큰 소위 98호로 불리는 쌍분을 발굴 조사하여, 신라 고분의 내부 구조를 비롯한 학술적인 자료를 얻은 후 복원하고 내부를 공개하여 관광 자원으로 활용하고자 하였다. 천마총 발굴이 이루어지기까지 경주의 고분 공원 조성을 위한 계획에 의하여 전체 4만여 평에 달하는 우리나라 최초의 고분 공원 조성 계획이 마련되었다. 이를 독려하기 위해 현장을 방문한 박정희 대통령은 신라 돌무지덧널무덤의 성격과 발굴의 진행 상황을 발굴단장으로부터 듣고, 계획대로 98호 고분도 발굴해서 조사하고 내부를 관람할 수 있도록 하라고 지시하였다.[93]

경천사 10층 석탑의 실내 전시

어울리지 않는 전시는 많다. 사찰의 앞마당에 놓여 있어야 마땅한 거탑을 실내로 옮겨 전시한다는 자체가 크게 어색한 예이다. 그 예로 경천사 10층 석탑을 보기로 하자. 국보 경천사 10층 석탑(고려 1348년, 높이 13.5m, 도판 100)은 일반적인 탑과는 달리 그 외형이 독특하다. 늘씬하게 훌쩍 솟아 올라간 몸매, 층마다 세련된 모양의 탑신 몸체와 옥개석, 다양하고 화려한 조각 등등 한국의 전형적인 석탑과는 다른 독특한 아름다움을 자랑한다. 1907년경 일본인 다나카 미쓰아키(田中光顯)는 고종황제가 경천사탑을 자신에게 하사했다고 속인 뒤, 이 탑을 도쿄로 밀반출했다. 비난 여론이 쇄도하자 1918년 한국에 돌려주었다. 훼손된 이 탑은 1959년 보수에 들어갔다. 1년간 복원해 경복궁 경내에 전시했으나

[도판 100] 경천사 10층 석탑 실내 전시 ⓒ국립중앙박물관

부실한 복원이었다. 이후 야외에 전시되면서 풍화작용과 산성비 등으로 인해 훼손이 더욱 가속되었다. 국립문화재 연구소는 1995년에 해체 보수를 결정했고, 해체된 탑의 부재 142개 가운데 심하게 손상된 64개를 새로운 대리석으로 교체했다. 경천사 탑의 새 전시 장소가 국립중앙박물관 실내 중앙홀로 결정되었기 때문에, 문화재연구소는 그곳에서 조립 작업에 들어갔다. 탑의 안정을 위해 중앙 홀 바닥에 받침대를 만들었다. 맨 아래쪽에

철제 받침대를 만든 뒤, 화강석 판을 올려놓고 그 위에 경천사 탑을 세운 것이다. 탑의 무게는 100톤, 철제 받침대는 가로, 세로 6×6㎡이고, 이 받침대는 규모 8의 지진에 견딜 수 있도록 설계되었다.[94]

이 탑은 우리 석탑의 전형에서 벗어난 이형 석탑으로 외국인이 만든 이국 석탑이다. 1층 탑신에 '지정 8년 무자'라고 새겨진 명문이 있다. 탑을 조성한 연대 외에 시주자, 조성 목적 등에 관한 내용도 새겨져 있다. 시주자는 원 황실의 비호를 받았던 인물로 원을 기리기 위해 이 탑을 조성했다. 발원자는 대시주 중대광 진녕부원군 강융(姜融), 대시주 원사 고룡봉(高龍鳳), 대화주 성공(省空), 시주 법산인 육이(六怡)이다. 이로 보아 이 탑은 고려 충목왕 4년(1348)에 세워졌음

을 알 수 있다. 당시 티베트에서 들어온 라마교의 특성이 경천사 탑에 고스란히 들어있다. 원나라 장인에 의해 제작된 이 탑의 양식은 우리나라 탑에 일부 반영되었으며, 조선 시대에 이를 모방한 원각사지 10층 석탑이 만들어졌다. 탑의 위쪽 7층은 네모꼴로 되어 있지만, 기단부 3층과 탑신부 3층까지는 한자의 '亞' 자 모양으로 사방이 돌출되어 장식적인 효과를 보인다. 각 층의 몸에는 불, 보살, 인물, 초화, 천인, 용 등 각종 물상이 섬세하게 조각되어 있는데, 밑부분에는 난간이 돌려져 있고 지붕돌은 목조 건축의 세부 부재가 정밀하게 새겨져 있다. 탑의 상륜부는 완전한 형태인데, 우리 석탑보다 간략한 형태로 원(元)의 양식을 그대로 이어받은 것이다.[95] 주목되는 것은 탑의 각층이 목조 건축의 형태를 매우 사실적으로 자세히 반영하고 있다는 점이다. 특히 지붕과 기둥 사이의 장식인 공포가 다포로 되어 있는 것이 주목된다. 고려 시대에는 신라의 석탑 형식을 이어 평면 방형 석탑이나 혹은 새 다각 석탑이 나타나는데, 이런 가운데 특이한 형태의 탑을 보게 되었으니 이것이 경천사탑이다.[96]

경천사 10층 석탑은 현재 국립중앙박물관 중앙홀에 전시되어 있다. 원래 탑은 절 마당에 있어야 하는데, 이런 경우는 경천사 10층 석탑이 유일하다. 경천사 석탑은 1348년(충목왕 4) 건립된 석탑으로, 원래는 경기도 개풍군 광덕면 중연리 부소산에 있었다. 『고려사』에 의하면 경천사는 고려 왕실에서 추모제를 지냈던 곳이다. 경천사 탑과 유사한 조선 시대 원각사지 10층 석탑은 서울 탑골공원에 있다.[97] 현재 유리 보호각으로 탑을 덮어서 씌웠다. 보존을 위한 목적인데, 경천사탑은 거기에서 한발 더 나아갔다. 경천사 10층 석탑은 복원 이후 경복궁 야외에 전시되면서, 풍화작용과 산성비 등으로 인해 훼손이 계속됐다. 대리석으로 만들었기 때문에 훼손 속도가 더 빨랐다. 보수보존 처리를 하는 사이, 문화재 전문가들은 경천사 10층 석탑을 국립중앙박물관 실내에 전시하기로 했다. 야외에 세울 경우, 훼손이 더 심해질 것을 우려했기 때문이다. 보수보존 처리를 마치고 대한민국 최고의 박물관인 국립중앙박물관에 자리 잡은 경천사 10층 석탑. 문화재는 원칙적으로 원래의 자리에 있어야 한다. 그래야 의미가 제대로 살아난다. 경천사 10층 석탑도 예외는 아니다. 국립중앙박물관 실내가 정녕 그 탑의 자리인지의 문제는 풀어야 할 숙제이다.[98]

6

박물관과
교육

인류는 희귀한 물건들을 수집·연구하고 이를 감상함으로써 커다란 지적 즐거움을 얻는다. 이러한 모습은 인간만이 가지는 특성으로, 이 특성이 개인을 넘어 모든 사람과 지역에서 골고루 나타날 때, <박물관-미술관>이라는 독특한 '문화 저장공간'이 출현하게 된다. 박물관(이후 미술관 겸용)에서는 자연유산과 함께 인류 문화유산을 수집·보관·조사·연구함과 동시에 이를 일반 대중에게 제공하기 위하여 전시 교육 및 유락 활동을 기획한다. 박물관은 고대로부터 현대에 이르기까지 시대적 상황에 따라 유물의 수집, 분류, 전시 방식에서 여러 차례 변화의 단계를 거쳐 왔다. 세계 박물관의 흐름은 크게 3단계로 나누어 볼 수 있는데, 첫 번째 시기는 수집과 관리의 시기, 두 번째는 전시와 교육의 시기, 세 번째는 다양한 문화 활동의 시기이다. 프랑스 혁명 이전까지 박물관은 귀족 계층의 전유물이었다. 귀족들은 희귀품을 수집하고, 독점적으로 보관·관리하면서 감상을 독점하였다. 프랑스 혁명 이후 일반에게 전시 관람이 개방되었고 그에 따라 많은 종류의 전시가 이루어졌는데, 이를 더 친근하게 이해하기 위한 노력의 일환으로 '박물관 교육'이 태동했다. 20세기에 들어서 일반인은 좀 더 높은 수준의 문화 혜택을 공유하기 시작했고, 그에 따라 박물관을 중심으로 다양한 문화 활동이 전개되었다. 이제 박물관은 단순한 유물보관처가 아니라, 사회인 모두가 참여하고 공유하는 문화 교육시설로 우뚝 서게 되었다.

박물관의 역할에 '교육'이 등장한 것은 18세기 말 프랑스 혁명으로 박물관의 역사가 대 전환점을 맞이하면서부터이다. 이 시기를 기점으로 권력자의 전유물이었던 희귀한 보물이 대중의 '문화유산' 개념으로 바뀌게 되었다. 1793년에는 루브르 박물관이 대중에게 개방이 되었다. 이때부터 박물관은 권력자의 위락 공간에서 대중을 위한 교육 공간으로 탈바꿈하게 되었다. 이러한 박물관 교육은 19세기 말 신흥 강국인 미국에서 더욱 발전하였다. 1872년 메트로폴리탄 미술관이 성인 대상의 강좌를 시작하였으며, 1903년 톨레도 미술관이 아동에게 제공하는 미술관 교육프로그램을 실천하기 시작했다. 우리나라에서 박물관은 1908년 왕실 보물들을 관리하기 위한 이왕가박물관의 설립으로 시작되었다. 그러나 오랫동안 박물관 교육은 일어나지 않았다. 그러다가 1954년 경주 국립박물관에서 어린이 학교를 열어 박물관 교육을 시작하게 되는데, 이것을 한국 박물관 교육의 시초로 본다.

이후 1980년대에 평생 교육, 사회 교육이 우리 사회에 자리 잡게 되면서 박물관의 교육적 기능이 주목받았으나, 다양한 활동이 시작된 시기는 1990년대 중반 이후부터이다. 우리나라의 경우, 박물관 자체의 역사도 짧을뿐더러 박물관 교육의 특성을 제대로 살리지 못하고 있다.

박물관 교육의 특수성은 '평생 교육'이라는 점에 있다. 평생 교육이란 학교 교육을 제외한 모든 형태의 교육활동을 의미하며, 출생부터 사망까지 평생을 통해 행해지는 교육활동을 이른다. 평생 교육은 전 연령층을 대상으로 제공되며, 자아 발견과 실현의 기회를 동시에 제공한다. 학교 교육과 차별화되는 박물관 교육은 학습자가 선택하며 자발적으로 학습에 참여한다. 포크와 디어킹(Falk & Dierking, 2000)의 지적에 따르면 박물관 교육은 비공식적이므로 자유로운 선택에 기반을 두는데, 학습이 선택적으로 일어나므로 "단선적이지 않고, 개인적으로 동기화되며, 언제 어디에서 학습이 행해질지, 무엇을 배울 것인지에 대해서도 학습자의 선택에 기반을 두는 경향이 있다."라고 하였다. 자발적 참여로 이루어지는 박물관 교육에는 관람객이 전시 현장을 찾도록 하는 프로그램이 시행된다.

　　박물관은 교육과 유흥 두 가지 요소가 결합한 에듀테인먼트(edu-tainment)의 효과적인 마당이다. 즉 배워서 즐겁고, 즐거워서 학습효과가 강화되는 이상적인 교육 형태가 이루어질 수 있는 곳이 박물관이다. 박물관 교육은 여가 활동의 일환이지만 교육프로그램의 전달 방법에 있어 쉽고 편하게 대중화하는 노력이 요구된다. 박물관 교육은 소장품과 전시물 자체가 교육의 주제이다. 박물관은 자체 소장품과 전시물을 중심으로 교육을 전개함으로써 특색 있는 경험을 제공한다. 특히 감수성이 예민하고 성장 과정에 있는 어린이들은 박물관 교육을 통해 다양한 문화를 접할 기회를 얻으며, 미적 감수성을 높이고 상상력 창의력 비판적 사고를 기르면서 문화의 중요성을 이해하는 전인적인 인간으로 성장할 수 있다. 박물관은 전시를 통해 교육활동을 제공할 수 있다. '전시'라는 매개체를 통해서 관객들은 '무엇인가'를 얻게 된다.

전시는 실물 자료의 역사적 예술적 자료적 가치를 최대한 설명하기 위하여 전시 공간을 구성한다. 전시되는 유물들은 이들이 만들어진 본래의 맥락에서 벗어나 전시 공간 안에서 재창조되는 모습을 갖게 되는데, 예술 작품과 유물이 재창조되는 전시 공간은 지식과 미적 체험을 경험할 수 있는 복합 공간이다. 박물관의 꽃이라고 할 수 있는 전시는 관객들이 직접 예술 작품과 유물들과 대화하는 곳으로 살아있는 교육 공간이다. 이러한 인식에 따라 전시 활동을 관람객과 소통하기 위한 작업으로 보고, 전시공학과 디자인에 관한 관심이 증대되고, 이러한 작업이 관람자가 어떠한 식으로 체험할 수 있도록 하는지 연구가 활발히 일어나고 있다. 박물관에서는 전시 외에도 교양 강좌, 특별 행사, 학교 관련 교육, 체험활동 등, '전시'를 소재로 하지만 보다 심화한 교육활동을 펼칠 수 있게 하는 다양한 프로그램들이 제공된다. 현재 어린이와 청소년을 대상으로 하는 경우, 박물관이 직접 운영하는 주제별·연령별 워크숍 프로그램, 지역과 연계한 프로그램, 방과 후 프로그램, 방학 프로그램, 특별행사 프로그램, 학교 연계 교육프로그램 등이, 성인 대상으로는 교양 강좌나 큐레이터와의 대화 등의 프로그램이 운영되고 있다.

교육의 범주 안에 박물관에서 행해지는 교육활동도 포함될 수 있다. 박물관 교육은 박물관이 할 수 있는 교육·문화 활동과 박물관을 통해서 기대되는 교육 현상 전반을 지칭하게 된다. 과거 박물관 활동이 유물과 작품, 자료의 수집·보존·조사·연구·전시에 초점이 맞추어져 있었다면, 현대의 박물관은 이러한 작업과 더불어 박물관 교육과 놀이에 대한 기대가 높아지고 있다. 이러한 박물관의 교육적 기능에 대한 인식과 다양한 활동은 갈수록 강조되고 있으며, 그에 따라 자연히 박물관 마케팅 분야에서도 박물관 교육이 예외가 될 수 없게 되었다. 박물관 운영의 전 과정에 관여하는 마케팅 정책은 박물관 운영의 핵심 요소로 부상하는 교육영역을 간과할 수 없다. 오늘날 교육영역에서의 마케팅은 박물관 교육의 다양화를 통해서 다방면으로 활발하게 이루어지고 있다. 전시 안내(guided tours), 전시 설명회(gallery talk), 강좌(lecture), 현장학습(field trip), 오디오 가이드(audio guide), 비디오 프로그램(video program), 학교 연계 프로그램(school program), 교사 연수 프로그램(teacher's workshop), 어린이 프로그램(children's program), 장애인 프로그램(program for the disabled), 가족 프로그램(family program)과 자원봉사 프로그램(volunteer program), 인턴십 프로그램(internship program), 기타 유사한 활동에 이르기까지 모두 박물관 교육의 영역에 포함된다. 최근 주목받고 있는 방식은 움직이는 박물관(mobile museum) 프로그램으로, 국립중앙박물관이나 경기도박물관, 국립현대미술관 등의 '찾아가는 박물관/미술관'을 예로 들 수 있다. 위와 같은 교육방식의 다양화는 이들 교육이 더 많은 관람객을 확보하고, 동시에 박물관 홍보의 활성화를 꾀하는 데에 적극적으로 기여한다는 측면에서 박물관 마케팅의 매우 중요한 부문으로 평가된다.

우리나라 박물관의 숫자는 비공식 집계로 이미 1,000개를 훨씬 넘고 있다. 2009년 문화관광부 발표 자료에 의하면, 등록박물관의 총 숫자(미술관 포함)는 공식집계로 2008년 707관, 2009년 771관, 이듬해인 2010년에는 800관, 2011년에 850관 정도가 되어 매년 30~60관 이상 늘어났다. 이런 추세로 등록박물관은 2014년 무렵이 되면 네 자릿수인 1,000관에 육박했으며, 2020년 기준으로 1,164관이 등록되어 있다. (별표 1, 2 참조) 이처럼 급격히 늘어나는 박물관의 양적인 규모에 부합되기 위해서는 많은 문제를 해결해야 한다. 첫째, 국공립·공공법인(지자체 설립) 박물관의 형식적이고도 타성적인 건립 운영과 부실화 문제, 둘째, 대학박물관의 기능 부실화 문제, 셋째, 사립박물관의 경영난 인력 문제 등을 비롯하여, ⑴박물관 건축의 예술적-기능적 문제, ⑵전시 수준의 하향 획일화 문제, ⑶박물관 교육의 타성화-무성격화 문제, ⑷세련된 문화 활동 공간으로서의 박물관 문제 등이 해결되어야 할 중요한 핵심과제로 떠오르고 있다. 특히 대국민 서비스라 할 수 있는 박물관 교육이나 문화 활동 문제는 시작 단계에서부터 세밀한 검토가 요구된다.

21세기의 박물관은 기본적 기능을 넘어 교육을 포함한 다양한 활동을 펼쳐나갈 사회적 요구가 있다. 그중에서도 특히 많은 관심을 받는 분야가 바로 '박물관 교육'이다. 박물관 교육이란 넓은 의미로 전시 행사 등의 각종 프로그램의 교육적 효과를 얻는 활동이다. 좁은 의미로는 소장품과 전시를 통해, 박물관에 대한 대중의 접근성을 높이기 위해 고안된 교육프로그램 활동이다.

박물관 교육은 제도권 교육과는 근본적으로 성격이 다르다. 시민들의 자발적인 참여에 바탕을 두고 있는 박물관 교육에는 여러 형태가 있는데, 대상에 따라 그 내용이 다양하다. 성인교육은 교양 강좌, 참여 교육, 답사 등으로 진행되며 유럽에서는 사회 교육의 한 형태로 진행되어왔다. 우리나라에서도 1970년대 이후 국립중앙박물관을 비롯한 여러 박물관에서 전문화된 강좌가 인기리에 개설되고 있다. 이들 강좌는 일반시민들을 대상으로 하는데, 제도권 교육의 경직된 운영에 비해 내용이나 활동이 자유롭다. 또 대학 등 일부 교육 기관에서 이들을 모방하는 특별과정을 개발하여 시민들의 참여를 유도하고 있다. 시민사회의 등장에서 비롯된 박물관 교육이 학교 교육에서 다루지 못한 것들을 보충해주거나, 여가를 활용하려는 시민들의 욕구와 맞아떨어져 상당한 성과를 올리고 있다. 그런 점에서, 성인을 대상으로 하는 박물관 교육은 내용과 질을 높일 필요가 있다. 특히 노인층의 폭발적인 증가나 주2일 휴일제로 인한 여가의 확대 등 사회적 현실은 박물관 교육을 비롯한 사회적인 볼거리나 놀거리를 더욱 요구하기 때문에, 박물관 교육의 중요성은 그만큼 더 늘어날 수밖에 없다. 일반인을 위한 교육 외에 장애인이나 어린이 등 특수계층을 위한 박물관 교육의 중요성 또한 아무리 강조해도 지나치지 않다. 장애인을 위한 전시나 교육은 특별한 시설을 갖추어야 하므로, 모든 박물관에서 제대로 해내기는 어렵다. 그러나 교육복지 차원에서 장애인을 대상으로 하는 교육프로그램의 개설은 꼭 필요하다. 또 박물관 전시나 교육은 기본적으로 성인을 기준으로 만들어지기 때문에, 어린이를 대상으로 한 어린이 박물관의 운영은 의의가 크다. 최근 국립중앙박물관을 필두로 몇몇 국공립박물관에 어린이 박물관이 개설되어 전시와 함께 교육 효과를 톡톡히 거두고 있다. 현대의 박물관은 조사 연구기관이라기보다 사회봉사기관이라고 보아야 할 정도로, 시민들을 대상으로 다양한 이벤트를 제공하고 있다. 문화영화의 상영이나 작은 음악회를 열고, 심지어 사교모임의 주선이나 패션쇼 등 특별한 이벤트를 개최하여 시민들에게 더 많은 서비스를 제공하려는 노력이 이어지고 있다. 이처럼 박물관이 지식이나 볼거리의 제공은 물론이고, 다양한 사업들을 통해서 시민들의 생활 속으로 깊이 파고드는 노력은 지속되어야 한다.

우리나라의 교육은 입시 위주의 획일화된 교육이다. 오로지 등수로만 서열을 매기는 성적순 위주의 교육이다. 초기 교육학자들의 의도가 그렇지는 않았겠지만 그렇게 되어 버렸다. 교육자들이 크게 반성하고 있기는 하지만, 더 이상 어쩔 수 없이 모두가 벼랑 끝을 향해 몰려가는 쥐 떼처럼 무언가 모르는 힘에 끌려가고 있다. 갈수록 교육자의 능력 밖으로 점점 더 멀어져가고 있다. 가정 교육, 학교 교육, 직장 교육, 그리고 사회 교육 등을 놓고 볼 때, 제도권 즉 학교 교육은 이미 일류 학교에 진학하기 위한 입시교육으로 변질되었다. 교육의 기능이 현대사회에서 사회정의를 추구하고 모두에게 더욱 풍요로운 생활을 영

위하게 하며, 다양성을 인정하는 사회로 가야 하는 데에 필요함을 잘 알고 있으면서도, 우리 사회는 이를 빗겨 가고 있다. 학교 교육의 기능이 본래 재능이 있는 사람들을 분류하고 선발하는 합리적인 방법을 제시하여, 계층을 떠나 가장 능력이 있고 동기가 충만한 사람들이 높은 사회적 지위나 신분을 획득하게 해준다는 데에 있음은 주지의 사실이다.

우리나라의 제도권 교육은 더 이상 교육으로서의 숭고한 사명을 다하기 어렵게 되는 중이다. 이런 기류를 고치고 제도권 교육에서 이루지 못한 다른 교육의 기회를 제공하고자 1982년에 사회 교육법이 제정되었으며, 개정을 거쳐 1999년에 평생 교육의 진흥을 국가의 의무로 규정한 헌법 및 교육기본법에 따라 전문 개정(법률 제 6003호)이 되었다. 내용을 보면, 국가 및 지방자치단체는 평생 교육의 설치, 평생 교육사의 양성, 평생 교육 프로그램의 개발 및 평생 교육기관에 대한 경비보조 등의 방법으로, 모든 국민에게 평생 학습의 기회가 균등하게 부여될 수 있도록 노력해야 한다고 명시되어 있다. 이런 교육을 우리는 성인 교육, 평생 교육 등으로 부르고 있지만, 핵심은 제도권 교육에서 이루지 못한 꿈을 이루거나 유용한 지식을 보태는 데에 있다. 사회적 불평등을 해소하는 방안으로 평생 교육의 중요성은 아무리 강조해도 지나침이 없다. 이는 세계적인 추세로, 2012년 〈박물관 에듀케이터 지원사업〉을 정부예산에 반영하게 된 점은 평생 교육에 박물관이 본격적으로 참여하게 되는 전기가 되었다. 1972년 정부는 '민족 주체 의식 고양을 위한 국사 교육 강화시책'을 발표하고 학교에서 국사 과목을 필수로 가르치도록 하였다. 이는 정부의 박물관 인식에 변화를 주기 시작하였다.

1970년대는 각종 박물관의 건립과 함께 박물관 법규에 변화가 시작된 시기였다. 국립중앙박물관 직제 개정에 따라 섭외교육과가 신설되었고, 업무가 다양화되면서 섭외교류과와 문화교육과로 나누어졌다. 문화교육과는 전통문화에 대한 교양교육과 보급 등의 업무를 담당하였다. 두드러진 변화는 1984년에 제정된 〈박물관법〉이다. 이후 1990년대에 〈박물관 및 미술관 진흥법〉이 제정되면서, 박물관이 대중의 사회 교육에 이바지하는 것이 중요한 목적이 되었다. 박물관이 전시를 기획하고 그 이면에 있는 정보를 교육 매체를 통해 관람객에게 전달되도록 하는 목적이 생긴 것이다. 우리나라 박물관 계에서는 어린이 프로그램과 성인 대상 실기교육이 이루어지고 있는 정도에 머물러 있다. 외국의 선진박물관에서 행하고 있는 다양한 서비스에 비겨 볼 때, 아직도 교육 내용이 초보적 단계에 머물러 있다. 이는 박물관 교육에 대한 목표 설정이 정립되지 않은 현실에서 야기된 문제이다.

정부가 평생 교육에 투자하는 예산은 교육예산 전체의 0.03%에 불과한 수준에 머물러 있고, 국민적 관심이나 사회적인 분위기 또한 매우 저조한 수준이다. 그에 비해 사설 교육기구나 지자체 혹은 대형백화점 등에서 실시하는 평생교육은 내용에 비해 값이 비싸다는 단점이 있다. 많은 박물관이 수집 수준에 머물러 있고 수집품을 내어 보이는 데에 급급하여, 박물관의 경영이나 목표에 대한 뚜렷한 계획을 세우지 못한다. 상설 전시를 바꾸는 등의 변화는 물론 시의성 있는 기획전 등은 엄두도 내지 못하고, 인력 충원 또한 답보상태여서 박물관이 담당해야 할 교육 서비스는 백지상태에 가깝다. 이를 극복하기 위해, 박물관은 경영진단을 통해 무엇이 문제인지에 대한 분석과 대책 마련이 필요하다. 즉 박물관이 어떻게 출발했고, 현재 어떤 상태인지를 먼저 파악하고 어떤 활동을 할 수 있는지, 나아가 박물관 교육을 어떻게 소화할 수 있겠는지에 대한 정밀한 점검이 필요하다.

우리나라 교육이 갖는 부작용 때문에 사회 교육의 중요성은 갈수록 대두되고 있다. 각종 단체에서 행하는 평생 교육은 인기는 있지만 비용이 많이 들어 부담이 크다는 한계를 보이며, 대도시에 집중되어 있다는 제약이 있다. 박물관은 이런 틈새를 파고들어야 하며, 박물관 설립자는 교육에 대한 비전과 철학을 갖고 있어야 한다. 대다수의 박물관이 특색있는 전시콘텐츠를 갖고 있지만, 그것들을 어떻게 교육적으로 활용해야 한다는 계획은 세우지 못하고 있다. 박물관의 규모가 작을수록 교육 공간을 갖고 있지 못하고 상당수의 박물관이 전시 공간 내에서 교육을 파행적으로 진행하고 있어 안타까움을 주고 있다. 일부 시설을 교육용으로 변경하여 운영할 필요가 있다. 특히 체험교육을 위해서는 적절한 교육 자재와 공작 공간이 필요하며, 이를 위해서는 별도의 공간이 필수적이다.

박물관 교육이 박물관다운 교육의 준비와 실행 속에 이루어져야 한다는 사실에 이의를 다는 사람은 없을 것이다. 그러면서도 박물관 교육이 소장품이나 전시와의 연장선에서 준비되어야 한다는 사실은 쉽게 잊히고 있다. 단순한 미술 공작이나 장난감 놀이만 있다면 굳이 박물관까지 가려고 하는 사람은 많지 않을 것이다. 박물관이라면 무언가 박물관다운 공작, 박물관에서만 누릴 수 있는 놀이가 있어야 경쟁력이 생긴다. 콘텐츠가 무궁무진한 것이 박물관 유물이니만큼, 유물의 특성을 파악하고 아이디어를 동원하여 무언가를 만들어보기 위한 공작이나 놀이가 개발되어야 한다. 우리가 제공하고 있는 프로그램은 너무도 구태의연하고 천편일률적이다. 이는 교육담당자의 고민과 노력 끝에 나온 것이 아니라, 기왕에 알려진 여러 놀이나 학습 내용을 빌려 온 데에 기인한다.

18세기 박물관은 계몽주의와 연관을 가지며 개인에서 공공의 개념으로 사회적 의식의 발전을 가져오게 되었다. 계몽사상의 가장 큰 특징 중 하나는 공공화의 경향으로, 그 효과는 박물관에서 구체제의 폐쇄된 진열 공간이 아니라 공공성을 띤 새로운 전시 공간이 탄생하게 되었다. 18세기 중엽에 이르러 박물관의 진열실이 하나둘 개방되기 시작하였다. 영국의 대영 박물관(British Museum)은 하루에 2시간씩 30명 이내 입장을 허용하였으며, 프랑스의 파리 뤽상부르궁 갤러리는 일주일에 2회씩 일반인에게 개방되었다. 박물관에서 일어난 가장 급격한 변화는 프랑스의 루브르 박물관의 공공화라고 할 수 있다. 18세기 말 프랑스 혁명이 일어나 프랑스 군중들이 루브르궁을 습격하였고, 그 안에서 왕족들이 버리고 간 수많은 예술품을 발견하였다. 프랑스 국민은 문화유산은 특정 계층이 아닌 전 국민의 소유로 전환되어야 한다고 주장하였다. 그 결과 1793년 역대 프랑스 국왕들이 수집해 놓은 방대한 양의 미술품들이 시민에게 공개되었다. 프랑스 혁명을 통해 기능이 백팔십도 뒤바뀐 루브르 박물관은 최초의 공공 박물관(public museum)이었으며, 프랑스 공화국민들은 루브르 박물관에 무료로 입장하여 전시를 감상하였다. 루브르 박물관에서는 화가 지망생들을 위한 훈련이 시행되고, 전문 학예사들과 함께하는 전시 행사나 이벤트 등이 진행되었다. 또 소장품 도록이 출판되었으며, 외국인 이용객들을 위한 통역관이 배치되었다. 이후 유럽에서 박물관은 드디어 국민 교육의 사명을 띠게 되었으며, 그 과정에서 소장품을 공개적으로 전시하고 의미 있게 구성하는 작업의 필요성이 대두되었다. 박물관에서는 선택적 수집과 전시가 이루어졌고, 상설 전시와 특별 전시의 구분이 시작되었다. 루브르 박물관의 공공화는 왕족이나 귀족 등 개인이 아닌 국가가 박물관의 설립 및 운영 주체가 되었다는 점, 소수 상류층만 소유할 수 있었던 예술품이 시민들에게 대거 공개된 점, 그리고 일반 대중을 위한 프로그램들이 개발되기 시작했다는 점에 있어서 시민을 위한 공공기관으로써 대중의 교육에 봉사하는 근대 박물관의 중요한 모태가 되었다.

산업 혁명 이후 영국에서는 생활이 윤택해진 노동자층의 교육에 대한 수요가 증가하였다. 따라서 박물관 관람은 여가와 휴식의 기회로 여겨졌다. 이러한 배경하에서 박물관의 숫자는 급격히 늘어났다. 1851년 영국에서 런던 박람회(일명 수정궁 박람회)가 개최되었다. 이는 세계 최초의 국제 박람회로, 25개국 1만 3,000여 개의 산업제품이 전시되었고 5개월여 만에 무려 600만 명이 박람회장을 찾았을 정도로 큰 성공을 거두었다. 박람회는 박물관이 다양한 수집을 하게 된 계기가 되었을 뿐 아니라, 전문화된 박물관이 세워지는 분기점이기도 했다. 상당수의 박물관이 설립되었고, 그 결과 1845년 당시 40개의 박물관이 존재하였다. 1759년 대영 박물관을 시작으로 1824년 National Gallery, 1828년 런던 동물원, 1857년 South Kensington Museum, 1859년 National Portrait Gallery, 1881년 National History Museum, 1897년 Tate Gallery, 1909년 Science Museum 등이 차례로 개관되었다. 박람회 개최를 토대로 박물관에서 대중을 위한 교육과 놀이를 표방한 엔터테인먼트 개념이 생겨났다. 런던 박람회 이후 프랑스, 미국 등지에서 개최된 박람회는 소장품의 중요성뿐 아니라 교육 기관으로서 박물관의 역할을 강조하여 새 개념의 박물관 설립을 촉진하는 역할을 하였다.

박물관은 지식층을 위한 연구기관 또는 중요한 유물의 보관처로서 특권층이 관심을 가진 유물들을 공부하는 기관으로 여겨졌다. 20세기에 들어와 여러 박물관에서 교육부를 개설하고, 교육 담당자나 자원봉사자들이 전시물에 대해 대중에게 설명하고 교습 중심의 전시를 기획하기 시작했다. 1920년대에는 박물관에 교육 인력이 등장하였다. 전시와 교육이 분리되면서, 박물관에서 교육은 새로운 분야로 등장하고 전문 인력의 채용을 통해 교육이 활성화되었다. 1960년대는 박물관의 초점이 전시에서 관람객으로 옮겨간 시기이다. 1965년에는 평생 교육 개념이 소개되어 박물관의 교육적 기능이 새롭게 인식되게 되었다. 1990년대에는 박물관 교육의 중요성이 다시 인식되었다. 시대의 변화에 따라 박물관 정책이 변하면서, 박물관 교육도 더불어 변화하는 모습을 보였다. 현대의 박물관에서는 다양한 교육프로그램이 진행되고 있다. 관람객들이 직접 참여하는 체험학습을 비롯하여 콘서트와 패션쇼 등 문화행사도 이루어지고 있다. 현대의 박물관은 관람객이 즐길 수 있는 교육, 레저, 문화공간으로 변모하고 있다. 사이버 공간의 등장으로 개인이 인터넷을 통해 직접 시청각 자료를 접할 수 있게 되었다는 점도 특징적인 현상이다. 현대의 박물관 관람객은 사이버 공간의 박물관 자료들과 상호 작용하며, 자신의 편의에 따라 조작하게 되었다. 오늘날의 박물관은 시공간적인 한계를 극복하고, 누구나 항상 접근할 수 있는 공간으로 변모하고 있다.

(1) 박물관 교육 사례

대영 박물관(The British Museum)
- Families and children : 박물관 소장품을 관람하고 갤러리에서 활동, 크레용 색연필 패드를 빌려서 자신만의 작품 제작 가능, 가족 오디오 투어, 어린이 프로그램은 학교 프로그램과 연계되어 진행되고 있다.
- Schools and teachers : 학생과 교사가 함께 교육, 토론에 참여하고 세계의 문화에 대한 호기심을 탐구한다. 학년별로 차별화된 커리큘럼이 마련되어 있다.
- Courses for teachers : primary/secondary school의 선생님들을 위한 프로그램이 별도로 마련되어 있다.
- Adult learning : 다양성을 기르고 성취감, 지식, 호기심을 채우기 위한 다

[도판 101] 오르세 미술관의 교육 현장 ⓒShutterstock

양한 프로그램을 제공하며 초보자부터 전문가까지 가능하다. ex) 매일 프로그램-무료로 갤러리에서 진행되는 작품 소개 투어, 체험-박물관의 소장품을 직접 체험, 큐레이터와의 만남, 무료로 진행되는 점심 갤러리 토크, 드로잉·돌조각·서예 워크숍, 다른 언어를 사용하는 학생들을 위한 영어수업, 매주 목요일 밤 강연과 토론이 있다.

- Access : 모든 관람객에게 질 좋은 서비스를 제공하고 방문객의 피드백을 환영한다. 자료와 이벤트 분야는 귀가 안 들리거나 눈이 안 보이는 관람객을 위해 제공되며, 스페셜리스트의 프로젝트 프로그램은 움직이기 불편한 사람들을 위해 제공한다.

- 온라인 프로그램 : 고대 문화 웹사이트를 통해 학생과 교사는 공간과 시

간을 뛰어넘어 여행할 수 있다. 고대의 삶, 믿음 등을 애니메이션과 3D 모델, 박물관의 소장품을 통해서 경험할 수 있다.

오르세 미술관(Musée d'Orsay, 도판 101)

- 개인별 어린이/청소년 투어 : 개별적으로 관람 시간에 맞추어 미술관을 방문한 어린이/청소년들이 어느 정도 모이면, 가이드가 그룹을 지어 동행하며 설명해주는 프로그램이다.
- 가족 투어 프로그램, 가족 단위 놀이 코스를 위한 가이드 관람 : 주사위 놀이, 무언극, 데생 등 가족 단위 관람객들이 다양하고 새로운 방식으로 관람할 수 있다.
- 어린이 아틀리에 : 관찰, 놀이, 창작, 표현활동을 통해 비주얼 아트로 입문

[도판 102] 루브르 박물관 교육 ©Shutterstock

할 수 있다. 어린이들은 아틀리에를 통해 놀이와 실험, 즐거움과 지식 습득, 창작과 여가 활동 사이를 오가며 잠재되어 있던 호기심을 일깨우고, 상상력과 표현력을 발휘하게 되어 궁극적으로는 미술에 대한 견문을 넓히게 된다.

- 온라인 컨퍼런스 : 시청이 아닌 온라인 청취 형태의 컨퍼런스로 듣기 하단에는 주제별로 관련 전시회 사이트를 링크하여, 온라인 상에서 강사의 설명을 듣고 해당 작품을 감상할 수 있도록 한다.
- 그 외 : 교사단체 연수프로그램, 학생 인턴 지원, 컨퍼런스 및 심포지엄과 같은 프로그램이 운영되고 있다.

루브르 박물관(Musée du Louvre, 도판 102)

- 어린이/가족 프로그램 : 어린이를 동반한 가족이 개별로, 주어진 일정에 따라 소규모 컬렉션 전시를 감상할 수 있는 관람 코스. 루브르가 편성한 테마별, 미술 흐름별, 시대별 컬렉션 전 중 선택할 수 있다.
- 18세 이하 프로그램 : 아틀리에 프로그램이 운영되며, 4세 이상부터 참가할 수 있다. 아틀리에(Atelier)는 두 시간 반 정도 그림을 모사해보는 교육프로그램으로, 국립박물관 해설가 또는 박물관 외부의 예술 전문가들의 설명을 들으며 진행된다.
- 18세~25세 야간 전시회 투어 프로그램 : 매주 금요일 18시부터 아틀리에, 전시회 관람, 만남, 연극, 춤, 음악, 영화, 퍼포먼스 등 야간에 관람할 수 있는 다양한 프로그램이 준비되어 있다.
- 교사 프로그램 : 실제 방문에 앞서 박물관 관람을 통한 배움의 목적 및 목표를 미리 명시할 수 있다. 특정 미술사에 대한 전문 지식 터득, 미술작품에 대해 학우 혹은 교사 간의 의견 교환이 가능하다.

- 학교 연계 오디토리엄 : 행사 및 이벤트 프로그램을 편성하여 루브르 박물관의 색다른 발견, 컬렉션 및 전시회로 타 장르 연계 행사 프로그램이 진행 중이다.
- 교육 컨퍼런스 : 전문 강사가 테마 강연을 한다.
- 테마별 교육 : 선정된 작품들을 관찰. 이를 통해 조형 실습, 작품에 대한 해석 및 분석을 공동으로 해본다. 대상은 모든 현직 교사(유치원~고등학교)이다.
- 교육 세미나 : 대학 교수, 미술 연구가, 큐레이터 등 각계각층의 미술 전문가들이 참가하여 교육과 미술의 공통분모, 즉 교육과목으로서의 미술에 대해 논의한다.
- 사이버 루브르 & 온라인 자료 : 2006년 10월에 구축된 본 사이트는 교육

[도판 103] 메트로폴리탄 미술관의 관람과 교육 ⓒShutterstock

부와 협동으로 개설되었으며, 정기적으로 업그레이드되고 있다. 교사들에게 풍부한 교육자료를 제공한다. 본 사이트는 17만여 점의 작품들이 구축됨. 학교 연계프로그램과 관련하여 다양한 테마별 작품검색이 가능. 수업에 사용할 작품을 검색한 후 선택하여, 교사 자신만의 온라인 미술작품 앨범을 만들 수 있다. 각 작품 아래에는 코멘트 칸이 있어 교사가 작품에 대한 설명 및 전하고자 하는 수업내용을 입력할 수 있다.
- 특별 코스(Ateliers Groups for Handicaps) : 교육프로그램 및 체험학습에 있어서, 청각장애인이나 지체장애인을 배려하여 만들어진 것으로 문화 소외계층들에 대한 배려도 잊지 않고 있다.

메트로폴리탄 미술관(Metropolitan Museum Of Art, 도판 103)

- Family programs : 같이 가족과 함께하는 교육프로그램이 운영 중이다.
- In the Community=Meet the Met : For Families and young people; 'Meet the Met'은 어린이를 위한 방과 후 활동으로, 지역 공동체 센터, 종교단체, 뉴욕의 도서관을 위해 만들어졌다. 프로그램은 다양한 언어로 진행되고 에듀케이터는 다양한 슬라이드와 오브제를 사용하여 박물관 컬렉션을 새로운 관람객에게 소개하며, 강연자는 다양한 주제에 대한 그룹 토론을 이끌고 아티스트는 체험 워크숍을 진행한다.
- Gallery talks and guided tours : 박물관의 훈련된 자원봉사자들이 매일 가이드 투어를 제공하며 관람객들에게 특별한 테마의 컬렉션을 소개한다.
- Concerts : 음악가가 이끄는 특별한 콘서트로 9-6월 중 종종 무료 콘서트를 특별전, 컬렉션, 다른 연관 주제와 함께 진행한다.
- Community and Workplace programs : 미술 강연, 토론, 아티스트가 이끄는 워크숍, 박물관 강연자, 아티스트가 발표하고 박물관의 훈련을 받은

자원봉사자가 도서관, 대학, 공동체 센터, 뉴욕의 일터와 50마일 이내에 있는 박물관에서 발표한다.

- For visitors who are blind or partially sighted : 시각장애 관람객을 위해 터치 투어를 준비하고. 청각장애, 시각장애 학생 단체를 위한 오디오 가이드를 제공한다.

- For groups of visitors with disabilities : 모든 갤러리에 휠체어 접근이 가능하며 휠체어를 무료로 대여할 수 있다. 청취를 돕는 장비가 박물관 투어 및 프로그램에 마련되어 있고, 가이드 투어는 만져 보고 말로 설명한다.

- Travel with Met : 전 세계를 큐레이터의 전문적인 지식과 결합시키고, 특별한 여행을 통해 배경 뒤에 있는 것을 보게 하여 동료애를 증가시키게 된다. 매년 24곳의 여행지로 구성된다.

구겐하임 미술관(Guggenheim Museum)

- families, educators and student, adult programs, public programs 등 : 연령대별 교육이 이루어지고 있다.

- work & process ; 1984년부터 300점이 넘는 작품이 구겐하임의 work & process 프로그램에서 나왔고, 여기에서는 화가, 안무가, 작곡가, 작가, 감독, 시인이 이끄는 오늘의 활동을 통해 전례가 없는 공예 프로그램이 탄생하였다. 각 프로그램은 독특하게 퍼포먼스, 실험, 토론 등이 창조적인 동반자 사이에서 이루어져 섞이며 창조적인 작업이 발전하게 되는 것이다.

- Internships : 미술사, 관리, 보존, 교육 등 관련 전공 재학생, 졸업자, 대학원생에게 다양한 인턴십을 제공하고 있다.

한국의 박물관 교육프로그램은 아직 수요에 제대로 부응하지 못하고 있으며, 어린이 프로그램의 경우 수요가 공급보다 훨씬 많은 현상이 일어나고 있다. 이러한 호응도는 높은 교육열에서 비롯되지만, 그만큼 교육 수요가 폭증하고 있음을 반영하고 있다. 선진박물관에는 에듀케이터가 다양하게 세분된 계층을 대상으로 필요에 부응하는 프로그램을 기획하는 데 비해, 우리나라는 아직도 학예사가 교육영역까지 도맡는 경우가 빈번하다. 박물관 교육을 전담하는 조직 부서가 존재하는 경우가 드물고 전문 인력이 크게 부족하다. 프로그램의 내용, 교육 방법, 전문성 등 콘텐츠도 미흡한 점이 많다. 박물관 교육은 양적 성장 못지않게 질적인 우수성이 요구되는 분야이다.

이러한 문제점들을 해결하기 위해서 국공립박물관은 국민의 문화 저변과 문화 향수권을 확대한다는 공익적 차원에서, 사립박물관은 수익 확대의 측면에서 교육 기능을 강화하고 그 점을 박물관 경영의 우선순위에 놓아야 한다. 박물관 교육을 경영전략으로 보고 교육프로그램을 관람객을 확대하는 중요한 마케팅 도구로 이용하여, 박물관에 대한 대중의 지적, 심리적 접근성을 높여야 한다. 또한 교육 분야에 대한 투자를 보다 강화하여 예산 비율을 높여야 할 필요가 있고, 또 교육프로그램에 대한 다양한 접근방식을 시도해야 한다. 실물의 직접 체험을 통한 감상 교육 강화, 실기와 감상의 통합교육, 체험식 감상 교육, 학제 간 교육 등을 실시하고, 감상 교육도 일방적인 주입방식에서 탈피하여 다양한 해석을 유도하는 질문과 토론을 통한 교육방식을 도입해야 한다. 그리고 교육자료의 개발에도 힘써야 한다. 이러한 매체를 통한 교육은 파급효과가 크기 때문에, 우리나라 박물관의 부족한 재정적·인적 여건을 고려할 때 효과가 큰 부분이다.

우리나라 '박물관 교육'의 근본적인 문제로 첫째로 박물관 교육이 박물관의 중요한 사업이라기보다 부차적인 활동이거나, 하지 않아도 무방한 사업 정도로 인식되고 있다는 점을 지적하지 않을 수 없다. 많은 국공립박물관에서는 남이 하니까 우리도 한다는 자세로 박물관 교육을 바라보고 있다. 사립이나 대학박물관에서는 구색을 갖추는 정도의 내용을 담은 프로그램으로 박물관 교육을 때우고 있다. 박물관 교육이 박물관의 존재 의미를 부각하는 중요 수단이라는 점을 깨달아야 한다. '박물관은 돈만 잡아먹는 기관'이라는 인식을 불식시키고, 박물관 교육이 박물관의 위상을 크게 높일 수 있는 경영전략이라는 인식의 부족을 탈피해야 할 것이다.

둘째, 박물관의 교육프로그램이 수요에 충분히 부응하지 못하고 있다. 어린이 프로그램의 경우 수요가 공급보다 많은 현상이 일어나고 있는데, 선착순으로 마감되는 프로그램의 경우 긴 대기자 명단까지 존재하고 있다. 다양한 어린이 박물관이 건립되고 운영됨으로써 교육적 효과를 높일 수 있다.

셋째, 교육프로그램 운영 기반이 취약하고 박물관 교육을 전담하는 조직부서와 전문 인력이 대단히 부족하다. 서구의 박물관에서는 박물관 교육직 (museum educator)이 전문 분야로서 인정받고, 교육부서가 학예부서와 동등하게 운영되고 있다. 프로그램의 내용, 교육 방법, 전문성 등 교육 콘텐츠 자체도 미흡한 점이 많다. 박물관 교육은 질적 우수성이 강하게 요구되는 분야이다. 성인 프로그램의 경우, 박물관 전시와 관련이 부족한 일반적인 이론 수업이 주류를 이루고 있어서 문제이다. 미술학원이나 백화점 문화센터의 것을 비슷하게 옮겨 놓는 정도에 그치는 교육이 태반이다. 소장품 감상 교육도 주입식 전달 방식을 따르고 있다는 점이 아쉽다. 서구 박물관들이 슬라이드, 비디오테이프, CD, DVD, 오디오 가이드 등 다양한 시청각 매체와 감상 활동지, 안내 책자, 교사용지침서 등의 인쇄물, 인터넷을 통한 온라인 매체 등 신기술을 활용하여 교육자료를 제공하고 있는 데에 비한다면, 국내 박물관들이 제공하는 교육자료는 현저하게 부족하다.

　　박물관 교육은 사회로부터 박물관에 요구되는 중요한 역할이다. 박물관 '전시'를 통해 얻는 교육적 효과와 더불어, 전시의 효과를 더욱 심화시키는 교육 프로그램에 대한 요구가 매우 증가하는 추세에 있다. 우리나라의 경우, 박물관의 역사가 외국에 비해 짧아서 미흡한 점이 한둘이 아니지만, 그중에서도 교육은 특히 중요시되어야 할 부분이다. 주5일 근무제와 주5일 수업제의 확대 추세와 사회 전반적으로 높은 교육열을 고려하여, 프로그램 대상층을 다양화하고 대상에 맞는 기획과 개발이 필요하다. 박물관 교육의 특수성에서 보듯이, 앞으로 박물관은 삶의 윤활유 역할을 하는 여가 생활적인 측면이 엄청나게 증가할 것으로 보인다. 이에 따라 유희와 교육이 함께 이루어지고 수용될 수 있는 박물관 교육의 수요는 더욱 증가할 것이다. 박물관과 사회는 상호 영향을 주고받는 역동적인 관계라고 할 수 있다. 프랑스 혁명이나 산업 혁명은 박물관의 사회활동에 획기적인 변화를 주었고, 박람회 같은 경우는 산업사회의 발달을 더욱 촉진하는 역할을 했다. 미래의 박물관은 사회의 요구에 부응하여 '사이버 정보박물관'이나 '여가와 휴식 공간으로서의 박물관' 즉 여가와 교육 쪽에 무게가 실리는 경향으로 변화해 갈 것이다. 개인들은 컴퓨터 앞에서 무제한으로 쏟아지는 시청각 자료와 만나게 되고, 이들과 상호작용하며 자신의 편의에 따라 조작할 것이다. 또한 박물관은 누구나 항상 접근할 수 있는 공간이 될 것이다. 여태까지 한국은 세계 박물관의 추세를 허겁지겁 따라가고 있었다. 한국 사회의 문화적 역량을 키우고 세계의 흐름을 선도하려면, IT 기술과의 접목과 다양한 여가 프로그램의 개발에 힘쓸 필요가 있다.

꿈의 박물관

한국의 박물관에 실린 글들은 한국 박물관학회에서 여러 차례
발표했던 주장들을 정리하고 보완한 내용들로 구성되어 있다.

제2부
한국의 박물관

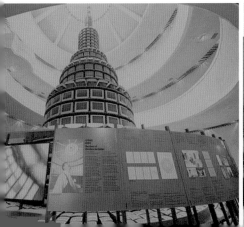

1

한국 박물관의 현실

선진국의 사례에 비겨 볼 때, 우리나라 박물관들은 아직 갈 길이 멀다. 박물관의 존재가치는 훌륭한 소장품의 보유와 정성스러운 전시, 깊이 있는 조사연구, 체계적인 교육활동 그리고 쾌적한 공간의 유지 등 몇 가지로 집약된다. 이를 이루기 위해서는 오랫동안 훈련받은 전문가집단의 상호 협력이 요구된다. 즉 고고학이나 민속학 등의 전문가와 박물관학 전공자의 적절한 협업이 필요한 것이다. 우리가 그렇게 해 왔는지를 반성할 여지가 많다.

박물관협회에 등록된 박물관장의 명단을 보면 우리의 실상이 뚜렷하게 드러난다. 국립박물관의 관장은 너무 자주 바뀐다. 공립은 지자체장의 이름이 많이 올라 있다. 대학박물관은 보직교수 위주로 짜여 있어 박물관학적 운영과는 거리가 있다. 사립은 사업가와 박물관 경영자의 중간에 걸쳐 있는 느낌을 준다.

언젠가 국립현대미술관장으로 기업가 출신이 임명되었다. 이는 무엇을 말해주는가? 국립은 보직 교체에 무게가 실려 있고, 공립은 박물관의 목표에 대한 의지가 없으며, 대학은 누가 맡아도 그만이라는 무정책이며, 사립은 전문화되고 있지 못하니 국립현대미술관장의 선정에 깊은 고민이 뒤따른 결과가 아닐까 여겨진다.

이에 반해 선진국에는 장기근속의 박물관장이 대단히 많다. 거의 종신직에 가까운 대접을 받는 관장들도 꽤 있다. 그 사회가 그들의 '능력과 안목, 지식 그리고 윤리의식'에 확고한 믿음을 갖기 때문일 것이다.

얼마 전까지만 해도 박물관의 주된 업무는 고고학이나 미술사 혹은 역사학 전공자가 독점하다시피 한 것이 우리의 현실이었다. 박물관의 역사가 어언 백 년에 이르는 우리에게 박물관의 전문화-세분화는 너무나 늦은 감이 있다. 박물관에는 고고학과 미술사만 필요한 것이 아니다. 큐레이터의 종류는 박물관의 종류만큼 다양해야 한다. 공무원 선발시험을 거쳤다고 누구나 다 큐레이터가 되는 것은 아니다. 될 수 있다고 쉽게 생각해서도 안 된다. 우리나라에는 오랜 훈련을 거친 큐레이터나 관장이 거의 없다. 시험만 통과하면 큐레이터가 쉽게 될 수 있고, 아무나 관장을 맡을 수 있는 사회적 여건 때문에 전문직이 홀대받았다. 혹독한 큐레이터 준비 과정, 관장의 직업적 윤리적 훈련과정이 필요하지 않을까? 수십 가지가 넘는 박물관 전문인 과정도 마찬가지일 것이다. 이러한 과정들이 정착하기 위해서는 '박물관학의 제자리 찾기'가 선행되어야 한다. 근래에 들어 박물관 교육이 보편화되어가고 있다. 이는 제3의 교육 내지 사회 교육의 일환으로 바람직한 현상이다. 그러나 커리큘럼을 자세히 들여다보면, 강좌와 체험 일색으로만 이루어져 있어 구성에 있어서 쏠림현상이 느껴진다. 당연히 교육학 전공자와 박물관학 전공자의 진지한 고민과 협업이 요구되는 부분이다. 테마에 맞는 세밀한 구성이 필요한데도 불구하고 그러한 고민의 흔적을 발견하기 어렵다. 너무 쉽게 박물관 교육이 남발되고 있다. 결과는 박물관 평가에서 질적인 수준 저하로 이어지지 않을까 우려된다.

박물관은 오케스트라처럼 여러 분야의 전문가가 협주해야 하는 기관이다. 고고학 미술사 역사학 지질학 자연사학 등은 전문적인 분야로 박물관을 이끌어가는 여러 전문인 중의 한 부분을 구성하고 있다. 회계나 행정마저도 박물관 회계나 박물관 행정은 전문화되어 있다. 오랜 경험과 노하우가 필요한 부분이 한둘이 아니다. 박물관 안에서 그런 것들이 조화롭게 잘 세분화한 상태는 선진화의 정도와 정비례한다. 윤리적으로 모범이 되는 유능한 관장이 장기 근무할 수 있는 박물관이 바로 수준 높은 박물관이다. 아무나 잠깐의 재치로 관장을 한다면, 하모니가 아니라 잠깐 반짝하거나 삐걱거리는 소리만 후유증으로 남을 것이다. 제대로 된 큐레이터가 되기 위해서 고되고 오랜 훈련을 거쳐야 하는 사회로 발전되어야, 우리의 박물관들도 선진의 문턱을 넘볼 수 있을 것이다.

우리나라의 박물관 정책은 주무부처인 문화체육관광부에서 입안되고 실행해왔다. 문체부의 주무부서에서 박물관 정책이 어떻게 입안되고 결정되는지 궁금하다. 용산으로 이전한 국립중앙박물관은 이제 정착 단계에 와 있다. 그동안 여러 차례 이전을 거듭한 이면에는, 새 정부가 들어설 때마다 불꽃놀이 이벤트처럼 국립중앙박물관의 이전사업을 추진했기 때문이다. 이는 우리 문화유산의 핵심적인 보존·관리처인 중앙박물관의 사업이 국민의 이목이나 끌고 언론의 취재 대상에 머물러 있던 시절의 부끄러운 초상이다. 지금으로서는 용산 이전 후 엄청난 양의 유물들의 관리가 어떻게 되고 있는지 매우 궁금하다. 용산박물관의 외양에 비해 수장품 보관 공간이나 관리체계가 적절히 운용되고 있는지, 과거의 여러 차례의 이전 후유증이 다시 나타나지 않기를 바란다. 국립박물관의 지방 분관은 해당 지역의 성격에 맞는 '특성화박물관'으로 재탄생하는 것이 바람직하다고 생각된다. 박물관의 숫자는 적은 것보다 많은 것이 나을지 모른다. 그러나 중복되는 내용의 박물관은 방문자에게 지루함만 줄 뿐, 박물관에 주어진 사회적 역할을 충분히 감당하기 어렵다. 현재 10여 개가 넘는 국립지방박물관의 숫자는 대폭 줄여야 한다.

국립지방박물관들이 고고·역사박물관 일색이 되어 있는 것은 환영할 일이 못 된다. 국립진주박물관처럼 진주지역의 특정한 성격(임진왜란 전적지)을 반영하는 박물관으로 변모하는 현상은 바람직하다. 지금처럼 지방화의 물결이 뚜렷한 시대의 흐름에 맞추어 박물관의 권한을 지방자치단체로 이관하는 방안도 고려할 수 있다. 국립박물관은 우리나라의 역사와 문화를 총괄적으로 볼 수 있는 중앙박물관과 몇 개의 특성화된 지방박물관으로의 재편이 바람직하다. 그런 특성화박물관으로 민속박물관 민족학박물관 어린이 박물관 자연사박물관 과학박물관 현대미술관 야외 조각 미술관 등이 포함될 수 있다.

박물관의 서울집중 현상은 바람직스럽지 않다. 그런 의미에서 새롭게 기획되는 국가적인 박물관 프로젝트의 입지선정은 신중하게 고려할 필요가 있다. 국립현대미술관의 과천관이 미술계가 바라는 근본적인 문제를 해결하지 못하고 있는 채, 다시 기무사 땅에 현대미술관의 서울 분관으로 낙점되어 개관하였다. 이 역시 너무 근시안적인 해법이다. 국립현대미술관의 건립 목표를 어디에 두고 있는지 근본부터 재고해야 할 시점이 되었다. 국립현대미술관도 국가적인 정책으로 결정되는 것이 분명한데, 기무사 지역은 미술·문화 활동을 하기에 그다지 활발한 지점이 될 수 없다. 국립현대미술관 본관이 접근이 어려운 과천에 있고, 서울에 분관을 둔다는 발상은 주객이 전도된 결정이다. 국립현대미술관이나 국립민속박물관, 국립자연사박물관 등은 반드시 용산 부지 안으로 편입하고, 용산 시민공원을 박물관 컴플렉스의 집중지로 전환해야 할 것이다.

공립박물관의 증가추세는 괄목할 현상인데, 놀라운 사실은 유명무실하거나 부실한 박물관의 표본이 공립박물관들이라는 점이다. 국민은 국가에 세금을 내고 국립기관의 건립과 운영을 예의주시하고 있다. 따라서 국립박물관에 대해서는 매우 관심이 높다. 그러나 지자체에도 역시 각종 세금을 내고 있지만, 지자체가 운영하는 박물관의 내실 문제에는 별 관심이 없다. 공립박물관은 크게 개선되어야 한다. 지자체마다 박물관을 건립해 왔지만, 관계자들은 그저 개관 또는 개막행사에만 주력해 왔다. 이는 지자체장의 잦은 교체와 업적주의에 기인하는 바가 적지 않다. 알게 모르게 상당한 재정이 지역박물관의 건립사업에 소모되고 있다. 이런 데에 대해서는 국가도 손을 놓고 수수방관하고 있다는 인상을 지우기 어렵다.

박물관 정책은 국립에서 그쳐서는 안 된다. 국가적인 청사진 속에서 국립박물관 공립박물관 분포 배분의 기본체계가 세워져야 한다. 중요한 공립박물관에 대해서는 국가가 지도 감독하고 운영을 지원해야 한다. 이 모두를 지자체에 일임하고 방치하고 있어서, 부실한 공립박물관이 수도 없이 출현하는 것이다. 여기에는 해당 공무원의 전문성과 노력이 수반되어야 한다. 대부분 그렇지 못하기 때문에, 부지불식간에 공립박물관은 개관만 해 놓고, 그 뒤의 문제는 모두가 방치하고 있다. 부실이 공공연하게 이루어지고 있다. 공립박물관이 활성화되면 우리나라 박물관의 판도나 지형은 크게 달라질 것이다. 서울이나 부산 경기도처럼 공립박물관의 활동이 활발한 일부 지역을 제외한 다른 지역의 경우, 국립지방박물관을 지자체로 이관하여 운영하는 방식도 고려해 볼 수 있는 좋은 방법이다. 박물관은 건립 못지않게 운영 문제에 큰 노력과 비용이 요구된다. 지방박물관의 경우, 그러한 지원과 전문성이 겸비되어야 한다. 만일 그렇지 않고 지금까지 해왔던 것처럼 지방의 공립박물관을 방치한다면, 이는 국가적으로도 엄청난 손실이 된다.

교육과 연구의 중심인 대학에서 박물관은 핵심적인 연구조사 기관이 될 수 있다. 우리는 뛰어난 대학박물관의 경우, 어정쩡한 국공립박물관을 훨씬 능가하는 내용을 갖고 있음을 알고 있다. 그로 해서 그 대학이 일약 유명해지고, 대학재단이 다시 박물관에 대한 투자를 높이는 선순환을 확인할 수 있다. 국가 예산으로 운용되는 국립대학을 제외한 많은 사립대학은 대학박물관을 대학의 브랜드 가치를 크게 높이는 수단으로 활용해 왔다. 과거 70년대 경주 일원에서 많은 발굴이 이루어졌고, 그 당시 많은 대학이 발굴에 참여하여 엄청난 성과를 일구어냈다. 경주지역의 신라 고분 발굴에 많은 대학이 참여해, 많은 고고학적인 성과를 이루어내면서 해당 대학의 명성을 높였다. 그뿐만 아니라 훌륭한 발굴자료들이 해당 대학의 박물관으로 이관되어 연구 대상으로 관리되고 있다. 80년대 이후의 가야 고분 발굴, 2000년대의 백제 초기 고분의 발굴이나 전국에 산재해 있는 가마 유적이나 사찰 문화재 혹은 수몰지구 유적 유물들이 대학박물관의 손을 빌려서 조사·정리되기에 이르렀다.

그런데도 지금 대학 당국은 박물관을 그저 종합대학 설립요건에 필요한 존재 정도의 비중으로 박물관을 건립 운용하고 있다. 대학은 아마 박물관은 돈만 잡아먹는 해태 정도로 인식하고 있지나 않은지 자못 궁금하다. 대학박물관은 여느 박물관들과는 달리, 해당 대학의 교육적 목표나 방향에 따라 매우 유연하게 박물관의 성격을 정할 수 있다. 교육대학은 교육자료박물관으로, 종교대학은 종교박물관으로, 기예대학은 기예자료박물관 등으로 얼마든지 특성을 갖는 박물관으로 만들고 키울 수 있다. 대학이 사는 길은 우수한 학생의 수용과 지역사회에의 기여로 집약해 볼 수 있다. 그런 의미에서 대학박물관은 해당 대학의 발전과 지역문화의 특성을 유지 발전하는 데에 목표를 두고 건립 운용되는 것이 바람직하다. 인구에 비해 엄청난 숫자의 대학과 대학생을 두고 있는 우리의 실정에 비해, 대학박물관이 제자리를 잡지 못하고 있는 이면에는 대학 당국자의 안이한 정책이 변하지 않기 때문이다. 이제는 대학도 나름의 목표와 정책을 갖고 대학박물관을 활용할 시점이 되었다.

한국박물관협회의 출발이 민중박물관협회에서 출발한 데에서 볼 수 있듯이, 우리나라 박물관의 위상에서 사립박물관이 차지하는 비중은 날로 높아지고 있다. 사립박물관이야말로 국민의 문화적 성향 파악이나 갈증의 해소와 직결된다. 그런 점에서 사립박물관에 대한 투자는 이제 국공립 기관의 그것에 못지않은 중요한 의미를 지닌다. 사립박물관에 대한 정책적 지원이 혹시라도 개인의 부와 명예만을 올리는 데에 악용되는 듯한 인식은 시대착오적이다. 국공립박물관이 나무의 뿌리와 줄기라면, 사립박물관은 그 바탕에서 피어나는 잎과 열매이다. 많은 다양성과 가능성을 갖고 있고, 그만큼 발전시킬 소지가 큰 분야를 개인이라고 해서 과소평가할 수는 없다. 그러한 인식의 이면에는 부와 명예를 쌓아 올린 일부 인사들의 파행적 윤리 문제가 드러나 오해받고 있지는 않은지 모르겠다.

사립박물관은 국가에 헌납하기 위해 만들어지는 것이 아니다. 뜻있는 개인들이 자기 재량의 범위 내에서 특정한 테마나 유물들을 체계적으로 모아 박물관으로 건립 운영하는 것이다. 이는 장려해야 할 부분이지, 시기와 질투 혹은 견제의 대상이 아니다. 국공립이나 대학과는 달리 개인들은 조직적이지 못한 관계로, 일부를 제외하고는 대부분의 사립박물관이 운영상의 어려움에 봉착하는 경우가 많다. 이는 수집의 초기 단계부터 박물관화 작업을 염두에 두고 있지 못한 데에 기인한다. 수집가와 박물관 운영자가 구분되어야 할 점이기도 하다. 특정 개인에게 박물관의 모든 영역에 대한 준비를 완벽하게 해내기를 요구하는 것은 무리이다. 사립박물관이 경계해야 할 점은 무성격/상업화/운영 미숙 같은 지극히 전문적인 부분이다. 이러한 점은 국가나 지자체 혹은 특수한 기관들에 의해 조정되고 보완될 수 있다.

최근 박물관의 설립이 많이 늘어나면서 박물관과 유사한 기관들이 난립하고 있어 문제가 되고 있다. 이들은 기존에 정상적으로 활동하고 있는 많은 박물관에게 좋지 않은 영향을 줄 뿐 아니라, 국가사회에 크나큰 해악으로 작용하고 있다. 사전적인 의미에서의 '뮤지엄'이나 비영리를 표방하는 '갤러리' 등은 이들과 분명히 구분되어야 한다. 어떤 의미에서 뮤지엄에 대한 인가는 국가가 직접 관리해야 할 중요한 윤리적 문화적 의미가 있다. 박물관 등록이라는 도식화된 행정업무가 지자체에 이관되는 현실이 문제를 키우고 있다. 이 점은 유사박물관이 태동하고 양산될 수 있는 위험성을 크게 내포하고 있다. 결론적으로 박물관의 등록은 국가가 직접 관장해야 한다. 큐레이터라는 명칭의 사용은 엄격히 규제되어야 한다. 이를 위해서 국가가 직접 운영하는 '국가 박물관위원회'의 설치를 권하고 싶다. 박물관위원회의 설립은 전문가들로 구성되어야 하며 엄격한 윤리관에 의해 운영되어야 한다. 유사박물관의 난립은 우리나라 박물관 문화를 뿌리째 흔드는 해악으로 하루빨리 조정되어야 한다.

지금도 양심적인 이들은 어느 박물관이 유사박물관인지 다 알고 있다. 이들이 왜 문제가 되는지 훤히 알고 있다. 그런데도 이들을 통제하지 못하는 이유는 등록업무의 허술함에서 비롯된다. ICOM에서 가장 강조하는 점은 박물관인의 윤리의식이다. 박물관이야말로 다른 어떤 분야보다도 책임과 윤리가 강조되어야 하는 사회이다. 유사박물관을 정리하지 않으면, 우리의 큰 노력이 상업적인 허울 속에 묻히고 말 것이다.

박물관 문화를 꽃피우기 위해서는 건축, 전시, 연구, 교육 등 박물관학의 여러 분야가 활성화해야 한다. 이를 위해서는 박물관학의 대중화와 심층화의 선행이 동시에 요구된다. 해당 분야별로 철저한 점검이 필요하며, 전문화 특성화의 방안과 목표가 분명하게 재설정되어야 한다. 국가 차원의 박물관 선진화 목표를 달성하기 위해, 우리는 현재처럼 박물관과 미술관을 분리해서 생각하고 다루면 안 된다. 뮤지엄이라는 이름으로 양자를 하나로 묶어 정책적으로 힘있게 밀고 나갈 필요가 있다. 박물관의 기반인 국민적 지지를 얻기 위해서, 박물관인에게는 지금보다 더 강화된 도덕적 윤리관의 정립이 요구된다. 앞에서 지적했듯이, 박물관의 존재가치는 훌륭한 소장품의 보유와 전시 그리고 조사 연구 교육활동 등의 성과로 집약된다. 박물관 발전사에서 보아 왔듯이, 박물관은 양질의 소장품을 체계적으로 수집하고 이를 토대로 지식과 교육의 보고로 자주적인 역할을 맡아 왔다. 진화발전의 방향을 역행할 수도 해서도 안 된다.

2

한국 박물관의
문제

1980년대 이후 국민소득이 크게 증가하고 OECD 진입, G20 정상회의 개
최 등으로 한국의 국가 이미지는 매우 높아져 있다. GDP 기준 세계 10위권을
확보하는 지금, 우리의 기대는 경제적 난관을 극복하고 국민소득을 늘려서 선
진국에 제대로 진입하려는 문제에 집중되어 있다. 그런 위상에 걸맞게 문화적
소양이 함께 가고 있는지, 특히 박물관 분야가 선진 수준에 근접하고 있는지를
자성해 볼 일이다. 앞서 서술하였듯이, 박물관의 숫자는 비공식 집계로 1,000개
를 훨씬 넘고 있다고 추정되지만 풀어야 할 과제는 적지 않다. 문화체육관광부
발표 자료에 의하면, 2010년 등록박물관의 총 숫자는 800관 2011년에 850관 정
도가 되고, 2013년 911관 2018년에는 1124개로 늘었으며, 2020년 기준 1,164관
을 기록하고 있다.(표 1) 또한 문화체육관광부는 2023년까지 박물관은 1013관,
미술관은 297관에 달할 것으로 예상된다고 발표했다. 급격한 박물관의 증가를

국제적 수준에 어울리게 하려면, 첫째로는 국공립·법인 박물관의 형식적인 건립 운영과 부실화 문제, 둘째로는 대학박물관의 정체 문제, 셋째로는 사립박물관의 경영 문제 등을 비롯하여, (1)박물관 건축의 예술적-기능적 문제, (2)전시수준의 하향 획일화 문제, (3)박물관 교육의 타성화 문제 등이 중요한 해결과제로 떠오르고 있다.

〈표1〉 2010년 말 현재 설립·운영주체별 등록 박물관·미술관 현황

(문화체육관광부 2011 문화기반시설 총람 참조)

구분	국립	공립	사립	대학	소계
박물관	29	290	251	85	655
미술관	1	34	105	5	145
총계	30	324	356	90	800

〈표2〉 2020년 설립·운영주체별 등록 박물관·미술관 현황

(문화체육관광부 2020 문화기반시설 총람 참조)

구분	국립	공립	사립	대학	소계
박물관	50	380	362	105	897
미술관	1	72	179	15	267
총계	51	452	541	120	1,164

2012년 문화예술 예산 비율을 국가 예산 대비 2%를 목표로 한 정부는 박물관을 '문화의 액세서리' 정도로 보지 않나 우려하게 한다. 320조가 넘는 규모의 〈2012년 국가 예산〉 중 사립박물관 지원 예산은 고작 15억 원에 불과했다. 박물관 운영 활성화를 겨냥한 이 예산은 도서관 정책에 106억 원이 투입되는 데에 비한다면 더욱 초라하다. 2011년 현재, 국립박물관의 연간 운영예산은

1,000억 원에 육박하고 있으나 수입이 얼마인지는 알 수 없다. 국립지방박물관이 포화상태인데도 불구하고, 마한 문화권의 국립나주박물관 건립에 400억 원, 과천의 국립현대미술관과 덕수궁 전시관을 그대로 두고 서울관 건립에 2,500억 원을 투입하고, 한글박물관에 370억 원, 대한민국역사박물관 개관에 500억 원을 계상해 놓고 추진하였다. 부실한 공립박물관이 상당수임에도 불구하고, 18개 공립박물관과 미술관 건립지원에 107억 원 등 대략 270억 원 정도를 올려놓고 있다. 기타의 박물관 프로젝트를 모두 다 합치면 낭비되는 예산의 규모는 엄청날 것이다.

이들을 자세히 들여다보면, 국가가 〈박물관 프로젝트〉를 내실 있는 콘텐츠를 살리려 하기보다, 그저 VIP 중심의 리본-컷팅을 의식한 일과성 이벤트 행사로 여기지 않나 하는 의구심이 든다. 지자체는 민선 기관장의 업적주의로 가고 있어서 공립박물관이 내실을 갖추기 어렵고, 대학이나 기업은 박물관을 없어도 무방하거나 구색이나 맞추는 기관 정도로 간주하고 있는 듯하여 염려스럽다. 개인들이 설립한 사립박물관은 경영난에 시달리는 가운데 사회적인 도움이 필요하다는 점에서, 우리나라 박물관 전반이 위기 상황을 맞고 있음을 부인할 수 없다. 박물관은 골동품의 보관장소도 아니고 멀리 두고 보는 갤러리가 되어서도 안 된다. 박물관은 우리 바로 옆에서 같이 생활하는 '문화마당'이자 '지식터전'이며, 우리에게 과거의 지식을 통하여 미래에 대처할 수 있는 '지혜의 샘'이자 '정신적 쉼터', 나아가 동반자의 위치로 크게 바뀌고 있음을 알아야 한다. 박물관 문제는 우리나라의 문화정책, 관광정책, 역사정책의 핵심에 위치하면서 국민과 사회의 지적 활동에 커다란 영향을 끼치고 있고, 또 그렇게 되지 않으면 안 된다.

시도	합계	국립도서관	공공도서관				박물관				미술관				생활문화센터	문예회관	지방문화원	문화의집
			계	지자체	교육청	사립	계	국공립	사립	대학	계	국공립	사립	대학				
계	3,017	3	1,134	876	234	24	897	430	362	105	267	73	179	15	129	256	230	101
서울	410	2	180	153	22	5	128	31	69	28	46	6	35	5	3	21	25	5
부산	124	0	44	28	14	2	31	13	7	11	8	2	4	2	15	11	15	0
대구	89	0	43	26	9	8	16	8	5	3	4	2	0	2	7	11	8	0
인천	115	0	53	44	9	0	28	15	12	1	5	2	3	0	8	10	10	1
광주	72	0	23	17	6	0	12	5	3	4	14	4	8	2	7	7	5	4
대전	62	0	26	24	2	0	15	4	4	7	5	2	3	0	3	5	5	3
울산	46	0	19	15	4	0	10	8	1	1	0	0	0	0	3	5	5	4
세종	22	0	11	10	1	0	7	3	4	0	0	0	0	0	2	1	1	0
경기	567	1	277	262	11	4	136	56	69	11	53	12	38	3	15	44	31	10
강원	232	0	58	35	22	1	99	49	45	5	19	4	15	0	11	21	18	6
충북	136	0	48	32	15	1	44	27	12	5	11	5	6	0	3	12	11	7
충남	176	0	63	44	19	0	57	34	18	5	9	2	7	0	8	18	15	6
전북	174	0	59	40	18	1	41	28	9	4	18	7	11	0	13	17	14	12
전남	222	0	70	47	22	1	63	43	17	3	32	8	24	0	10	21	22	4
경북	211	0	66	38	28	0	70	40	19	11	11	5	5	1	8	27	23	6
경남	221	0	72	45	26	1	75	49	21	5	10	5	5	0	8	22	20	14
제주	138	0	22	16	6	0	65	17	47	1	22	7	15	0	5	3	2	19

　　경제가 나빠질수록 부실한 회사들 즉 배드-컴퍼니(Bad Company)가 늘어난다. 배드-컴퍼니가 늘어날수록 경제는 더욱더 악화한다. 나중에는 경제가 나빠서 배드-컴퍼니가 늘어나는지, 배드-컴퍼니가 늘어나서 경제가 나빠지는지를 구분하기 어렵게 된다. 이는 국가 경제 전반에 나쁜 영향을 주게 되며, 물론 일

부 불량기업에만 국한된 문제는 아닐 것이다. 박물관도 마찬가지이다. 박물관 계에서 배드-뮤지엄(Bad Museum)이 늘어나면 어떻게 될까? 한국 박물관에 배드-뮤지엄 수는 얼마나 될까? 굿-뮤지엄의 증가가 수반되지 않는 박물관 문화는 밑 빠진 독이 되고 말 것이며, 1,000개 박물관 시대 운운했던 주장은 어쩌면 그런 방향으로 가고 있는지도 모른다는 우려를 낳는다. 박물관 1,000개의 시대는 생각했던 것보다 빠르게 이뤄졌다. 박물관 1,000개라는 양적 목표는 "좋은 박물관은 몇 개인가?"라는 질적 목표로 전환해야 한다. "박물관이 왜 좋아야 하는가!"는 우스운 질문이 될 것이다. 선진국이 왜 선진국인가를 묻는 것처럼, 박물관이 왜 굿-뮤지엄이어야 하는가는 바보 같은 질문이 될 수밖에 없다. 박물관은 다른 어떤 기관보다도 강한 사회적, 윤리적 역할이 요구되는 공공적 문화기구이기 때문이다. 박물관이 나쁘면 오늘의 우리 문화가 심각하게 뒷걸음질하는 결과로 귀착되기 때문에, 우리는 좋은 박물관의 출현에 목을 매고 있다.

　　나쁜 박물관(Bad Museum)이 되지 않도록 해야 함은 물론이고, 어떤 경우라도 이상한 박물관이 아닌 좋은 박물관(Good Museum)이 되기 위한 전제들은 다음과 같다.

　　① Good Collection-성격이 분명한 좋은 오리지널 소장품
　　　　　　* 수집내용의 적절한 감정, 평가
　　　　　　* 메리트가 있는 수집 장려책 제시
　　② Good Display-시대를 앞서가는 좋은 입체적 전시
　　　　　　* 낙후된 디자인 수준 개선
　　　　　　* 박물관 관련 디자인산업 육성
　　③ Good Building-아름답고 독창적이며 기능적인 건축

* 건축 관행 개선

* 건축 문호 완전 개방

④ Good Environment-쾌적한 박물관과 주변 환경

* 박물관 여건의 분석

* 박물관 환경 상향 유도

⑤ Good Manpower-관장 큐레이터 등 능력 있는 전문직

* 전문직 배출환경 강화

* 전문직 평가, 재교육 실시

⑥ Good Management-현실을 직시하고 미래에 대비하는 박물관 경영

* 박물관 경영상태 점검

* 경영 방법 지원

⑦ Good Activity-짜임새가 있는 전시 박물관 교육 이벤트 등 사회활동

* 박물관 교육의 내용 점검

* 박물관의 다양한 사회활동 유도

⑧ Good Philosophy-투철한 박물관 철학과 윤리의식

* 박물관 철학과 윤리 상황 점검

* 윤리교육-재교육 실시

이를 위해 짚어 보아야 할 문제는 대단히 많다. 우선 우리 사회에서 박물관의 위치-위상에 대한 반성이 선행되어야 한다. 여러 가지 문제가 있지만, 박물관장 선임 문제 하나를 보더라도 후진성을 면치 못하고 있다. 선진국들의 경우, 박물관장의 발탁은 전문성, 경영 능력, 도덕성 등이 중요한 잣대가 되어 왔다. 우리나라의 박물관장 임기를 예로 들면, 국공립(계약직) 2~3년, 대학(보직교수) 2년, 사립 무원칙 등으로, 임기에 대한 정책은 단기성 보직 수준으로 읽힌

다. 선진국의 경우, 적임자라는 평가를 받고 관장으로 선임되면 종신 근무가 많다. 우리나라 박물관장의 전문성 문제는 더욱 심각하다. 비판적으로 말하자면, 박물관장은 아무나 해 왔고 아무라도 할 수 있는 자리였다. 아무나 해도 되는 자리였고, 지금까지도 그런 것 같다. 이를 극복하기 위해서, 큐레이터나 관장 등의 전문직 발탁과 훈련 및 검증 장치가 필요하며 평가를 통한 재교육 실시가 요구된다. 큐레이터의 선발도 국공립은 6·7급 공무원 시험을 보고 합격과 동시에 학예사가 되고, 그 순간부터 전문가로 생각하는 게 현실이다. 대학에서 전임 강사-조교수-부교수-정교수-명예교수 등으로 구분하듯이, 박물관에서 큐레이터도 채용시험과는 별개로 전문성을 따져서 구분해야 한다. 학예원-조학예원-부학예원-정학예원-명예학예원 정도라도 되어야 하지 않을까?

박물관을 설립하기에 앞서서, 왜 박물관을 세우려 하는지 심각한 자기반성과 성찰이 요구된다. 많은 박물관이 설립에 대한 충분한 고민이나 사전 검토, 적절한 준비나 건립 프로세스 없이 설립에 착수하는 경우가 많다. 아마 대개는 수집한 소장품을 우선 내어 보이고자 하는 욕심에서 출발하여 서둘러 개관하거나, 우선 건물부터 먼저 지어 놓고 개관한 뒤 공간을 채워나가는 방식을 택하는 경우가 많다. 또 개관 일자를 정치적 행사로 변질시켜 맞추려는 경우가 비일비재하다. 이는 박물관의 설립목적이 센티멘털한 아마추어리즘에 머물러 있어서, 궁극적으로는 해당 박물관의 존재 자체를 의심케 하는 요인으로 작용한다. 이를 극복하기 위해서는 박물관 철학의 기본줄기를 먼저 세우고, 왜 박물관을 열고자 하는지 그 근거-이유와 목표-철학을 분명히 해야 한다.

일부 몰지각한 수집가가 보여주는 작품을 사고파는 일은 수집의 기본을 벗어나는 일이어서 확인되는 즉시 퇴출해야 한다. 예를 들자면, 상업화랑의 미술관 표방 사례는 의외로 많은 것이 현실이다. 다른 부문도 정도의 차이는 있을 지언정 크게 다르지 않다. 다만 수집내용의 정리를 위한 교환이나 폐기는 조건 부로 양해되고 있다. 1930년대 간송 전형필은 사재를 바쳐 우리 문화재의 수집에 정열을 다 바쳤고, 문화재 보존을 위해 간송미술관과 우리미술연구소를 설립하여 모든 수집가의 귀감이 되었다. 당시는 일제 강점기의 어두운 시절이라서 문화재 보호는 다른 면에서 민족정기를 살리는 애국적 행동으로 여겨졌다. 물론 현재는 당시와는 사정이 달라져서 간송과 같은 애국적 헌신적인 수집과 보존은 어렵겠지만, 수집을 재테크의 수단으로 삼거나 박물관을 일반사업처럼 생각하고 영업회사같이 운영하는 자세는 불식되어야 한다.

선진국에는 박물관 컴퍼니가 성업 중이다. 우리도 박물관 운영에 있어 경영 마인드가 중요하다는 인식은 보편화되고 있다. 문제는 일반영업과 박물관 컴퍼니 스타일의 영업을 구분하지 못하고, 일반사업장과 박물관을 분리 운영하지 못하고 있는 데에 있다. 〈박물관 윤리강령〉에 분명히 박물관은 비영리 기관으로 규정되어 있으므로, 윤리강령에 어긋나는 영업행위나 유사 활동은 하면 안 된다. 국공립은 지출 위주의 예산편성이 다반사이고, 사립은 입장료와 소규모 기념품점에 의존하여 경영 관념 자체가 없어 보인다. 최근 국공립박물관의 입장료 무료화 정책으로 박물관 계는 피해가 크다고 한다. 이는 문화복지를 표방한 포퓰리즘이라 하지 않을 수 없다. 그런 논리라면, 국립공원이나 국립극장의 공연 혹은 국가에서 주관하는 문화행사 전부를 무료로 해야 할 것이다. 우리처럼 박물관 경영의 기초도 없는 나라에서 무료화 정책을 강행하면 어떻게 되겠는가? 무분별한 박물관 등록 허가는 실속 없는 박물관을 양산하는 주범으로 지목된다. 1종 박물관을 설립하기 위하여 수집품 100점의 허가기준을 마련하고 있는데, 정작 실행에 있어서는 100점에 대한 합리적인 평가가 이루어지지 않고, 숫자 채우기에 급급하여 부실한 박물관이 양산되었다. 엄격한 제도적인 검증 장치가 요구된다. 반드시 보완하거나 문제점을 재점검하여야 한다. 지자체에 박물관 인가업무를 위임하는 것은 실효성이 떨어지기 때문에 반드시 제도적으로 보완할 필요가 있다.

한국의 박물관들이 발전하기 위해서는 국가가 설립한 기관의 정비가 필요하다. 특히 정부 기구의 일원화가 요구된다. 현재 박물관 사업은 여러 부분으로 쪼개진 채 관리 조정되고 있다. 현재는 문화체육관광부의 문화여가정책과에서 박물관을, 예술과에서 미술관을 담당하고 있다. 이는 6, 70년대 수준의 기구 정도로밖에 생각되지 않는다. 문체부 안에 외청으로 박물관청을 두거나, 문화재청과 통합하여 별도의 문화유산부를 만들어, 이들 모두와 박물관을 통합 관리하는 것이 좋을 것이다. 공립박물관은 지자체에 위임하고 있어 문제가 되기 때문에, 전국을 하나로 아우르는 국가 단위 체계 안에 공립을 두고 관리해야 한다. 국가의 역할이 지금처럼 형식적인 관리 감독에 머무르지 말고, 지엽적인 애로사항까지 적극적으로 지원하는 자세로 바뀌어야 한다. 공립박물관을 지자체에 무작정 위임하지 말아야 하고, 대학박물관도 교육과학부에 맡겨 두어 사각지대로 방치되지 않도록 해야 한다.

사립박물관의 애로사항을 그저 단순히 개인 차원의 일이나 재테크로 넘겨버릴 것이 아니라, 국가 단위의 박물관 정책의 실질적인 수혜자가 되어, 민간에서 자발적으로 수집을 늘리고 박물관을 설립하고자 하는 방향으로 유도하여야 한다. 국가가 운영책임을 갖는 국립중앙박물관 경주박물관, 부여박물관 등을 제외하고, 시도에 난립하는 국립지방박물관(1도 1국립박물관—1도 1국/공립박물관으로)들은 해당 지역 지자체나 민간 법인 등에 위탁 운영하고, 실질적으로 지원하여 운영의 효율화를 기해야 한다. 공립박물관이 활성화되기 위해서는 기존 역사박물관 일색의 건립정책에서 벗어나야 한다. 전시 중심의 단조로운 프로그램 구성에서 벗어나 교육이나 레저 등으로 지역주민을 끌어들여야 하며, 해당 지역의 특성에 맞게 박물관의 테마가 다양화되어야 한다. 지역산업과 연계성을 갖거나 개인 수집가들과 협력하는 정책의 유연성을 보여야 한다.

개인의 수집 활동이 재테크 취미활동 등에 목적을 두고 있는 경우라도, 오랜 시간이 지나면 이들도 공공성을 갖게 되므로, 국가는 개인 컬렉션이 공공화의 길을 갈 수 있도록 이끌어야 한다. 이제는 개인 수집가들을 위한 집단시설로 '임대형 박물관' 등의 운용도 고려해야 할 시점이다. 사립박물관의 경우, 박물관 체계나 조직 등이 제대로 갖추어지지 않은 경우가 있으므로, 국가나 지자체는 이들을 도와 체계적인 공공화의 길을 가도록 도와야 한다. 그러기 위해서는 세제지원을 비롯하여 제도의 개선이나 운영 지도 혹은 사립박물관 주변의 환경개선을 위한 투자를 배려해야 한다. 이는 궁극적으로 사립박물관에 도움도 되고, 국가와 사회의 커다란 자산으로 남게 될 것이다. 대학박물관의 발전을 위해서, 대학박물관도 해당 지역과 사회의 구심점 역할을 하도록 지원하고 유도해야 한다. 대학의 운영 방향에 따라 영향을 받는 대학박물관의 경우, 사회가 요구하는 만큼의 활동으로 현실화하기 어렵다. 대학의 경영에 박물관 설립 운영이 얼마나 도움이 되는지 좋은 사례를 들어 유도할 필요가 있다. 그런 점에서 사회적으로 크게 이바지하는 대학박물관들, 예를 들어 이화여대 박물관, 고려대학교 박물관, 숙명여대 박물관, 한양대학교 박물관 등 모범적으로 운영되는 대학박물관에게는 인센티브를 제공하는 방법을 검토하여, 타 대학의 참여를 유도하여야 한다.

사립박물관도 사업성과 경쟁력을 갖추어야 한다. 경쟁력의 출발은 합리적인 경영을 통해서, 박물관의 특성을 최대화함으로써 박물관을 '명물'로 만들고 많은 관람객을 유치하도록 하는 것이다. 그렇게 하여 국가는 관광 자원을 늘리고, 지역사회에는 활력과 경제적 혜택을 보탤 수 있다. 우리나라 박물관들이 발전하려면 박물관의 테마를 더욱 다양화할 필요가 있다. 과거 박물관은 주로 역사 유물이나 미술품의 연구나 완상 수준에 머물러 있었지만, 현대는 다양화의 시대이다. 역사나 민속을 강조하는 국립박물관에 비해, 개인의 취미나 지식으로부터 출발하는 사립박물관은 박물관 테마의 확장이나 차별성을 실현하는 데에 있어 유리하다. 규모가 크지 않은 공립박물관도 마찬가지이다. 이제 박물관의 테마는 고고·역사·미술·자연사 등의 큰 줄기 외에도 문학·연극·음반·취미생활·식자재·특산품 등등(예: 교통박물관이나 어린이 박물관)으로 우리 주변에서 얼마든지 좋은 테마를 찾아낼 수 있다.

박물관이 전시만으로 관람객을 유치하던 시절은 이미 지나갔다. 시민들은 박물관에서 새로운 정보를 구하거나 재미있는 프로에 참여하거나, 박물관을 레저나 쉼터로 활용하려는 욕구와 추세가 강해지고 있다. 그런 의미에서 박물관은 교육·취미·체험·레저 부문의 새로운 프로그램을 끊임없이 개발해야 한다. 이제 박물관은 한번 방문하고 끝나는 문화 기관이 아니라, 자주 찾는 '편의-레저 시설'의 하나로 인식의 변화가 이루어져 가고 있다. 시민들의 다양한 욕구를 충족시키기 위해서는 각종 서비스의 개선이 이루어져야 한다. 박물관을 알리는 사전정보의 제공으로부터 박물관에 도달하기까지 편리한 교통정보, 다양한 내용을 담고 있는 전시정보는 물론이고, 여러 계층을 만족시키는 박물관 교육 정보에서 편하고 쾌적하게 쉬어갈 수 있는 서비스 정보를 끊임없이 제공하여 시민들의 갈증 해소에 앞장서야 한다. 방문객이 돌아간 뒤에도 지속적인 정보제공-A/S 체제로 다시 찾게 하는 노력이 병행되어야 한다.

　　박물관이 어느 문화 기관과 다른 대표적인 특성은 실제 유물을 다룬다는 사실이다. 이는 다른 문화 기관에서 갖지 못한 박물관만의 강점이기 때문에, 박물관은 이들을 특화하여 방문객에게 제공하려는 노력을 게을리하지 말아야 한다. 이를 위해서는 수집 활동이 기본이 되는데, 박물관은 영리를 목적으로 수집이 이루어져서는 안 된다. 상업 갤러리 등과는 달리 박물관은 비영리 문화 기관으로서 존립 가치가 있기 때문이다.

3

한국 박물관의
미래전략

박물관 역사에서 볼 때, 20세기는 박물관이 일반시민에게 되돌려지는 소위 '대중화의 시기'라고 할 수 있다. 이는 과거 박물관이 특권층의 전유물이던 시절에서 벗어나, 산업사회에 새롭게 등장하는 시민계급을 포용하면서 문화적 평등화를 이루는 역사적인 전환점이다. 우리에게 20세기는 격동의 시기였다. 500년 역사의 조선 왕조가 멸망하고, 열강들의 각축 아래 한국은 제자리를 찾기 위해 몸부림쳤다. 조선왕조의 멸망에 이은 일제 강점기 36년, 해방기의 혼란, 남북이 싸운 6.25 전쟁의 참담함을 극복하고, 우리의 손에 의해 민주 정부가 세워지고, 60년대의 산업화, 1970~1980년대의 민주화를 이룩해 나아간 활력 넘치는 역사의 시간이 이어져 왔다. 그러한 와중에 소중한 역사 문화 유산을 지켜야 할 박물관의 존재는 우선순위에서 뒤로 밀릴 수밖에 없었다. 경제를 재건하는 것이 우선이다 보니 전통을 배경으로 한 문화 재건은 뒷전으로 밀렸다.

우리나라 박물관의 역사는 선진국들에 비해 그다지 오래되지 않았다. 21세기 초, 이제 역사의 전환점에서 박물관이 우리의 미래를 위해 어떤 역할을 할 수 있느냐 하는 점에서 박물관에 거는 국민의 기대는 크다고 하겠다. 오늘날 우리가 OECD 국가임을 자임하고 선진국 진입을 자부하기 위해서, 박물관이 그 위상에 걸맞은 역할을 해오고 있었는지를 확인하는 일은 의미심장하다.

박물관을 더 짓지 않더라도 당장에 해결해야 할 과제들이 수두룩하다. 첫째, 뒤떨어진 박물관의 건축 수준을 지적하지 않을 수 없다. 건축이야말로 박물관을 빛내는 가장 중요한 하드웨어로서, 해당 박물관은 물론이고 그 지역사회 또는 해당 국가의 문화적 수준을 그대로 보여주는 척도가 된다. 그런 관점에서 우리나라 박물관 중에서 세계에 내놓고 자랑할 만한 박물관 건축이 몇 개나 될까? 선진국의 훌륭한 사례들을 머릿속에 떠올리면 가슴이 답답해진다. 왜 우리는 좋은 박물관 건축물을 갖지 못하는지 그 이유에 대해 심각한 반성이 요구된다. 둘째, 질 낮은 디자인의 범람이다. 박물관은 디자인을 선도하며, 디자인의 총체적인 집합체라고 해도 좋을 만큼 모든 분야에서 세련된 디자인이 필요하다. 특히 전시와 출판물 쪽이 그렇다. 우리 박물관의 디자인이 과거에 비해 많이 좋아지고 있기는 하지만, 아직도 많은 부분에서 디자인의 개선이 요구된다. 디자인 자체를 보는 눈이 크게 달라져야 할 것이다. 셋째, 그저 그런 평범한 프로그램들로 채워진 박물관 활동을 지적하지 않을 수 없다. 자타가 인정하듯이, 박물관은 제3의 교육 기관으로 대사회적인 활동, 특히 전시나 사회 교육 프로그램 등을 통해서 다른 교육 기관들이 하지 못하는 특별한 기여가 필요하다. 이러한 문제점들이 있음에도 우리 박물관들은 아직도 내용이 빈약한 전시나 알맹이 없는 교육프로그램들로 형식적인 운영을 하는 경우가 많다. 박물관이 시민들을 위해 정말 무엇을 해야 하는가에 대한 근본적인 인식의 전환이 필요하다. 넷째,

다른 문화 기관들에 비해 전문직의 충원이 원활하지 못하다. 박물관 자체가 인력에 드는 예산이 차지하는 비중이 매우 높은 기관임에도 불구하고, 꼭 필요한 전문직의 적절한 충원이 제대로 이행되고 있지 못하다. 잘 알고 있듯이, 전문직이 제대로 갖추어지지 않으면 충실한 활동을 하기가 어렵다. 우리 박물관 중 필요한 만큼의 전문 인력을 제대로 갖추고 활동하는 박물관이 과연 몇 개나 될까? 박물관 스스로 반성이 필요한 부분이다. 다섯째, 합리적인 경영활동의 부재이다. 박물관은 규모와 관계없이 나름대로 적절한 경영 방법과 능력이 있어야 한다. 이는 우리나라 박물관들이 앞으로 해결해야 할 중요한 과제 중 하나이다.

박물관의 특성상 국가가 직접 운영책임을 갖는 박물관도 있지만, 앞으로는 지자체나 민간에 위임해야 효율적인 운영이 이루어질 경우가 많다. 사립박물관이나 대학박물관은 관리 감독보다는 지원에 무게를 둘 필요가 있으며, 국립박물관 중에서 꼭 국가가 운영해야 할 박물관 몇 개를 빼놓고, 나머지는 지자체로 이관하거나 법인으로 전환해서 운영해야 한다. 국립중앙박물관은 우리 역사의 산실이니만큼 현재의 체제를 유지하는 것이 불가피하지만, 경주 부여 등의 고도를 떠난 다른 국립지방박물관까지 국가가 떠맡아 운영하는 것은 비효율적이다. 물론 오랫동안 국가에서 운영해온 박물관들의 경우, 이러한 논의 자체가 달갑지 않고 비관적인 방향에서 염려하는 바가 없지는 않겠지만, 세계적인 추세는 민간에게 위임하여 효율을 높이는 방향으로 가고 있다. 우리의 실정으로 보건대, 추후 더 많은 박물관을 건립할 여력이나 계획들은 개인이거나 지자체로부터 나올 가능성이 훨씬 크다고 판단된다.

국립박물관은 이미 한계에 와 있고, 대학박물관의 숫자도 크게 늘리기 어려운 것이 현실이다. 그렇다면 사립박물관이나 공립박물관에 희망을 걸 수밖에 없는데, 그중에서도 공립박물관에 거는 기대가 크다. 오늘날 공립박물관은 국립이나 사립박물관에 비해 존재가치가 그다지 두드러지고 있지 못하다. 이는 지방자치제가 상당히 자리를 잡아 가고 있는 저간의 현실에 비해서 지극히 이 례적인 현상으로 여러 이유가 있겠지만, 우리나라에 특히 두드러진 대도시 집 중 현상에 주로 기인하고 있다고 본다. 또 지방자치제가 아직 완전히 자리 잡지 못한 과도기로 읽히기도 하며, 선거로 뽑는 민선 단체장의 잦은 교체와 그에 따 른 정책의 일관성 부족, 지자체 주민의 이해 부족이나 지자체의 겉핥기 지원 혹 은 타성적인 관리체계 등에도 책임이 있다고 여겨진다.

공립박물관이 활성화되기 위해서는, 첫째로 기존의 역사박물관 일색의 박 물관에서 탈피하는 박물관을 설립해야 한다. 둘째, 전시 중심의 프로그램에서 벗어나 교육·레저 등으로 주민을 유도해야 한다. 셋째, 해당 지역의 특성에 맞 게 박물관의 테마가 다양하게 전개되어야 한다. 넷째, 지역산업과 연계성이 있 거나 혹은 조직에 유연성이 있거나, 또는 알려지지 않은 개인 수집가와 긴밀한 협력관계를 모색하는 등등의 방안을 마련해야 할 것이다. 이례적으로, 현재의 부천시처럼 하나의 지자체가 십여 개의 박물관을 유치하고 있는 경우나 영월군 처럼 박물관 타운을 계획하고 있는 곳들이 있는가 하면, 놀랍게도 박물관이 단 한 개도 없는 지자체가 절대다수이다. 박물관의 다양화는 정통성을 추구하는 국공립보다는 개인의 다양한 수집에 기초하고 있는 사립박물관을 통해 이루어 지기가 훨씬 쉽다.

주지하고 있듯이, 사립박물관은 개인들의 취미생활이나 장기간의 수집 활 동에 기반을 두고 있으나, 많은 경우 순수한 취지에 비해 비판적인 시각으로 오 해되고 있다. 그렇기에 사립박물관을 지원하는 일은 자칫 특정 개인을 돕는 일로 오해하는 수가 있다. 개인박물관들의 경우 대부분 박물관으로서의 체계화가 미흡하므로, 국가나 지자체는 이들이 공공성을 갖도록 다각적으로 지원해야 할 것이다. 최근까지 정부에서는 사정이 어려운 사립박물관들을 돕기 위해, 복권기금의 활용을 비롯하여 여러 가지 지원시책을 써오고 있다. 사립박물관을 돕기 위한 지원은 실질적인 도움이 되는 방향으로 고려되어야 한다. 로또 기금이나 큐레이터 채용 지원 등이 좋은 효과를 내고 있기는 하지만, 이는 자칫하면 자생력이 약화하는 단기 처방에 그칠 위험이 있다. 세제지원을 비롯한 여러 제도의 개선이나 운영 방법, 혹은 박물관 주변 환경의 개선을 위한 투자 등으로 전환하는 것이, 궁극적으로 사립박물관에도 도움이 되고 국가적으로도 좋은 자원이 될 것이다.

우리 박물관들이 더 발전하기 위해서는 박물관의 테마를 다양화할 필요가 있다. 과거 박물관은 주로 역사 유물이나 미술품의 연구로 인정받았다. 그러나 현대는 다양화의 시대로 세계적인 추세도 박물관의 다양화에 있다. 공공박물관은 특정 지역의 배경이나 특수성에 맞는 주제를 택해 다양하게 발전시켜 나갈 수 있다. 그런 점은 역사나 민속을 강조한 국립박물관이나, 개인의 취미에서 출발한 사립박물관과의 차별화를 실현하는 데에 유리하다. 예를 들어, 전주의 종이, 대구의 의류, 포항의 포경, 태백의 석탄이나 장단의 콩, 남양주의 배 등은 공공박물관의 훌륭한 소재가 된다. 이러한 주제를 살려 전시 교육 혹은 레저 등의 소재로 특화 발전시킨다면 좋은 박물관으로 성장시킬 수 있을 것이다. 이제 박물관의 전시는 고고·역사·미술·자연사 등의 큰 줄기뿐 아니라, 문학·연극·음반·취미생활·식자재 등등 주변에서 찾을 수 있는 소재를 체계화해서 관람객들에게 제공하는 시대로 바뀌고 있다. 또 소장유물이 전혀 없더라도 얼마든지 재미있는 볼거리를 만들어낼 수도 있고, 박물관을 새로운 여가선용과 휴식의 장소로 바꿀 수도 있다. 기존의 박물관들은 전시 중심으로 운영했다. 그러나 앞으로는 다른 운영 방법이 모색되어야 한다. 시민들에게는 TV나 인터넷 등 더 많은 볼거리가 제공되는 현실에 살고 있으므로 기존의 틀을 뛰어넘는 발상의 전환이 필요하다.

전시가 박물관의 가장 중요한 활동인 만큼 전시를 무시할 수는 없겠지만, 같은 전시라 하더라도 천편일률적으로 할 것이 아니라, 지역마다 주민들의 레저를 겨냥한 전시나 고유민속 혹은 어린이나 학생들의 참여를 전제로 한 계획 등의 수립이 요구된다. 박물관이 다양화하는 다른 방법의 하나는 운영프로그램을 다양화하거나 심층화하는 일이다. 단순히 교양 강좌나 만들고 취미 교실을 운영하는 데에서 그칠 것이 아니라, 관람자나 방문객이 무엇을 원하는지에 대한 분석을 바탕으로, 박물관마다 그들의 사정과 특성에 맞는 특수한 프로그램을 발전시키는 일이 중요하다. 강좌를 예로 들어 보더라도, 역사박물관에서는 우리의 역사나 세계사에 관심을 집중시키고, 산업박물관에서는 산업활동의 성과나 배경, 혹은 그러한 작업에 참여할 방법 등을 제시하는 방향을 잡는 것이 좋다. 그렇게 함으로써 방문객들은 더 많은 기회와 방법을 알 수 있게 되고, 박물관의 문턱은 더욱 넓어지게 될 것이다. 박물관이 지금처럼 문만 열어 놓고 관람객을 앉아서 맞이하는 시대는 머지않아 끝을 낼 수밖에 없을 것이다. 박물관도 이제는 마케팅의 중요성을 이해하고 실천해야 한다. 더 많은 관람객의 유치를 위해서 아이디어를 짜내고, 관람객의 편의를 위해서 무엇을 더 제공해야 하는지 고민해야 할 것이다.

관람객이 방문하기 전에 어떠한 정보가 있어야 하는지부터 교통상황에 대한 정보, 관람 시 관람객이 요구하는 서비스와 각종 자료의 제공뿐 아니라 기념품의 종류와 질, 혹은 레스토랑의 수준 등등 모든 서비스에 대한 점검과 개선이 필요하다. 특히 박물관이 위치하는 지점의 교통상황을 개선하여 대중교통을 이용해서 방문할 경우, 최단 시간 내에 도착할 수 있는 상세한 안내를 제공할 필요가 있다. 개별방문자를 위해서는 주차 여건을 설명하거나, 박물관 주변의 주차 가능한 공공시설을 소개하여 도착까지의 불편을 최소화하려고 노력해야 한다. 최근 방문객의 예를 자세히 분석해 보면, 교통 여건의 편리 여부를 최우선으로 고려하는 경향이 점증하고 있으므로 교통 여건의 개선 노력은 다른 어떤 문제보다 중요하다.

또 다른 문제는 박물관의 입지가 관광중심지나 쇼핑센터로서 역할과 기능을 다 할 수 있는지에 대한 분석이 요구된다. 지금처럼 수동적인 운영에 머무르지 말고, 관람객이 더 쾌적하게 더 많은 시간을 즐기면서 더 많은 돈을 쓰도록 유도하는 연구가 수반되어야 한다. 박물관들의 수를 늘리는 일도 중요하지만, 현시점에서 우리 박물관들의 종합 점검을 통해 유사박물관들이 정리될 필요가 있다. 특히 개인박물관이나 대학박물관 중 일부는 정상적으로 운영이 되지 않아, 과연 이들을 박물관이라 해도 좋을지 염려스러운 경우가 적지 않다. 개인박물관의 경우, 비영리를 추구하는 박물관 윤리 헌장과는 달리 영업장의 냄새가 나는 예가 있다는 보고가 있고, 대학박물관 중에는 종합대학으로 만들기 위해 이름만 걸고 활동이 없는 예도 있는 것으로 알려졌다. 형식적으로 박물관의 문만 열어 놓고 있을 것이 아니라, 박물관이 어떠한 모습으로 관람객에게 다가가야 하는지 고민해야 한다.

내가 걸어온 박물관 외길인생

내가 대학을 다니던 1960년대 후반은 참으로 먹고 살기 힘든 시기였다. 낭만과는 거리가 먼 시절이었다. 가난한 가정에서 자랐지만 나는 낭만이 없는 현실이 마뜩잖았다. 그래서 남들이 머리 싸매고 의대나 법대에 지망할 때, 나는 고고인류학과를 선택했다. 지망의 배경에는 훗날 사학과 교수로 가신 스승의 말씀이 주효했다. "우리 자신을 알아야 한다! 남들이 하지 않는걸 하거라..." 정원이 10명인 학과에 교수도 한 분밖에 없는 신생 학과였다. 그때 이미 나의 인생은 '박물관 외길'로 정해져 있었다. 마음 한쪽으로 부모 형제에게 미안한 마음도 있었지만, 아무리 어려워도 교수가 되려는 꿈이 앞섰다. 당시에는 고고학이 어떤 학문인지를 정확하게 알지 못했지만, 막연히 옛것을 탐구하는 역사 계통의 학문일 거라는 생각은 있었다. 그러다가 2학년 때, 서울대학교 박물관의 유물정리를 할 기회가 생겼다. 고색창연한 건물에 여러 종류의 소장품들이 있었는데 특히 민속유물들이 많았다. '탈'로 알려진 옛 가면과 울긋불긋한 무당 옷이나 각종 생활용품이 즐비했다. 박물관 창고에 들어가면 하루가 어떻게 가는 줄 몰랐다. 퀴퀴한 냄새도 많이 나고 먼지가 가득 쌓였지만, 유물 하나하나마다 특성에 따라 정리번호를 붙이고 대장에 기록하느라 시간 가는 줄 몰랐다. 이때부터 나는 나도 모르는 사이에 '외길 인생-박물관사람'이 되어가고 있었다.

대학 생활은 쏜살같이 흘러갔다. 당시는 월남전이 거의 끝나가던 시절이었는데, 군대 문제로 앞날에 대해 뚜렷한 방향을 잡아야 했었다. 때문에, 대학원 진학을 결정하고 바로 입대하여 기나긴 3년을 보내야 했다. 사회적으로도 그렇고 개인적으로 괴롭고 힘든 시기였다. 내가 과연 전문가 교수의 길을 걸을 수 있을 것인지 갈피를 잡기 힘들었다. 군대를 마치고 바로 대학원에 복학했는데 불행인지 다행인지 학과 조교를 맡게 되었다. 신생 학과라서 그런지 당시에는 조교를 거치면 바로 대학교수로 가는 기회가 열려 있었다. 꿈꾸던 길이라서 열심히 길을 닦으면서 미래에 대비했는데, 석사학위를 마치고 다음 단계로 가야 하는 시점에서 문제가 생겼다. 당시 학과에는 박사과정이 개설되어 있지 않아서 해외로 눈을 돌리는 경우가 많았는데, 나는 그럴 사정도 못 되어서 엄두를 낼 수 없었다. 그래도 다행인 것은 당시 교수 수요가 많아서 석사학위만으로도 대학교수로 갈 수 있는 길이 있었다. 나도 그런 행운을 기대했지만, 어느 날 운명이 갈렸다. 갑자기 교수의 호출이 있었는데 다짜고짜 "삼성으로 가라"고 통보 받았다. 질문 한마디도 못 하고 얼떨결에 나의 행로는 삼성으로 잡혀버리고 말았다. 운명이란 그런가 보다. 나의 인생 행로가 교수에서 삼성 직원으로 바뀌는 순간에 나는 아무것도 할 수 없었다. 그냥 묵묵히 어떤 길일지도 모르는 새 터전을 향해서 길을 잡을 수밖에 없었다. 그게 호암미술관이었다.

삼성그룹을 창업한 이병철 회장은 당시 사카린 밀수사건으로 곤욕을 치르고 있었다. 내막이야 어떻든 재산을 사회에 헌납하고 그 일환으로 삼성문화재단을 설립했다. 기업가로 평생을 지낸 그는 취미로 골동품 수집을 해왔고, 꽤 많은 수집품과 함께 박물관을 계획하고 있었다. 은사인 김원룡 교수가 삼성문화재단의 이사로 있던 터라 이 회장은 박물관에서 일할 직원을 김 교수에게 요청했고, 나는 나의 희망과 달리 호암미술관에 들어가게 되었다. 당시 나는 대학으로 가기를 원했지만, 직선적인 성격의 김 교수는 내게는 물어보지도 않고 나를 호암미술관에 바로 보냈다. 대학 재학시절과 대학원생 때에 국내의 많은 발굴 현장에 참여하기도 했고, 서울대박물관에서 소장품정리를 하면서 익힌 일들이라서 호암미술관에서의 정착에는 시간이 걸리진 않았다. 교수로 진출하지 못한 아쉬움은 남아 있었지만, 전문 분야로 본다면 결국 같은 길을 가게 되었던 셈이다. 당시 호암미술관은 용인 현재의 위치에 터를 잡고 공사를 시작하고 있었다. 삼성문화재단에서는 당시 사회를 대상으로 하는 활동을 벌여나가고 있었는데, 박물관 담당은 나 혼자라서 모든 일을 내가 만들고 진행해야 했다. 박물관 건물을 세우고 전시를 준비해서 1983년 4월 개관하기에 이르렀다. 호암미술관에서의 시간은 빠르게 흘러갔다. 대략 20년 가까운 시절을 호암미술관에서 지냈고, 이후 호암에 이어 리움미술관으로 재탄생하는 모습을 준비하기까지 청춘을 다 바쳐서 박물관 일에 전념하였다.

삼성에서의 생활은 밖에서 생각하는 것처럼 순탄하지는 않았다. 결정적인 어려움은 일하면서도 앞에서 이끌어주는 실무 관장이 없었다는 데에 있었다. 호암미술관이 개관하기 전에는 삼성문화재단 사무국에서 근무했다. 당시 사무국장은 법대 출신의 행정인이라서 박물관에 대해 아무것도 몰랐다. 그래서 나는 내가 직접 일을 만드는 역할까지 하면서, 누구의 지휘나 도움도 받지 못했다. 그런 상황에서 호암미술관이 정식으로 개관했지만, 관장은 중앙일보 홍진기 회장이 겸직했다. 지금도 리움미술관을 포함해서 관장은 실무형을 두고 있지 않다. 박물관에서 실무 관장을 두고 있지 않다는 사실은 장점이 될 수 없다. 후일 연구실장을 거쳐서 부관장까지 지냈지만, 관장 역할은 가족들이 이어서 했다. 예산을 세우고 인사관리를 하고 대외적으로 활동해야 하는 실무 관장의 부재는 한계에 다다를 수밖에 없다. 미술관이 개관하고 전문 인력도 늘렸지만, 선장의 역할을 해야 할 관장은 공석이나 마찬가지였다. 공식적으로 홍진기 관장이 실무에 관여한 적은 한 번도 없었고, 명예직처럼 되면서 지금까지 이어지고 있다.

어려움이 적지 않았지만 보람 있는 일도 많았다. 요즘도 가끔 가보면서 감탄하지만, 전통 정원 '희원'의 건립은 평생의 보람이다. 호암미술관 초기에 이병철 회장은 미술관 앞마당을 현대조각으로 채우기를 원했고, 그런 연유로 많은 조각가와 작품을 접하고 안목을 넓혔다. 이 무렵부터 미술관 일은 이건희 회장이 결정했다. 이건희 회장은 푹 꺼져서 작은 온실처럼 보였던 그곳에 한국식 전통 정원을 건립하기를 원했고, 이를 위해 전통 조경가 정영선 교수와 심혈을 다해 기초작업을 마무리 지었다. 이 작업은 그냥 밀어붙인 일이 아니었다. 삼성의 영빈관으로 사용되는 '승지원'의 작은 마당에 전통 정원을 세우고 나서, 외빈들의 극찬을 들은 이 회장이 결심하여 이뤄냈다. 이 무렵부터 호암미술관을 잇는 새 미술관의 건축에 대해 조사 검토하고, 많은 시도 끝에 오늘날의 리움미술관도 탄생하게 되었다.

여러 이유로 호암미술관을 떠나서 대학 강의를 하던 중에, 서울특별시가 추진 중인 박물관장 공모에 응해 초대 박물관장으로 자리를 옮겼다. 서울시에서는 박물관의 개관에 대해 별 의미를 두고 있지 않았다. 때문에, 주인이 없는 신생 기관 박물관은 아무런 존재가치를 느끼기 어려울 정도로 질서가 없었다. 당시 서울역사박물관은 건축을 마치고 내부 전시를 앞두고 있었다. 건축은 사전에 미술관 겸용으로 설계가 되었는데 별 특징이 없었다. 관장으로 부임했지만, 건축을 제외하고는 거의 준비가 되어있지 않은 상태에서 상설 전시 준비를 시작했다. 소장품도 빈약하고 박물관의 성격을 보여줄 전시프로그램은 수준 이하였다. 박물관 건립 프로세스로 본다면 전혀 앞뒤가 맞지 않았고, 상설 전시 내용은 별로 특징이 없었다. 때문에, 가장 시급한 일은 박물관의 성격을 정하고, 그에 걸맞게 전시프로그램을 다시 세우는 것이었다. 우선 일반적인 역사박물관의 타성에서 벗어나서, 박물관을 '서울의 역사'를 중심으로 '조선왕조 이후'를 전시 목표로 삼기로 했다. 서울은 신석기 시대 암사동 유적을 포함하여 삼국 시대 백제 초기의 왕도이지만, 이런 점을 통사적으로 나열하기보다는 조선의 개국 이후 강화된 서울의 위상과 좌표를 중심으로 전시를 구성하는 것이 '특성화'의 지름길이라는 결정을 내렸다. 이를 성취하기 위하여 전시 스토리 라인을 만들고, 이탈리아 건축가를 중심으로 전시설계를 착수했다. 그 결과 오늘의 서울역사박물관이 참신한 모습으로 개관하기에 이르렀다.

경기도박물관과의 인연은 특별한 상황에서 시작되었다. 서울역사박물관에서 공립박물관의 고질적인 한계와 문제점들을 겪고 나서, 주인이 없는 박물관은 선장이 없는 배처럼 어려움이 많음을 절감했다. 그러던 중 뜻밖의 전화를 받았다. 당시 경기도지사로 있었던 손학규 씨의 전화였는데, 경기도박물관장으로 와주길 바란다는 내용이었다. 처음에는 의아하기도 했는데, 도지사가 직접 박물관장 자리를 제안했다는 점이 무엇보다 결심하게 하는 동기가 되었다. 관장으로 가서 본 경기도박물관의 인상은 구태의연했지만, 교수 출신인 손학규 지사의 당부도 있고 해서 마지막 공직으로 생각하고 자리에 임했다. 제일 한심스러웠던 점은 지나칠 정도로 많은 수의 학예직 공무원이 있었음에도, 1년에 고작 한두 번 정도 전시를 열고 있었다. 이를 극복하기 위해 학예직원의 전공에 맞추어 교대로 최소 1번 이상의 전시책임을 맡도록 하였다. 전시가 활성화되고 시설 교체도 활발하게 추진하였다. 호암미술관 시절의 정열이 다시 살아난 듯한 세월을 경기도박물관에서 보냈다. 욕심을 내어 경기도의 문화 컴플렉스를 강화하는 데에 모든 힘을 쏟았다. 경기도에서 미술관을 추가로 짓고 싶다고 하여, 안산시에 경기도미술관을 개관하고 특별전으로 '호안 미로' 전시를 추진하였다. 이어서 전곡 선사박물관의 설계 국제공모를 통해 구석기 유적지를 돋보이게 하는 박물관을 탄생시켰다. 또 경기도박물관의 부지 내에 어린이 박물관을 만들어 개관토록 했는데, 지자체로는 처음으로 대규모인 경기도어린이박물관을 만들었다.

우리나라 박물관의 후진성 문제는 조금씩 나아지고 있기는 하지만 아직 초보적인 단계를 벗어나지 못하고 있다. 재력이 탄탄한 사립박물관으로부터 지자체가 세운 공립박물관까지 섭렵해본 결과, 그러한 후진성에는 각각 많은 문제점이 있었다. 경제가 좋아지고 사회가 안정될수록, 문화에 대한 애착과 갈구는 더 커지는 모습을 선진국에 있는 박물관들의 사례에서 확인할 수 있다. 왜 우리는 그들을 뛰어넘지 못하고 있는가? 고려 금속활자가 세계 최초의 발명품이었고 양궁이나 골프는 세계 상위권에 있다. 박물관은 왜 그렇지 못한가를 이 책에서 살펴보려고 했다. 박물관은 소장품으로부터 출발해서 훌륭한 건축과 세심한 전시를 통해서 우리 문화의 격을 높여야 한다. 박물관이 지나간 시절의 해묵은 유물들을 나열하는 데에 그치지 않고, 국민에게 꿈과 희망을 주는 기관으로 우뚝 서야 한다. 그러기 위해서 우리는 '소장품-건축-전시' 영역에서 다시 출발해야 한다. 『꿈의 박물관』은 그런 목적에서 집필되었다. 문화의 힘이 약한 민족은 치열한 국제경쟁에서 살아남기 어렵다. 우리 사회 전반 특히 박물관 관계자의 노력과 반성이 필요한 부분이다.

미주

1 최종호, [박물관 개념의 전파와 뮤지엄 정체성의 변화] 박물관학보 29, 한국박물관학회, 2015
2 최종호, [최종호의 박물관학 에세이] 한국박물관학회, 2020.6.7
3 민현배, [국보 사유화 정당한가〈하〉…국립보다 화려한 사립 '그들만의 영혼인가'] 스카이데일리, 2014
4 최병식, [공공미술관의 위기, 그 대안은 없는가] 국민일보. 2015. 7. 29
5 김보람, [21세기 박물관이 사는 법] 뮤지엄위크 735호
6 김윤섭, [박물관, 인류 미래를 위한 '공공재 예술품'의 산실] 한국박물관협회, 2016
7 강희정, [강희정의 문화탐색 문화인가, 토건인가? 박물관의 정치학] 중앙일보, 2019. 4. 18
   https://www.joongang.co.kr/article/23444247#home
8 임평섭, 김미소, [관람객의 창조적 접근을 위한 박물관 내·외부 장소성 확장과 현재적 맥락화 - 전곡 선사박물관의 사례를 중심으로 -] 박물관학보 30호 한국박물관학회, 2016
9 천진기, [박물관 자료와 박물관 미래] 박물관학보 28호 한국박물관학회, 2015
10 알레산드라 프레골렌트 지음 ;임동현 옮김, [루브르 박물관 : 파리] 마로니에북스, 2007
11 루카 모자티; 옮긴이 최병진, [대영 박물관] 마로니에북스, 2007
12 만프레드 라이어 외; 신성림 옮김, [세계에서 가장 아름다운 미술관 100 : 인류의 가장 위대한 보물] 서강출판사, 2007
13 최경화, [스페인 미술관 산책] 시공사, 2,013
14 다니엘라 타라브라; 김현숙 옮김, [프라도 미술관 : 마드리드] 마로니에북스, 2007
15 알레산드라 프레골렌트; 최병진 옮김, [에르미타슈 미술관 : 상트페테르부르크] 마로니에북스, 2007
16 이길주, 《러시아(상상할 수 없었던 아름다움과 예술의 나라)》, 리수, 249~253쪽과 『글로벌 세계 대백과 사전』의 '에르미타시 국립박물관'
17 박진현, [처음 만나는 미국 미술관] 예담, 2010
18 루치아 임펠루소; 하지은 옮김, [메트로폴리탄 미술관 : 뉴욕] 마로니에 북스, 2007
19 박진현, [처음 만나는 미국 미술관] 예담, 2010
20 최창근, [대만: 거대한역사를 품은 작은 행복의 나라] 리수, 2013
21 윤백중, [동남아로 가는 길] 유림문화사, 1988
22 大阪市立東洋陶瓷美術館, [東洋陶磁의 展開-大阪市立동양도자미술관 館藏品選集] 大阪市藝術振興協會, 1998

23 大阪市立東洋陶磁美術館, [이조도자 500년의 美] 大阪市美術振興協會·日本經濟新聞社, 1987

24 李秉昌, [韓國美術蒐選] 東京大學出版部, 1978

25 리씨앤야오; 김지연 옮김, [박물관] 대가, 2008

26 변인석, [中國風物志 중국문화유적답사] 두남, 1996

27 이현애, [독일 미술관을 걷다 : 13개 도시 31개 미술관] 마로니에북스, 2012

28 김문덕, [유럽 현대 건축 여행] 태림문화사, 2003

29 국립현대미술관, [비엔나 미술사박물관展] 삼인, 2007

30 최효준, [가나자와21세기미술관의 건립 개념 구현 사례 분석] 국립현대미술관 연구논문 제1집, 2009

31 이지나, [21세기 뮤지엄의 역할에 따른 소장품 활용 연구] 홍익대학교 석사학위 논문(석사), 2015

32 폴 발리; 박규태 옮김, [일본문화사] 경당, 2011

33 역사교육자협의회(편)저, [동아시아 역사와 일본] 한국출판콘텐츠, 2007

34 홍윤기, [한국인이 만든 일본 국보] 문학세계사, 1995

35 김재열, [삼성미술관 소장품 선집, 고미술 소장품] 삼성미술관Leeum, 2004

36 홍라영, [삼성미술관 소장품 선집, 현대미술 소장품] 삼성미술관Leeum, 2004

37 간송미술관 홈페이지 (http://kansong. org/museum/museum_info/)

38 호림박물관, [호림, 문화재의 숲을 거닐다] 눌와, 2012

39 안휘준, [한국 미술사 연구] 사회평론, 2012

40 서문성, [전문 박물관 둘러보기] 窓, 1998

41 조현석, [30년간 모은 수천대 카메라, 역사를 말한다] 중부일보, 2008. 4. 6
http://www.joongboo.com/news/articleView.html?idxno=265304

42 이우상, [수집광시대 : 사립박물관 & 관장 이야기] 내안에뜰, 2015

43 알레산드라 프레골렌트; 임동현 옮김, [루브르 박물관 : 파리] 마로니에북스, 2007

44 한양대학교 산업대학원, 현대건축연구모임, [유럽건축과 만남] 기문당, 1995

45 김지선 외, [ENJOY 런던] 넥서스, 2017

46 루카 모자티; 최병진 옮김, [대영 박물관] 마로니에북스, 2007

47 실비아 보르게시; 하지은 옮김, [알테 피나코테크] 마로니에북스, 2014

48 장효정, [유럽 미술관 박물관] 김영사, 2000

49 글·류호철 안양대학교 교양학부 교수 사진·국립문화재연구소

50 https://thegate12.com/kr/article/2 [일본 최대급 박물관【도쿄 국립박물관】에서 새로운 발견을!] The Gate, 2018

51 이종민, 철강금속신문, 2016.05.27일자

52 서상우, [세계의 박물관/미술관] 기문당, 1995

53 서상우, [새로운 뮤지엄 건축] CA현대건축사, 2002

54 박철민, [유럽의 친환경 현대건축] 제주인쇄, 2013

55 설원식, [현대건축의 기수들] 현대미술관회 출판부, 1997

56 이현애, [독일 미술관을 걷다 : 13개 도시 31개 미술관] 마로니에북스, 2012

57 현대미술관회, [세계의 미술관을 찾아서] 현대미술관회 출판부, 2005

58 문정필, [베를린 유대인 박물관에 나타난 다니엘 리베스킨트의 응시적 욕망에 관한 연구]
대한건축학회지회연합회, 2010

59 하마리아, [전세계 체험여행] 예담, 2011

60 현대미술관회, [현대건축의 거장들] 현대미술관회 출판부, 1997

61 현대미술관회, [세계의 미술관을 찾아서] 현대미술관회 출판부, 2005

62 승효상, [세계도시 건축 순례] 7; 獨 베를린 국립미술관 신관] 중앙일보, 2004

63 윤상영 윤재은 윤상준, [리차드 마이어의 게티 센터에 나타난 건축적 특성에 관한 연구]
기초조형학연구 10권, 한국기초조형학회, 2009

64 이나연, 글로벌 프랜차이즈 미술관, 아트페어, 갤러리 달진닷컴, 2018, http://www.
daljin.com/column/16246

65 서상우, [뮤지엄건축 : 도시 속의 박물관과 미술관] 살림출판사, 2005

66 조일현, [Landmark ; 프랭크 게리의 구겐하임 뮤지엄] 매일경제, 2011

67 문정필, [빌바오 구겐하임 미술관에 나타난 프랭크 게리의 리얼리즘 표현 특성에 관한 연
구] 대한건축학회지회연합회, 2012

68 조희영 김정곤, [빌바오 구겐하임 미술관을 통한 현대건축물의 아이콘화 요건 분석] 대한
건축학회, 2007

69 이영범, [지역미술관을 활용한 문화도시전략에 관한 연구 : 일본 가나자와 21세기 미술관
사례를 중심으로] 경기대학교 건축전문대학원 논문집, 2007

70 최효준, [가나자와21세기미술관의 건립 개념 구현 사례 분석] 국립현대미술관 연구논문
제1집, 2009

71 이숭겸, 이길순, 황환주, 김인호, 전정일 지음, [세계의 식물원] 신구문화사, 2009

72 국립중앙박물관, [국립중앙박물관 건축] 2006

73 국립중앙박물관, [국립중앙박물관 기본계획 연구] 1995

74 서상우 이성훈, [한국 뮤지엄건축 100년] 기문당, 2009

75 조상인, [명품 수집 넘어 명장·명작 발굴하는 리움 소장품전] 서울경제, 2021

76 이정미, [미술관 건축여행] 대가, 2019

77 서민우, 서상우, 이성훈, [21세기 새로운 뮤지엄 건축] 기문당, 2014

78 이성미, [내가 본 세계의 건축] 대원사, 2004

79 공간디자인비평연구회 지음, [공간 속의 디자인 디자인 속의 공간] 효형출판, 2003,
    서상우 이성훈, [한국 뮤지엄건축 100년] 기문당, 2009

80 서상우 이성훈, [한국 뮤지엄건축 100년] 기문당, 2009

81 이영진, [박물관전시의 이해] 학문사, 2000

82 미즈시마 에이지/오호리 사토시; 김건희/배정현/주미정 옮김, [박물관 전시 및 교육론] 학
    연문화사, 2017

83 데이비드 딘 지음/전승보 옮김, [미술관 전시, 이론에서 실천까지] 학고재, 1989

84 이병훈, [자연사 박물관과 생물다양성] 사이언스북스, 2000

85 시모나 바르탈레나 지음; 임동현 옮김, [오르세 미술관] 마로니에북스, 2007

86 수잔나 파르취; 모명숙옮김, [미술의 순간] 북하우스, 2005

87 김석, [한눈에 보는 조각사] 지엔씨미디어, 2005

88 마틴 룬; 이주영 옮김,[다빈치 코드의 진실] 예문, 2004

89 김영숙, [루브르 박물관에서 꼭 봐야할 그림] 휴머니스트 출판그룹, 2013

90 정일영, [루브르 박물관 : 루브르 박물관의 역사·유물·회화] 신아사, 2008

91 최상운, [인상파 그림여행 : 이상적인 인상파 풍경을 걷다] 원앤원북스, 2013

92 박정욱, [예술과 낭만의 도시 파리 미술] 학고재, 2010

93 조유전, [발굴 이야기] 대원사, 1996

94 이광표, [국보이야기] 작은박물관, 2005

95 안정애, [살아있는 국토 박물관] 심지, 1994

96 안병찬, [국보대관] 예술문화사, 1969

97 이광표, [대리석 석탑의 절묘한 인연..경천사·원각사지 10층 석탑] 동아일보, 2020. 7. 8
    https://shindonga.donga.com/3/all/13/2113100/1

98 신소연, 국립중앙박물관 큐레이터 추천 소장품

참고 문헌

박물관 건축

-김석철, [김석철의 세계건축기행] 창작과 비평사, 1997
-김용승, [박물관 전시 공간의 형태의 특성과 변화에 관한 연구] 〈대한건축학회지〉 통권 62호, 대한건축학회, 1993
-문화관광부 편, [전국문화기반시설 총람] 문화관광부, 2011
-배문희, [국감, 외국인관람객 유치위해 '뮤지엄콤플렉스' 시급] 〈문화저널〉 21, 2009
-소인철 김광호 진영서, [건축학개론] 기문당, 2006
-서상우, [뮤지엄건축 : 도시 속의 박물관과 미술관] 살림, 2005
-_____, [세계의 박물관] 기문당, 1995
-_____, [현대의 박물관 건축론] 기문당, 1995
-이경훈, [박물관 건축의 성격 변화에 관한 연구] 〈대한건축학회논문집〉 통권 87호, 대한건축학회, 1996
-이관석, [르 꼬르뷔지에의 무한성장박물관 연구] 〈대한건축학회논문집〉 통권 225호, 대한건축학회, 2007
-전경돈 외, [박물관 건축] 황토출판사, 2003
-홍정민, 김용승, [박물관 건축에서의 대공간(Major Space)의 의미와 역할 변화에 대한 연구] 〈학술발표대회 논문집〉 21, 대한건축학회, 2001
-Manfred Lehmbruck 외, [박물관 건축과 환경] 국립중앙박물관, 1995

박물관 이론

-송한나, [박물관의 이해] 형설, 2010
-이보아, [박물관학 개론] 김영사, 2011
-이보아, [루브르는 프랑스 박물관인가: 문화재 약탈과 반환의 역사] 민연, 2002
-전진성, [박물관의 탄생] 살림출판사, 2004
-차문성, [근대 박물관, 그 형성과 변천 과정] 한국학술정보, 2008
-최석영, [한국 박물관 100년 역사 진단 & 대안 ; 해방 이후 한국박물관의 성격변화] 민속원, 2008
-최종호, [박물관의 이론과 실제] 한국박물관협회, 2004

박물관 교육 및 기타

-강인애, [박물관 교육의 다양성] 문음사, 2010
-강인애·설연경, 「전시연계 교육프로그램의 개발을 위한 학습이론으로서 '전시물 기반 학습 (Object-based learning)'에 대한 사례연구」『조형교육』2009
-교육철학회, [박물관과 교육] 문음사, 2001
-국립민속박물관, [2007 교육백서; 박물관 교육의 새로운 이해] 2007
-국립중앙박물관, [한국 박물관 100년사 1909-2009] 한국박물관협회, 2009
-김미애, 「국내박물관 교육프로그램에 관한 연구」『신라대학교 예술연구』2009
-김종대 외, [박물관 교육의 이론과 실제] 문음사, 2009
-김형숙, 「공공교육의 장으로서 미술관」『예술경영연구』2001
-나애리, 「디지털시대 박물관의 교육적 역할-루브르 박물관 사례 연구」『한국프랑스학논집』 2011
-박종민, [사립박물관 교육프로그램 운용현황과 문제점, 대안모색] 한국대학박물관협회, 2007
-백령, [멀티미디어 시대의 박물관 교육] 예경, 2005
-서울역사박물관, [도시역사박물관 수장품 정책의 새로운 지평] 경인문화사, 2008
-양지연, 「박물관·미술관의 교육프로그램 운영 현황과 개선방안」『예술경영연구』2002
-이영신, 「지역박물관의 특성화된 교육프로그램 개발과 활용」『문화예술경영학연구』2009
-이중수 외, [대학박물관 수장환경조사 및 생물학적 환경조사] 한국대학박물관협회, 2004
-정윤희, [국,공립 미술관의 사진전시와 소장: 국립현대미술관을 중심으로] 홍익대학교, 2003
-최병식, 「주요 외국 박물관 교육 사례를 통해 본 한국사립박물관 교육의 개선 방안」『조형교육』2007
-윤난지, [현대미술의 풍경] 한길아트, 2005

도판 목록

[도판 1] 주변과 어울리지 않지만 파리의 명소가 된 퐁피두 센터 ©Shutterstock·············· 6

[도판 2] 스웨덴 국민의 꿈, ABBA 박물관 ©Shutterstock ················· 15

[도판 3] 우리나라 최초의 박물관인 창경궁(양화당) 제실박물관 ©e뮤지엄·············· 21

[도판 4] 네덜란드 아른헴의 옥외박물관(Openluchtmuseum) ©Shutterstock ··········· 24

[도판 5] 오스트레일리아 전쟁기념관 ©Shutterstock ················· 25

[도판 6] 런던 제국전쟁박물관 ©Shutterstock ················· 26

[도판 7] 모리 미술관이 있는 모리빌딩 전경 ©Shutterstock ················· 32

[도판 8] 전곡 구석기 유적지와 선사박물관 전경 ©전곡선사박물관 ················· 41

[도판 9] 보성전문학교(현 고려대학교) 박물관 전경 ©고려대학교박물관·············· 77

[도판 10] 1938년 완공된 보화각(현 간송미술관) ©간송미술문화재단 ················· 79

[도판 11] 현재 루브르 박물관의 전시 모습 ©Shutterstock ················· 82

[도판 12] 유명한 로제타 스톤 전시©Shutterstock················· 83

[도판 13] 대영 박물관의 실내 전시 광경 ©Shutterstock ················· 84

[도판 14] 알테 피나코텍 미술관의 전시 ©Shutterstock ················· 87

[도판 15] 프라도 미술관의 내부 모습 ©Shutterstock ················· 89

[도판 16] 예르미타시 미술관 내부의 전시 광경 ©Shutterstock ················· 96

[도판 17] 메트로폴리탄 미술관 내부의 전시 광경 ©Shutterstock ················· 99

[도판 18] 메트로폴리탄 미술관의 소장품, 그리스 도기 전시 모습 ©Shutterstock ········ 101

[도판 19] 구겐하임 미술관, 뉴욕의 전시 모습 ©Shutterstock················· 105

[도판 20] 대만 국립고궁박물원 전경 ©Shutterstock················· 108

[도판 21] 대만 국립고궁박물원 소장품 중 '옥제 배추' ©Shutterstock ·············· 110

[도판 22] 오사카 동양도자미술관 외관 ©Shutterstock················· 112

[도판 23] 아타카 컬렉션의 중국 도자기 ©오사카시립동양도자미술관(스미토모[住友]그룹 기
증/ 아타카[安宅] 컬렉션) ················· 114

[도판 24] 진시황 병마용 박물관의 도용 출토 광경 ©Shutterstock ················· 115

[도판 25] 비엔나 미술사박물관의 내부 전시 광경 ©Shutterstock ················· 119

[도판 26] 가나자와 21세기 미술관 안의 시민들 ⓒShutterstock ································ 124

[도판 27] 정창원의 외관 ⓒImperial Household Agency ································ 126

[도판 28] 정창원의 내부 시설 ⓒImperial Household Agency ································ 127

[도판 29] 정창원의 신라 먹 ⓒImperial Household Agency ································ 127

[도판 30] 리움미술관 금속공예실의 전시 ⓒ리움미술관 ································ 130

[도판 31] 간송미술관의 내부 전시 ⓒ간송미술문화재단 ································ 133

[도판 32] 호림박물관 신림 본관 ⓒ호림박물관 ································ 137

[도판 33] 호림박물관 신사 분관 ⓒ호림박물관 ································ 138

[도판 34] 참소리축음기박물관의 내부 전시 ⓒ참소리에디슨축음기박물관 ················ 141

[도판 35] 카메라박물관의 전시 모습 ⓒ한국카메라박물관 ································ 144

[도판 36] 빌바오의 구겐하임 미술관 ⓒShutterstock ································ 150

[도판 37] 구겐하임 미술관, 빌바오의 내부 모습 ⓒShutterstock ································ 151

[도판 38] 서울대학교 미술관 ⓒwww.gettyimageskorea.com ································ 154

[도판 40] 안도 다다오가 설계한 뮤지엄 산과 워터가든 ⓒ(재)한솔문화재단 뮤지엄 산 ··· 154

[도판 39] 경기도 미술관 ⓒ경기도 ································ 154

[도판 41] 루브르 그랜드 갤러리의 옛 모습(좌)과 현대 모습(우) ⓒShutterstock ········ 157

[도판 42] 베를린의 알테스 뮤지엄 ⓒShutterstock ································ 157

[도판 43] 우피치 미술관 ⓒShutterstock ································ 159

[도판 44] 알테 피나코텍미술관(ⓒShutterstock)과 평면도 ································ 159

[도판 45] 미국 국립항공우주박물관 ⓒShutterstock ································ 160

[도판 46] 펠릭스 누스바움 하우스 ⓒShutterstock ································ 161

[도판 47] 뉴욕 구겐하임 미술관 ⓒShutterstock ································ 162

[도판 48] 루이지애나 미술관의 내부 전시 ⓒShutterstock ································ 163

[도판 49] 베를린 신국립미술관의 외관(좌, ⓒShutterstock)과 내부 구조(우) ············· 164

[도판 50] 퐁피두 센터의 외관(좌, ⓒShutterstock)과 내부 구조(우, ⓒShutterstock) ······ 165

[도판 51] 과천 국립현대미술관 내부 ⓒ국립현대미술관 ································ 166

[도판 52] 리움미술관 전경 ⓒ리움미술관 ································ 167

[도판 53] 워싱턴 내셔널 몰의 전경 ⓒShutterstock ································ 168

[도판 54] 루브르 박물관 전경 ⓒShutterstock ································ 170

[도판 55] 루브르 박물관과 글라스 피라미드 ⓒShutterstock ················ 172

[도판 56] 대영 박물관 전경 ⓒShutterstock ······························· 175

[도판 57] 알테 피나코텍 미술관 전경 ⓒShutterstock ················ 177

[도판 58] 프라도 미술관 ⓒShutterstock ································· 178

[도판 59] 예르미타시 겨울궁전 ⓒShutterstock ························ 181

[도판 60] 메트로폴리탄 미술관 ⓒShutterstock ······················ 183

[도판 61] 도쿄 국립박물관 ⓒShutterstock ····························· 184

[도판 62] 퐁피두 센터 전경 ⓒShutterstock ··························· 187

[도판 63] 테이트 모던 미술관 ⓒShutterstock ························· 189

[도판 64] 슈투트가르트 미술관 신관 ⓒShutterstock ················ 192

[도판 65] 유대인 기념관 ⓒShutterstock ······························· 194

[도판 66] 유대인 기념관 측면, 대학살 탑 ⓒShutterstock ··········· 195

[도판 67] 그라츠 쿤스트하우스와 구시가지 ⓒShutterstock ········· 198

[도판 68] 그라츠 쿤스트하우스의 야경 ⓒShutterstock ·············· 199

[도판 69] 구겐하임 미술관, 뉴욕 ⓒShutterstock ····················· 201

[도판 70] 워싱턴 국립미술관 동관 ⓒShutterstock ··················· 203

[도판 71] 스미스소니언의 국립 항공 우주 박물관 ⓒShutterstock ····· 205

[도판 72] 허시혼 미술관 전경 ⓒShutterstock ························· 206

[도판 73] 허시혼 미술관과 조각 정원 ⓒShutterstock ················ 206

[도판 74] 미국 유대인 학살 기념관 전경 ⓒShutterstock ············ 207

[도판 75] 베를린 국립미술관 ⓒShutterstock ························· 210

[도판 76] L.A. 폴 게티 센터 ⓒShutterstock ·························· 213

[도판 77] 빌바오 구겐하임 미술관의 외관 ⓒShutterstock ··········· 215

[도판 78] 가나자와 21세기 미술관 ⓒShutterstock ··················· 218

[도판 79] 에덴 식물원 전경 ⓒShutterstock ··························· 219

[도판 80] 국립중앙박물관 외경 ⓒ국립중앙박물관 ···················· 222

[도판 81] 국립현대미술관, 과천 ⓒwww.gettyimageskorea.com ····· 225

[도판 82] 국립현대미술관, 서울관 ⓒwww.gettyimageskorea.com ······· 227

[도판 83] 국립현대미술관, 청주관 ⓒ대한민국역사박물관 ············ 227

[도판 84] 리움미술관 전경 ⓒShutterstock ·· 228

[도판 85] 뮤지엄 산의 내부 ⓒ(재)한솔문화재단 뮤지엄 산 ····················· 231

[도판 86] 환기미술관 특별전《김환기, 색채의 미학》전시 전경, 2017, ⓒ(재)환기재단·환기미술관 233

[도판 87] 백남준 아트센터 전경 ⓒ경기도뉴스포털 ····························· 235

[도판 88] 오르세 미술관의 전시 ⓒShutterstock······························· 240

[도판 89] 테이트 모던 미술관의 내부 ⓒShutterstock ····················· 241

[도판 90] 리움미술관의 상설 전시 광경 ⓒ리움미술관 ······················ 245

[도판 91] 국립중앙박물관 불교 회화실의 벽부형 진열장 ⓒ국립중앙박물관·············· 261

[도판 92] 파리 국립자연사박물관 ⓒShutterstock ····························· 267

[도판 93] 파리 국립자연사박물관의 내부 전시, 야생동물 퍼레이드 ⓒShutterstock ····· 268

[도판 94] 오르세 미술관의 전시 ⓒShutterstock······························· 270

[도판 95] 네페르티티 흉상 ⓒShutterstock ····································· 273

[도판 96] 루브르 박물관의 모나리자 관람 광경 ⓒShutterstock ··················· 275

[도판 97] 모네의 수련 연작 전시 광경 ⓒShutterstock ························· 279

[도판 98] 천마총 내부 복원 전시 모습 ⓒ한국관광공사·························· 282

[도판 99] 천마총 전경 ⓒ한국관광공사··· 283

[도판 100] 경천사 10층 석탑 실내 전시 ⓒ국립중앙박물관 ··················· 286

[도판 101] 오르세 미술관의 교육 현장 ⓒShutterstock ······················· 302

[도판 102] 루브르 박물관 교육 ⓒShutterstock ····························· 303

[도판 103] 메트로폴리탄 미술관의 관람과 교육 ⓒShutterstock ··················· 305

꿈의 박물관

2022년 12월 15일 초판 1쇄 발행
지은이   이종선
자료조사   최혜진

펴낸이   권혁재

편 집   권이지
교 정   천승현
디자인   이정아

인 쇄   성광인쇄
펴낸곳   학연문화사
등 록   1988년 2월 26일 제2-501호
주 소   서울시 금천구 가산디지털1로 16 가산2차 SKV1AP타워 1415호

전 화   02-6223-2301
전 송   02-6223-2303
E-mail   hak7891@chol.com

ISBN   978-89-5508-667-6 (03060)